KB242463

초임 체육교사 사회화

초임교사는 학생 신분에서 벗어나
교사라는 사회적 책무를 지닌 존재로 거듭나는 시기이다.

초임 체육교사
사회화

최 희 진

초임교사들이 전문성을 지닌 성숙한 교사가 되기 위해서는 교직에서 요구, 기대되는
역할들을 내면화하여 교사로서 바람직하게 사회화되어야 한다. 교사의 직업사회화가
중요한 이유는 교육이 교사와 학생사이에서 이루어지기 때문이며, 교육의 성패가 다른
누구도 아닌 교사의 손에 달려 있고, 그 영향이 학생에게 직접적으로 미치기 때문이다.

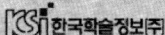한국학술정보㈜

머 리 말

내가 교육자라는 직분을 가지고 교직에 입문한 지도 어언 17년의 세월이 흘렀다. 10년이란 세월은 강산을 변화시키기도 한다는데 강산이 한 번 변하고 또 변화할 만큼의 세월이 지났는데도 나는 아직도 교육이란 무엇이며, 어떻게 교육하는 것이 바람직한 것인지에 대해 명확하게 답할 수가 없다. 또한 앞으로 20년이 지나고 30년이 지나도 과연 이 문제에 대해 자신 있게 대답할 수 있을지는 장담할 수 없다. 그러나 교육하는 일이 하면 할수록 어렵기도 하지만 그만큼 보람 있고 가치 있는 일이라는 생각만큼은 자신 있게 말할 수 있다.

내가 이 책을 쓰기로 마음을 먹은 것은 내 개인적인 경험으로부터 출발한다. 지금은 교사를 가르치는 교사교육자가 되어 대학에서 근무하고 있지만 한때는 갓 교직에 입문한 초임교사로서 중학교 학생들을 지도했던 경험이 있다. 중학교 초임교사 시절의 경험은 나의 교육관을 형성하는 기초가 되었고, 아직도 그때의 소중하고도 생생했던 체험들은 내 기억 속에 교육자로서의 삶에 대한 지표로 뚜렷하게 남아 있다.

그 당시 나는 사범대학에서 교사가 되기 위한 소정의 교육과정을 착실히 이수하였고, 교육실습 또한 충실히 받았다고 자부하고 있었으며, 자신감과 열정을 갖고 있는 젊은 체육교사였다. 그리고 좀더 잘 가르치고자 하는 열정으로 야간에는 교육대학원에 다니며 배운 이론을 학교 현장에 접목시키고자 노력하는 교사였다. 하지만 그런 노력과 열정에도 불구하고 학교 현장은 그리 녹록한 곳은 아니었다. 내가 배운 교육에 대한 이론이 그대로 적용되는 만만한 곳이 아니었던 것이다. 열악한 시설과 환경, 저마다 다른 개성과 능력을 가진 아이들, 서서히 열정이 식으며, 편안함에 안주해 가는 정체된 동료교사들……그것들은 내가 대학과 대학원에서 배우지 못했던 새로운 사실들이었다.

이상적인 이론과는 너무도 차이가 나는 현실 속에서 매일 매일을 체육교사로서 일하면서 느꼈던 여러 가지 생각의 단초들……과연 교육이란 무엇이며, 어떻게 해야 잘하는 건지……과연 나는 잘하고 있는 걸까? 반신반의하며 지내왔던 그 불확신의 시간들……그 속에서 나는 참교육을 하는 일이 얼마나 어려운지를 직접 체험할 수 있었다.

그 당시 나는 나 아닌 다른 초임 체육교사들은 어떻게 교직생활을 시작해 나가며, 과연 그들도 나 같은 고민과 어려움을 겪으며 교직생활을 해 가고 있는지 궁금했다. 그리고 그런 어려움을 어떻게 슬기롭게 극복해 나가는지 알고 싶었다. 이러한 궁금증을 가지고 있던 차에 때마침 학위논문을 써야 했던 나로서는 가장 관심이 있었던 이 문제 즉, 초임교사의 교사 사회화에 대한 문제를 연구해 보자고 결심하게 되었다. 이 책은 이러한 의도로부터 시작하여 완성된 내 박사학위논문을 독자들이 쉽게 이해할 수 있도록 수정·보완한 내용이다.

이 책은 초임 체육교사가 구체적으로 학교에서 어떤 일을 하는지를 상세하게 그리고 있다. 또한 그 속에서 어떤 생각을 하며 자신의 역할과 임무를 수행해 가는지, 초임 체육교사들의 교직 적응 과정 및 교사 사회화의 과정을 보여준다.

본서의 구성내용을 좀더 구체적으로 소개하자면, 1장은 서론으로서, 본서를 이해하는 데 기초가 되는 개념과 내용에 대한 개괄적인 내용을 소개한다. 2장에서는 교사 사회화에 대한 이론적 내용과 선행연구들을 소개하고, 3장에서는 4명의 초임 체육교사들의 구체적인 사회화 과정의 사례를 소개한다. 4장은 교사 사회화에 영향을 미치는 요인에 대해서 논의하였고, 마지막 장인 5장에서는 교사 사회화 연구에 대한 요약과 제언을 제시하는 것으로 결론을 대신하였다.

　이 책의 본문에 등장하는 4명의 초임 체육교사들이 모든 체육교사를 대표하는 모습은 분명 아니다. 그러나 이들의 교사로서의 일과 사회화 과정을 지켜보면서 과연 교육이란 무엇이며, 어떻게 교육하는 것이 옳은 것인지에 대해 함께 고민해 볼 수 있는 작은 계기가 되길 바랄 뿐이다.

　비록 졸고지만 독자들에게 조금이나마 도움이 되길 진심으로 바라며, 끝으로 이 책을 출판할 수 있게 도움을 주신 주)한국학술정보 관계자 여러분께 진심으로 감사드린다.

최 희 진

목 차

제 1 장
서 론

초임교사는 학생 신분에서 벗어나 교사라는 사회적 책무를 지닌 존재로 거듭나는 시기이다. 이 시기의 교사들의 경험을 논의할 때 흔히 쓰는 '현실 충격'(reality shock Lawson. 1989)이라는 말이 암시하듯 학교 현장은 초임교사들에게 낯선 장소이다. 첫 학교에 부임하기 전 대부분의 교사들은 학교에서의 생활에 대한 기본적인 신념과 기대를 가지고 교사로서의 첫발을 내딛는다. 하지만 자신들이 가지고 있던 기대와 실제 학교에서 일어나고 있는 현실과의 차이가 클수록 교직에서의 적응에 어려움을 겪게 된다. 대부분의 초임교사들이 교육실습생에서 교사로의 역할 전이를 갑작스럽게 경험하며, 수업의 조직과 운영, 교수의 수행뿐만 아니라 가르치는 일과는 크게 관계없는 다른 일들에 적응해야 하는 큰 부담을 안게 된다(Ryan. Newman, Mager, Applegate, Lasley, Flora & Johnston, 1980). 또한 초임교사들은 여러 가지 어려움 속에서 생존에 대해 걱정하기도 한다.

초임교사들이 더 많은 문제들에 봉착할수록 교직을 떠나는 경향이 나타나기 때문에 초임교사들의 이직 현상을 감소시키기 위해서 교사교육 프로그램, 초임교사의 특성 그리고 학교 현장 간의 상관관계에 대해서 폭넓은 연구가 요청된다(Burden, 1981; Ryan et al., 1980; Veenman, 1984).

최근까지 교사의 초임기간을 구성하는 중요한 요인들과 초임교사와 학교 상황의 상호작용에 대한 연구들이 '교사 사회화'나 '교사 발달'이라는 연구 영역에서 이루어져 오고 있다. '교사 사회화'는 교직 세계의 구성원으로 입문하는 사람이 교직 세계 속에서 동료교사와 상호 작용하면서 학교 상황과 관련된 여러 규범, 가치, 태도, 지식, 기술을 배우고 내면화하거나 나름대로 해석하고 반응해 나가는 과정을 말한다.

초임교사들은 학생 신분으로부터 전임제(full-time) 교사로의 역할 전이에 있어서 많은 어려움을 겪을 뿐만 아니라 생존에의 압력과 직면하게 된다. 이러한 역할 전이의 과정 속에서 많은 문제들에 봉착할수록 향후 교직생활에서 부정적 교직관을 확립하거나 바람직하지 못한 교수 유형을 고착화시키는 결과를 초래할 수도 있다. 그러므로 초임교사들이 학교 현장에 발령을 받아 겪게 되는 경험을 이해하고, 그들의 사회화 과정에 영향을 미치는 요인들이 무엇인지를 이해하는 것은 그들의 생존을 돕는 것일 뿐만 아니라 훌륭한 교사로 성장하도록 하는 데 꼭 필요한 일이다. 이러한 이해를 얻기 위해서는 개별 교사에게 고유한 사회화의 유형을 형성하도록 하는 프로그램과 제도, 학교 현장과 같은 다양한 요소들과 교사 개인의 상호작용의 역동적인 관계를 살펴보아야 한다.

초임교사들이 전문성을 지닌 성숙한 교사가 되기 위해서는 교직에서 요구, 기대되는 역할들을 내면화하여 교사로서 바람직하게 사회화되어야 한다. 교사의 직업 사회화가 중요한 이유는 교육이 교사와 학생 사이에서 이루어지기 때문이며, 교육의 성패가 다른 누구도 아닌 교사의 손에 달려 있고, 그 영향이 학생에게 직접적으로 미치기 때문이다.

교육학 분야에서 교사 사회화에 관한 연구는 70년대 이후 활발히 수행되었다. '교사 사회화 연구'가 활기를 띠며 이루어지게 된 것은 Lortie(1975)에 의해 『The School Teacher(학교 교사)』가 출간된 데 힘입은 바가 크다. 그는 이 책에서 교사로서 성장하는 과정에 대한 체계적인 관심을 불러일으켰으며, 교사 사회화를 이해하는 작업에 중요한 수많은 개념적 아이디어들을 소개하였다. 그리고 그 이후 많은 연구자들에 의해 교사 사회화에 대한 연구들이 이루어졌다.

스포츠 교육학 분야에서는 80년대 후반 이후에 체육교사 사회화 과정에 대한 폭발적인 관심이 일었다. 80년대 초반부터 Templin(1981)이나 Lawson(1983)에 의해 경험적 연구와 이론적 개념화가 시작되면서 체육교사의 교사로서의 성장 과정에 대한 연구가 서서히 일기 시작하였다. 이후 Templin과 Schempp(1989)의 노력으로 체육교사 사회화가 하나의 공식적 연구 영역으로 표면화되었다. 연구자들은 체육교사의 사회화 과정을 여러 단계로 나누고 각 단계별로 발생하는 사회화 과정에 주목하는 연구 방법을 채택하였다. 교사로 성장하는 단계와 관련하여 몇 가지 주제들이 그간 연구되었는데, 첫째 각 단계별로 사회화를 촉진하거나 방해하는 사회화 요인들이 무엇이며, 그 과정은 어떻게 이루어지는가를 밝히려는 시도이거나(Dodds, 1989), 둘째, 각 단계에 위치한 예비교사나 현직교사들의 가치관, 인식, 태도가 어떤 것인지 그리고 그것이 어떤 과정을 거쳐 형성되고 변화하는가를 파악하는 연구(Templin, Sparkes, & Schempp, 1991)가 있다(강신복, 최의창, 1996).

미국을 비롯하여 일부 서방 국가에서는 체육교사 사회화에 관한 연구가 폭넓게 이루어졌고, 축적된 연구 결과들이 교사교육 프로그램에도 반영되고 있다. 그러나 외국에서 수행된 초임교사의 사회화에 관한 연구를 우리나라의 학교 상황에 그대로 적용하는 것은 적절하지 못하다. 왜냐하면 외국에서 교사들이 경험하는 것과 우리나라의 경험 간에는 차이가 있고, 전체적인 사회 문화적 환경도 다르기 때문이다. 외국의 경우는 수습기간이 길고(프랑스: 3개월, 캐나다: 6개월, 대만: 1년, 미국: 한 학기), 교사의 신분이 계약직으로 직업적 안정성이 보장되지 않는 편이나(이승복, 1998) 우리나라는 한번 교사로 임용되면 비교적 신분이 안정되고, 수습기간에 해당하는 교육실습 기간이 4-5주로 외국에 비해서 짧고, 교사로 임용되면 특별한 사유가 없는 한 정년까지 신분이 보장되기 때문에 이러한 차이로 비추어 보아 외국의 경우를 우리나라의 상황에 적용하려고 드는 것은 무리일 수 있다.

우리나라에서도 박명기(1994)와 이재용(1993), 이효진(1996)에 의해 이와 같은 연구가 수행되었다. 박명기(1994)는 중등학교에 근무하고 있는 전체 체육교사들을 모집단으로 하여 설문지와 인터뷰 방법을 사용하여 체육교사들의 직업 사회화 과정을 분석하였다. 이 연구에서는 그 대상이 초임교사에게만 국한되지 않고 경력에 관계없이 전체 체육교사를 대상으로 하기 때문에 초임교사의 교직 사회화의 특성을 파악하는 데는 어려움이 따른다. 그리고 이재용(1993)은 생애사 연구 방법과 문화기술적 연구 방법을 사용하여 13명의 초임 체육교사의 직업적 사회화 과정을 연구하였다. 이 연구에서 우리나라는 체육인과 체육교사에 대해 시각이 매우 부정적이기 때문에 이를 극복하는 데 많은 어려움이 있다는 점을 강조하고 있으며, 보다 다양한 학교를 대상으로 개별 교사와 학교 현장 간의 상관관계에 대해서 폭넓은 연구가 요청된다고 밝히고 있다. 또한 이효진(1996)은 초등학교 체육 전담지도교사를 대상으로 학교 상황에 대한 인식 및 교수관점의 변화에 대한 사회화 과정을 질적 연구 방법으로 탐구하였다.

교사는 학생교육의 질과 효과에 지대한 영향을 미치는 집단이므로 지금까지보다 학문적으로 체계적이고 논리적으로 탐구되어야 할 필요가 있다. 특히 전문직 초기 과정에서의 경험은 그 직업이 지향하는 목적 달성과 그 직업에 종사하는 직업인들의 자기 발전을 위하여 가장 핵심적인 작용을 한다는 점에서 초임교사의 교직 사회화에 대한 연구는 더욱더 시급한 과제이다. 그럼에도 불구하고 초임 체육교사의 사회화에 관한 연구는 양적으로나 그 범위에서 모두 한계가 있다. 그리고 현재까지 이루어진 연구들이 우리나라와는 사회·문화적 여건이 다른 서구 사회에서 이루어진 것들이 대다수를 차지하고, 우리나라의 체육교육 현장에서 이루어진 연구는 극소수에 불과하다는 점에서 이 연구 결과들을 일반화시키기에는 다소 무리가 따른다. 따라서 앞으로 우리나라의 교육 상황에서 초임교사들이 어떻게 성장하며 교사로서 사회화되어 가는지에 대한 보다 다양한 심층적인 연구들이 이루어져야 할 것이다.

다양한 학교 현장 속에서 초임교사들이 겪는 교직역할 수행에 관한 연구들은 초임교사의 교직 사회화의 다양한 측면을 이해하는 데 보다 실질적인 도움이 될 것이며, 연구의 결과들은 훌륭한 체육교사를 양성하기 위한 직전 교사교육과 현직 체육교사 교육에 대한 진단과 처방을 위해서도 활용될 수 있을 것이다.

이러한 필요에 의해 본 저서는 초임교사의 교사 사회화의 다양한 측면을 이해하는 데 보다 실질적인 도움을 주기 위해 저술되었다. 저술목적을 달성하기 위해 보다 구체적인 연구 문제로서 초임교사의 교직관이 어떻게 형성되고 변화되는지의 과정과 교직관의 형성과 변화에 영향을 주는 요인들을 밝히고자 하였다. 다시 말해서, 초기 교직 경험이 개인의 교직관의 형성과 변화에 어떻게 작용하는지를 분석함으로써 교직에서의 초기 경험이 교사 개인에게 주는 의미를 밝히고, 초임 체육교사 사회화 과정에 대한 심층적인 이해를 하고자 하는 것이다. 본서의 기술 범위는 다음과 같다.

먼저, 초임교사들의 교직 적응 과정 및 성장과 관련된 이론인 교사 사회화 이론에 대해 개괄적으로 소개 한 다음, 보다 심도 깊은 이해를 위해 실제 학교 현장에서 초임교사로서 일하고 있는 경력 3년 미만인 4명의 초임 체육교사들의 교사 사회화 과정을 구체적인 사례로서 제시한다. 즉, 체육교사로서의 사회화에 영향을 미치는 요인인 교직관(교사관, 학교 체육의 역할에 대한 자신의 생각, 체육교과에 대해 갖는 태도, 수업관, 학생관 등)과 관련하여 각각의 측면이 형성되고 변화되는 과정을 파악하고, 초임 체육교사가 자신이 하는 일을 어떻게 규정하고 있으며, 초기 경험 수행에서 겪는 갈등과 좌절, 만족 등의 내용과 체육교육에 대한 문제의식 등을 살펴본다. 이와 동시에 체육교사로서 입문하게 된 배경 즉, 체육과 스포츠에 관한 흥미와 관심의 정도, 은사, 가족, 친구 등과 같은 사회화 주관자들의 영향력과 교육환경 등 초임 체육교사의 배경 요인을 알아본다. 또한 사회와 학교와 관련된 요인으로 개인−사회적 요인과 조직적 요인, 맥락적 요인 등이 어떻게 초임교사 교직 사회화에 작용하며, 그 요소들 간에 어떠한 상호작용이 이루어지는가를 살펴볼 것이다.

위 사례들을 기술함에 있어서 사용된 연구 방법은 질적 연구 방법이다. 일반적으로 교사 사회화를 연구하는 방법에 있어서 질적 연구와 양적 연구를 모두 사용할 수 있다. 교사 사회화는 교직 세계의 구성원으로 입문하는 사람이 교직 세계 속에서 학교 환경과 상호 작용하면서 나름대로의 시각과 관점을 형성하며 교직 세계에서 필요한 규범과 가치 지식, 기술 등을 받아들이며 적용하는 과정이다. 일반적으로 교사 사회화 연구자들은 사회화 과정을 일방적, 단선적 과정이 아니며 역동적이고 복잡한 과정으로, 교사는 그 과정을 소극적으로 받아들이는 존재가 아니라 적극적, 능동적으로 구성해 나가는 주체적 존재로 상정한다. 사회화 과정이 역동적 성격을 띤다는 점은 연구 방법의 선택에 있어서 양적 접근보다는 질적 접근을 보다 선호하도록 요청한다.

질적 연구에서는 과정의 이해에 초점을 맞추며 그를 위해서 사태의 단편적 인식보다는 상황의 총체적 인식을 중요시하기 때문에, 사회화 과정의 복잡한 성격을 입체적인 시각에서 바라볼 수 있도록 만든다(Zeichner & Gore, 1990).

본서에서는 질적 연구 자료 수집을 위해 연구 참여 교사들의 실제 수업과 학교에서의 일과를 6개월간에 걸쳐 심층 관찰하였고, 교사들의 교직 적응과 사회화에 관한 사실을 심도 깊게 이해하기 위해 심층 면접을 실시하였다. 아울러 교사 사회화에 관한 문헌과 연구 참여 교사가 자주 보는 책의 목록, 잡지, 다른 문서 혹은 학교 현장에서 만들어진 문서화된 자료, 참여 교사들이 졸업한 출신 대학의 교육과정 편람, 교육실습 때의 수업지도안 등의 문헌들도 초임교사들의 교사 사회화 과정을 이해하기 위해 수집하였다.

수집된 자료의 분석 방법은 질적 분석 방법의 일종인 분류체계 및 원인연쇄 분석 방법을 함께 사용하여 분석하였다. 분석된 자료의 진실성을 확보하기 위해 연구 참여 교사들을 통해 본 저자가 관찰하고 기록한 내용이 사실과 일치하는지를 확인하는 절차를 거쳤고, 질적 연구 전문가들로 이루어진 동료 연구진들과 협의와 토론을 거쳐 재검토가 이루어졌다. 끝으로 수집된 자료와 범주화된 자료의 일관성을 확보하기 위해 여러 자료를 범주화한 후 다각도 분석을 통해 일관성을 확인하고, 신뢰도와 타당도를 높였다.

　이러한 과정을 통해 네 명의 초임교사들이 어떤 경험들을 하며 교직 과 관련된 규범, 가치, 태도, 지식, 기술을 배우고 내면화하며 반응해 가는지 그 과정과 의미를 구체적인 학교 현장의 상황과 맥락 속에서 분석하여 이해하기 쉽게 기술하였다. 그리고 끝으로 네 명의 초임교사 를 대상으로 이루어진 사례연구의 내용 및 결과를 요약하고, 요약된 결 과를 토대로 앞으로의 직전 교사교육 프로그램과 초임교사 현직 연수 내용의 방향에 대한 시사점과 후속 연구에 대한 제언을 기술하였다.

제 2 장

교직 사회화에 관한 이론

본 장에서는 교사 사회화를 연구·접근하는 데 있어서 요구되는 제 측면에 대한 이론적 쟁점들을 고찰하고자 한다.

첫째, 교사 사회화 관련 이론들을 고찰한다. 성인기에 속하는 교사집단은 아동기, 청소년기에서와는 다소 차이 나는 관점으로 접근하여야 할 것이다. 아동기, 청소년기가 신체적, 정신적, 지적 측면에서의 사회화 내용에 관심을 갖고 있다면, 교사 사회화는 직업적, 사회적 측면에서의 사회화 내용에 관심을 보이게 될 것이다. 여기서는 교사 사회화의 개념 및 접근에 있어서 지금까지의 이론적 설명을 기능론적 관점, 해석학적 관점, 비판론적 관점으로 나누어 고찰한다.

둘째, 교사의 발달 단계의 규정에 필요한 기본적 입장을 정리하고, 교사 사회화의 단계와 특성을 고찰한다. 교사집단만을 대상으로 수행된 연구들을 중심으로 하여 다른 직업의 종사자들과 차이 나는 교사집단의 사회화 단계와 그 단계별 특성을 고찰한다.

셋째, 교사 사회화는 형식적, 비형식적 교육 작용이 발생할 때부터 시작된다는 입장에서부터, 현직교사에 국한하여 접근하는 연구에 이르기까지 다양하다. 교사 사회화 발달 단계 속에서 교사 사회화에의 관련 요인은 무엇인지를 고찰한다.

끝으로, 초임교사 사회화에 대한 일반 교육학에서의 선행연구와 초임 체육교사 사회화에 대한 선행연구들로부터 제시되고 있는 관점들을 살펴본다.

이와 같이 네 가지 측면에서의 이론적 쟁점들의 고찰을 통하여 사회화 과정 탐구의 중심적인 주제인 사회화에 대한 접근 관점의 정립, 사회화 과정의 탐구, 사회화의 관련 요인 등에 있어서의 연구 결과들이 무엇인가를 알아보고자 한다.

1. 교사 사회화 관련 이론

여기서는 교사의 사회화를 설명 · 접근하는 데에 있어서 이론적 기저를 이루고 있는 세 가지 주요 관점인 구조 · 기능주의적 관점, 해석학적 관점, 비판론적 관점을 개관하고자 한다.

1) 구조 · 기능주의적 관점

구조 · 기능주의적 관점은 교사 사회화에 있어서 가장 오래된 역사를 가지고 있으며, 아직까지도 지배적인 접근 방법이다. 이 관점에서는 교사 사회화를 탐구하는 데 있어서 개인과 사회적 구조 사이의 관련에 초점을 두어 왔다(Wrong, 1961; Brim, 1966; Berger and Luchmann, 1967). 그리고 그 양자 간의 관계에 대해서는 "존재론적으로 보았을 때 사회가 인간보다 앞서는 것으로 규정하고 있으며, 인간과 인간의 활동을 사회적 맥락 속에서 위치 지으려고 하는 사회 우위론적 세계관"을 갖고 있다(Burrell and Morgan, 1979).

이와 같은 세계관을 가지고 있는 구조·기능주의 관점은 사회적으로 규정된 역할을 수행하는 데 요구되는 태도와 기능을 개인이 학습하는 구조로서 사회화를 규정하고 있다. 따라서 이 구조·기능적 관점에서는 사회적 역할과 역할의 점유가 공적으로 인식되고 있는 사회적 구조의 총체(social structural entities)로서 간주되고 있으며, 그 역할에 대해서는 폭넓게 공유되고 있는 행동적 기대가 수반되고 있다는 것이다.

나아가 그러한 역할의 점유는 그 역할을 실제로 점유하고 있는 개인 뿐만 아니라 사회구조에게도 이로운 것이라고 상정되고 있다. 사회구조는 각 개인의 역할 점유와 적당한 행사를 통해서 사회적 질서를 유지할 수 있고, 역할 점유자 개인을 사회에 통합시켜 주고, 소외·아노미에 따르는 위험을 감소시킬 수 있는 행동적 지침을 제공받을 수 있기 때문이라는 것이다. 따라서 이 구조 기능주의적 관점에서는 개인은 본질적으로 사회적 역할의 점유와 행사를 통해서만이 사회적 정체성을 부여받을 수 있다는 점에 주안점을 두고 있다고 볼 수 있다.

존재론적으로 보아 개인보다 사회에 우위를 두어서, 개인과 사회구조 간의 구조와 기능 중심의 관계론으로 특징되는 구조·기능주의적 관점에서는 그 개념적 속성으로 인하여 다음과 같은 몇 가지 가정 및 특징을 갖고 있는 것으로 지적되고 있다(Burrell and Morgan, 1979; Hoy and Ree, 1977).

첫 째, 현 상태를 설명하려 하기 때문에 현실주의적 입장이다.

둘 째, 사회적 실체에 대한 설명적 지식을 제공하는 데 있어서 객관적 탐구 방법을 강조하고 있기 때문에 실증주의적 입장에 있다는 것이다. 이러한 가정은 기능주의적 관점 자체가 프랑스에서 발생한 사회학적 실증주의에 지적 뿌리를 두고 있기 때문이기도 하다.

셋   째, 이 관점에서의 연구자들은 교생 및 교사들의 가치지향성을 규정하려 하기 때문에 결정론자로 지칭되고 있다.

넷   째, 결정론자적 입장과 관련하여 이 관점을 사용하는 이론가들은 피사회화인의 가치지향성에 대하여 수동적이거나, 강화를 받아 형성될 수 있는 것으로 보고 있다. 즉, 사회화 과정이란 사회화 담당자로부터 근원하는 것이고, 피사회화인은 영향을 받는다는 것으로서 일방적인 것이며, 그 과정은 측정 가능한 것으로 가정하고 있다는 것이다.

다섯째, 이 관점에의 목적은 인간사의 규칙화된 본질에 관한 설명을 제공하고, 중앙집중 경향성에 초점을 두려고 하며, 복합성이나 모순성에 대해서는 회피하고 있다.

구조 · 기능주의적 관점으로 교사 사회화에 접근하고 있는 이론가들은 사회화 과정이 다음과 같이 4가지 요소로 구성되고 있는 것으로 보고 있다(Goslin, 1969).

첫째는 사회화의 내용으로서, 피사회화인의 규범, 태도, 그리고 행동적 기능 등이 포함된다.

둘째는 사회화의 내용이 피사회화인에게 전달되는 과정에 대한 확인이다.

셋째는 사회화 담당자에 대한 확인이다.

넷째는 사회화의 결과로서, 행동적 역할 수행과 적절한 태도 및 가치의 내재화가 포함된다.

이 관점에서의 주안점은 사회화의 결과와 그 결과에 영향을 미치는 제도적 변인의 확인에 두고 있는데, 이론적으로 말해서 한 교사의 교직에 관한 관점의 발달은 대학과 학교가 결정한다는 것이다. 이 관점에서 개인은 저항, 배척, 그리고 재창조를 하지 못하고, 수동적으로 자신의 역할을 수행하는 것으로 가정한다(Wrong, 1961; Brim, 1966; Berger and Luchmann, 1967; Wentworth, 1979). 종합적으로 말해서, 기능주의적 관점에서의 교사 사회화 연구들은 제도와 규범에 맞추어서 조형된 개인을 그려내고 있다.

해석학적 관점을 취하고 있는 이론가들은 이러한 기능주의적 관점이 교사 사회화를 접근하는 데 있어서 다음과 같이 세 가지 점에서 실패하고 있다고 비판하고 있다(Popkewitz, 1976; Zeichner, 1983; Goodman, 1985).

첫   째, 기능주의적 관점은 사회화 과정에 대한 피사회화인의 공헌과 영향을 부정확하게 설명하고 있다는 것이다. 특히 기능주의적 관점에서는 피사회화인이 갖고 있는 개인적 관점 및 신념과 가치가 교사교육 프로그램의 내용 및 가치와 상호 작용하는 측면을 무시해 버리고 있다는 것이다(Wentworth, 1979).

둘째로, 기능주의 관점에서 활용하고 있는 방법론에 문제가 있으며, 특히 양적 접근 방법은 교사 사회화 탐구의 폭을 좁혀 버리는 결과를 초래하였다는 것이다. 예컨대, 조사도구 자료의 분석에서 주로 중앙집중 경향성의 양태로 보고되고 있는 결과치는 개인 간의 차이를 제거해 버리고 있다는 것이다. 이러한 문제점은 패러다임의 취약점으로 평가되고 있다(Zeichner, 1980).

셋째로, 기능주의적 관점의 교사 사회화 연구들은 실제적인 사회화 경험에 대한 구체적인 정보와 궁극적인 이해를 제공하지 못하고 있다는 것이다(Fuller and Brown, 1975; Zeichner, 1980; Feiman-Nemser, 1983). 여러 학자들은 이와 같이 사회화 변인,

교사교육 상황에서의 실제적인 사회화 과정에 대한 이해의 폭
이 좁아지게 된 일차적인 원인으로 경험–분석적 패러다임이
갖고 있는 한계성 때문이라고 지적하고 있다(Rist, 1977; Zeic-
hner, 1978; Popkewitz et al., 1979).

이와 같이 기능론적 관점에서의 교사 사회화 접근의 실패를 지적하
고 있는 여러 학자들(Wrong, 1961; Popkewitz, 1976; Wentworth, 1979;
Tabachnick, 1981; Zeichner, 1984)은 교사 사회화 이론의 재개념화를
도모하고 있다. 이러한 재개념화의 주장에서는 기능주의적 관점에서의
개인보다 사회 우위적인 존재론적 가정을 반박하고(Burrell & Morgan,
1979), 개인은 제도적 가치의 수동적 학습자가 아니라, 사회화 과정의
참여자라는 인식을 도입함으로써 해석학적 관점에의 필요성을 제기하
고 있다.

2) 해석학적 관점

해석학적 패러다임은 사회적 사상에 대한 독일의 이상주의 전통에
뿌리를 두고 있다. 이 해석학적 패러다임에는 해석학, 현상학 그리고
민속방법론 등 여러 학파의 사상들이 포함되고 있으면서도, 사회적 세
계에 대한 기본적인 본질을 주관적인 경험의 수준에서 탐구, 이해하려
는 노력이 공통점이다. 즉, 해석학적 관점에서는 "개인의 의식과 주관
성의 실제 속에서, 그리고 행위의 관찰자로서가 아니라 참여자로서의
준거체제 속에서" 사회화에 관한 설명을 찾고 있다(Burrell & Morgan,
1979)고 요약할 수 있을 것이다.

교사 사회화에 대한 이 해석학적 관점이 갖고 있는 이론적 성격은

Becker등의 연구(1964), Lacey의 연구(1977)에서 잘 드러나고 있다. 즉, 그들에 따르면 해석학적 관점은 구조적 요소 혹은 제도적 구속보다는 참여자의 주관적인 의미에 강조를 두고 있으며, 사회적 세계란 참여자들이 사용한 이름이나 혹은 개념을 통해서 존재하고 있는 것으로 보기 때문에 유명론자적 입장을 취하고 있다고 볼 수 있다. 그리고 인간사회는 기능주의적 관점에서와 같이 과학적 방법대로 탐구될 수 있다는 관점을 배척하고 있기 때문에 반실증주의적 성격을 갖고 있다고 보인다. 또한 해석학적 패러다임 안에서의 개인은 선택을 할 수 있고 자율적인 행동을 할 수 있는 존재로 파악되고 있다는 점에서 자유지향주의 성격을, 그리고 주관에 의한 설명을 강조하고 있는 측면에서 개인적 속성을 갖고 있는 것으로 묘사되고 있다.

이 해석학적 관점을 적용하여서 교사 사회화 연구의 접근법을 제시하고 있는 좋은 예로서 Wentworth(1979)의 상호작용적 사회화 모델(interactive model of socialization)을 들 수 있다. 이 모델은 한 사회에 새로이 들어온 신참자와 그 사회의 기존의 구성원이 사회화 과정에 대한 내용을 서로 주고받는 데에 그 이론적 기저를 깔고 있다. 즉, 사회화 과정에 대한 접근을 위해서 한 사회와 그 사회 참여자의 유기적 관계로 인식한 것이다. 특히 Wentworth는 한 사회의 신참자 자신이 갖고 있는 신념은 그 사회에 들어오기 이전의 경험을 통하여 발전된 것으로서, 바로 이 신념이 개인과 사회구조 사이의 상호작용에 대하여 나름대로의 의미를 제공해 준다고 보고 있다.

신참자 자신이 갖고 있는 준거체제(신념)는 상호작용의 의미에 대하여 영향을 행사한다. 주어진 시공에서 개인의 관점(준거체제)은 신참자가 사회를 얼마만큼, 어떻게 포착할 수 있는가를 결정짓게 된다(Wentworth, 1979).

이와 같이 사회화 과정에 있어서 신참자의 역할을 고려하거나 강조하고 있는 연구자들이 많다(Lortie, 1975; Lacey, 1977; Tabachnick et al., 1980; Zeichner and Grant, 1981; Zeichner, 1984; Goodman, 1985). 이

에 대하여 연구자들의 주장을 보다 구체적으로 살펴보면 다음과 같다.

Zeichner(1984)는 사범대학 학생들은 자기 주변의 사람들과 그들의 영향력에 대하여 단순하게 반응하지 않는다는 것이 지배적이라고 하였으며(p.17), Lortie(1975)는 상당히 오랜 기간 동안의 관찰 연구 끝에 교직으로의 사회화는 대체로 자기 사회화(self-socialization)라고 결론짓고 있다.

또한 Tabachnick(1981)과 Lacey(1977)는 초임교사들은 교직에 들어올 때 여러 가지 가치들을 가지고 오며, 그것은 교사 신념과 교육 실제에 영향을 미치는 환경적 변수들과 상호 작용하는 존재라고 주장하고 있다.

한편, 해석학적 패러다임에서도 사회화 과정과 역할을 연계시키려는 노력이 경주되고 있다는 점은 구조·기능주의적 관점과 마찬가지라고 할 수 있다. 그러나 해석학적 패러다임에서의 역할에 대한 개념화는 구조·기능주의적 관점에서의 그것보다 훨씬 더 폭이 넓다고 말할 수 있다. 즉, 해석학적 패러다임에서는 사회화 과정의 총체로서 공식적 역할 외에 비공식적 역할도 포함시키고 있다는 것이다. 이 해석학적 패러다임에서는 공식적 역할과 비공식적 역할 중에서 어느 것이 사회화 과정에 대하여 더 중요한가에 대한 가정을 갖고 있지 않으며, 비공식적 역할에 대한 사회화는 특징적인 행동 유형 및 정체감과 관련이 있는 보다 유동적인 타협의 과정으로서 주로 역할 형성의 과정에 관한 사회화를 탐구하고자 할 때의 주요 개념으로 활용되고 있다(George, 1983).

이 해석학적 관점은 교사가 교직 경험을 겪게 되는 여러 상황에서 경험적 지지를 받고 있다. 예컨대, Ekpunobi(1986)는 학교가 표방하는 교육목표를 공식적 목표와 조작적 목표로 구분하였을 때, 조작적 목표에 대한 교사의 능동적 영향을 밝혀내고 있다. Ross(1987)는 학교가 기관 차원에서 발휘하는 교사에 대한 압력을 연구하면서 그 압력에 교사들이 대응하는 사회적 전략들을 밝히고 있는데, 그 개별 교사들의 반응의 본질 속에 숨어 있는 능동적 측면이 강조되어야 한다고 주장하고

있다. Kulmann(1988)은 교사들이 학교 규범에 의하여 영향을 받고 있
는 것은 사실이지만 또 한편으로는 새로운 역할과 규범을 창조한다는
자료를 제시하면서 교사 사회화의 역동성을 입증하고 있다. 그리고 학
급 상황을 중심으로 하여 발생하는 교사 사회화에 대해서는
Cattle(1985)에 의하면 상호작용적이고, 협상적이며, 맥락·특정적인 것
으로 설명되고 있다.

이 해석학적 패러다임을 따르고 있는 이론가들은 교사 사회화 과정
의 변증법적 본질을 잘 드러내 보이기 위한 탐구 방법으로서 사회인류
학적 접근법을 권고하고 있다(Lacey, 1977; Zeichner, 1978; Popkewitz
et al., 1979; Tabachnick, 1981). 이 관점은 그 속성상 질적인 접근이
보다 더 선호되고 있다고 볼 수 있다.

사회화에 관한 탐구와 관련하여서 기능주의적 관점을 정론, 해석학적
관점을 반론이라고 규정하기는 곤란할 것 같다. 그러나 기능주의적 관
점의 지적 전통이 보다 오래되었고, 그 이론의 적용이 보다 폭넓은 기
반을 가지고 있다는 측면을 고려해 보았을 때, 그리고 해석학적 관점은
기능주의적 관점이 결여하고 있거나 무시해 버린 측면을 들춰내어 비
판함으로써 그 이론적 관점을 발전시켜 왔다는 것을 고려해 볼 때, 기
능주의적 관점에 대한 하나의 대안적 관점으로 받아들일 수 있을 것이
다. 또한 이 두 관점은 어떤 적대적인 위치에 놓여 있다고 하기 보다
는 상호 보완적인 성격을 갖고 있다고 판단할 수 있다. 왜냐하면 기능
주의적 관점을 비판하면서 출발하고 있는 해석학적 관점도 기능주의적
관점이 찾고자 하는 관심과 동일한 핵을 가지고 있으면서, 기능주의적
관점에서는 접근할 수 없는 측면을 보완하는 성격이 짙게 깔려 있기
때문이다.

한편 최근에 들어와서는 이 두 관점이 똑같은 맥락에서 비판 내지는
도전을 받고 있다. 즉 이 두 관점 중 어느 하나도 가치중립적 입장에서
현재의 사회 상황을 반박하고 있지 못하다는 것이다. 즉 기능주의적 관

점은 현재의 사회 상황을 설명하는 데 관심이 있으며, 해석학적 관점에서는 그에 대한 이해를 목적으로 하고 있을 뿐이라는 것이다. 후술되는 비판론적 관점에서 보았을 때, 이 두 관점의 목적은 불충분한 것으로 인식되고 있으며, 이 두 관점은 단지 변형 과정(trasformative process)에 있어서의 모멘트에 불과하다는 것이다(Carr & Kemmis, 1986).

3) 비판론적 관점

본 비판론적 관점은 앞에서 기술한 두 관점에 비하여 아직까지 체계적으로 정리되지 못하였다고 볼 수 있다. 가장 최근에 발달한 관점 때문이기도 하겠지만, 여러 가지 학파의 사상을 포용하고 있다는 데에도 그 원인이 있을 수 있겠다. 즉, 마르크시즘, 프랑크푸르트학파 철학이 근간이 되고 있다. 또한, 이 관점의 의미가 계속 변화하고 있는 과정이라는 지적(Wexler, 1987)도 설득력이 있을 것이다.

비판론적 관점에서의 중요한 관심은 정의, 평등, 자유 그리고 인간 존엄성을 증대시키는 데에 있다(Zeichner & Gore, 1990). 비판론적 관점에서의 연구는 참여적이고 협동적이며, 자기반성을 주요 탐구 방법으로 삼고 있다. 왜냐하면 비판론적 접근의 목적이 일상생활에 대하여 당연하다고 여겨지는 것을 비판하는 능력을 의식에 가져다주는 것에 두고 있기 때문이다.

비판론적 관점에서 교사 사회화 연구는 교직 내에서의 직위, 성, 인종의 관계에 중점을 둔다. 예를 들어 가르치는 일을 여성의 일로 인식했을 때, 성에 관한 논쟁이 무시될 수 없다. 구조·기능주의적 관점과 해석학적 관점에서 그러한 문제들이 간과된 까닭은 더 광범위한 역사 속에서의 사회화를 인식하기보다는 특정한 사건에 중점을 두기 때문이다. 그러나 역사성에 바탕을 두고 사회의 정의 구현을 강조하는 이 비판적 관점에서의 교사 사회화 연구는 구조·기능주의적 관점과 해석학적 관점에서의 교사 사회화 연구에 비해 상대적으로 그다지 체계적으로 연구가 정리되고 있지는 못하다.

Ginsburg(1990)의 연구는 비판적 패러다임에 의한 교사 사회화 연구의 가장 대표적인 예이다. 그는 2년 동안 교사가 되기 위한 공식적인 준비 과정인 예비교사 사회화에 대한 민속지학적 연구를 하였다. 그는 이 연구에서의 한 단면을 제공했던 특수한 교사교육 프로그램뿐만 아니라 미국 전반에서의 교사교육의 역사적 발달 과정을 언급함으로써 전후 맥락적으로 교사교육 프로그램을 설명하였다. 또한 모순의 개념을 사용하여 교육과 사회 내에 존재하는 계급, 성, 인종의 관계에서 개인의 경험들을 결부시켰다. 결국 그는 교사교육자의 반성적 실천(critical praxis)을 촉구하면서 변혁적인 자신의 의도를 표방하였다.

4) 교사 사회화 관점의 종합

지금까지 기술한 세 가지 교사 사회화 이론은 연령과 경력 요인에 따라 그 적용 가능성이 다를 것으로 보인다. 먼저 연령에 따라 생각해 보면, 아동기, 청소년기, 성인기의 순으로 구조·기능주의적 패러다임에 의해서 접근·규명되는 것이 일반적일 것이며, 한편 해석적 패러다임은 성인기, 청소년기, 아동기의 역순으로 적용 가능성이 더 높을 것으로 보인다. 또한 경력 변인에 따라서 생각해 보았을 때, 적절하게 경력 연수를 구분하여 언급하기는 어렵겠지만, 어떤 직업 내에서 경력(연령)이 보다 적은 성인에게는 구조·기능주의적 관점이, 그리고 경력이 보다 많은 성인에게는 해석학적 관점으로 접근할 때 보다 설명 가능의 폭이 넓어질 수 있을 것이다. 이는 경력의 증대는 경험의 증대를 의미할 것이며, 그만큼 직업 사회에 대한 개인의 영향력이 커질 것이라고 생각할 수 있기 때문이다. 이와 같이 추론하는 데에는 두 가지 이유에서이다. 첫째는 사회화의 개념 정의에서 비롯되고 있다. 즉, 어떠한 자율적 행동 능력도 갖추지 못한 생물학적 개체에 불과한 인간이 사회 속에서의 생활 경험의 축적과 학습의 증대에 따라 사회적 인간으로 되어 가는 과정으로 사회화는 정의되고 있다. 둘째는 세 가지 교사 사회화 관련 이론이 사회와 인간과의 관계에 대하여 수동적, 능동적 그리고 절충적 관계로 설정하여 관점을 발전시키고 있기 때문이다. 즉, 사회와 인간의 관계에 대하여 구조·기능주의적 관점은 인간의 수동성에서, 해석학적 관점에서는 사회와 인간의 상호작용적 관계로, 그리고 비판론적 관점에서는 절충적 입장에서 수립된 것이다.

인간은 한 사회적 맥락 속에서 능동적 참여자로서 역할을 수행하고 또한 그 사회로부터 기대되는 역할을 내재화하는 수동적 존재가 된다. 이와 같이 사회구조와 인간의 관계를 규정한다고 할 때, 그 이하에서 제시되고 있는 쟁점들도 각기 조화롭게 엇물려서 포섭될 수 있을 것이다. 예컨대, 연구 방법에 있어서 어떤 형태로든 양적 접근과 질적 접근의 통합이 이루어질 수 있을 것이며, 사회화의 개념에 있어서는 사회구조가 개인을 수동적으로 조형한 모습과 개인이 주관적으로 해석한 내용이 하나의 정점으로 모아지게 될 것으로 보인다.

다만, 교사 사회화를 접근하는 데 있어서 가치개입적 성격을 띠느냐, 가치중립적 차원에서 수행하느냐 하는 것은 연구자의 판단에 따를 수밖에 없을 것이다. 왜냐하면 이 쟁점은 절충·정리의 차원이 아니라, 연구 결과에 대한 연구자의 판단에 귀속되는 사항이기 때문이다.

그리고 이 세 가지 교사 사회화 이론의 채택 및 적용 문제는 탐구주제에 따라서도 다를 것으로 보인다. 예컨대 한 특정한 사회 맥락 속에서의 교사 사회화와 전반적인 모습, 즉 교사 사회화의 단계를 규정하려는 연구를 앞에서도 언급한 바와 같이 동일한 준거, 단서 체계를 사용하여 경력 시간대를 구명하려는 것으로 접근한다면 구조·기능주의 관점이 보다 용이할 것이다. 물론 해석학적 관점에서의 탐구 방법에 따라 수행될 수 없다는 것은 아니다. 배경 변인에 따라서 차이 나는 교사들의 특정한 사회화 과정을 밝히고자 할 때는 오히려 해석학적 관점이 보다 용이할 수도 있기 때문이다.

2. 교사 사회화의 단계와 특성

교직 사회화란 교사가 임용되어 교직생활을 영위해 가는 과정에서의 교직 사회로의 적응 양상을 말하며, 교직생활의 내용 영역을 구성하고 있는 교육관, 교사관, 교육과정관, 수업지도관, 학생관 등에서의 질적 성격의 변화 과정을 의미한다. 여기서 적응 양상이라 함은 한 개인이 속하고 있는 집단의 성원들이 기대하는 바대로 순응, 동화 또는 내재화하는 것을 의미할 뿐만 아니라, 한 개인이 속하고 있는 집단의 성원이 기대하는 바를 주관적으로 해석하고, 변화 혁신을 기도하는 과정도 포함하고 있다.

교사의 전문직 사회화는 개인들이 교수 전문직의 구성원들이 되는 것과 진보적으로 더욱 성숙한 역할을 해 내는 변화 과정과 관련된다.[1]

Edgar와 Warren(1969)은 "교사의 사회화는 영향력 있는 타자(signi-

---

1) Torsten Husen & T. Meville Postlethwaite, Occupational Socialization, *The International Encyclopedia of Education*, Volume 10. Pergamon Press, 1994, p.6122.

ficant others)들이 신참교사들로 하여금 새로운 혹은 적절한 역할을 학습하고 습득하도록 압력을 가하는 과정"이라고 규정한다. 한편 Krukniak(1972)은 "교사의 직업 사회화란 교직을 직업으로 선택한 각 개인이 교사로서의 역할을 적절히 수행하기 위해서 반드시 소유해야 하는 기술, 규범, 가치 등을 배우는 과정"이라고 정의한다.

교사의 직업 사회화에 관한 정의를 살펴보면, Lortie(1975)는 "직업의 내적 구조에 설정된 가치와 규범에 융합되는 과정"으로 Lacey(1977)는 "교사가 공통적인 과업과 상황 속에서 태도, 가치, 관심을 선별적으로 습득하는 과정"으로 정의했다. 교사의 사회화에 관한 Lortie와 Lacey의 개념들은 교직이 교사에게 요구하는 가치, 규범을 습득하는 과정이라는 점에서 공통점을 찾을 수 있다.

Banks(1976)에 의하면, 교사의 직업 사회화는 교직에서 교사의 역할을 수행하기 위해 필요한 행위를 습득하는 과정으로 정의하고 있으며 Webb과 Sikes(1989)는 다른 신념, 기질, 성격을 가진 신임교사들이 학교구조, 교수 상황에서 다른 사람들과 상호 작용하여 성격, 태도, 행동이 변화되는 과정으로 정의하고 있다. 교사의 사회화에 관한 Banks와 Webb과 sikes의 정의에서는 학교구조, 교수 상황에서 교사들이 태도, 행동특성을 변화시키거나 변화되고 있다는 점이 공통적으로 부각되었다.

또 이영희(1984)는 신임교사가 학교 안에서 학교 행정가, 동료교사, 학생들의 역할 기대와 학교 규범 및 교사문화를 내면화하는 과정으로 정의하고 있다. 이윤식(1991)은 교사의 직업적 사회화 과정을 외국의 경우에는 교사의 발달 또는 교사 사회화라는 개념으로 교사가 어떻게 변화, 발달해 가는가에 대한 이론적 모델이 있음을 소개하면서 교사의 직업 사회화는 교직 전 기간을 통하여 교직과 관련된 지식, 기능, 행동, 태도 및 관점에서의 변화를 의미하는 것으로 사용되고 있다고 밝히고 있다. 또 채안병(1991)은 교사의 직업 사회화를 "교사로서 장차 종사할 또는 현재 종사하고 있는 교직의 지위, 역할 달성에 필요한 지식, 기능,

가치규범을 획득하고 이를 내면화하여 교직과 관련된 지식, 기능, 행동
및 관점에 있어서 변화를 나타내어 교직에의 일체화를 이루어 가는 과
정"으로 정의하고 있다. 이명우(1997)는 교사의 직업 사회화를 교사가
제도적 임무와 문화적 역할 기대에 필요한 전문적 지식과 기술의 능력
을 학습하는 과정이라고 정의 내렸다.

  교사들의 변화, 발달 과정과 전문적인 교사가 되도록 하는 요인에
관한 연구는 교사들에 대한 심층적인 이해를 가능하게 하고, 여러 가지
연수교육을 포함한 교육정책과 교육행정을 수립하는 데 중요한 정보를
제공한다. 교사의 직업 사회화의 단계는 교직의 생애를 어떻게 개념화
하느냐에 따라 달라질 수 있다. 초임교사와 숙련교사로 나누기도 하고,
직전 교사, 초임교사, 숙련교사로 나누는 사람도 있다. 교직 사회화의
단계는 연구자의 학문적 입장에 따라 다양하게 정립하고 있다. 최상근
(1992)은 교직 사회화의 단계를 규정하기 위하여 연구자들이 동원하고
있는 교사들의 주요 속성 내지는 준거가 다양하게 있을 수 있다는 사
실에 주목해야 한다고 한다. 예컨대, Fuller는 교사들이 교직생활을 하면서
갖는 관심사가 무엇인지에 따라서 접근하고 있고, Unruh와 Tuner(1970)는
전문성 신장을 위한 현직 연수 프로그램의 개발을 목적으로 교사들의
발달 단계를 규정하고 있다. Katz(1972)는 유치원 교사의 전문성이 발
달되어 가는 과정을 분석하였고, Newman(1978)과 Burden(1979)은 교
사 발달에 관한 지각 및 인식의 변화를 추적함으로써 교사 사회화의
단계를 설정하고 있다. 또한 Peterson(1978)은 교사들의 태도 및 외양의
변화를 주요 준거로 삼고 있다.

  이와 같이 다양한 준거들 가운데에서 어떠한 준거를 가지고 연구를
시도하느냐에 따라서 교직 사회화의 단계, 각 단계별 교직 경력 기간과
교사 특성이 다르게 규정될 수 있다.

  이윤식(1991)이 소개한 외국학자들의 교사의 직업 사회화 내용을 발
췌하여 다시 도표화하면 <표 Ⅱ-1>과 같다.

〈표 Ⅱ-1〉 교사 사회화의 단계 (외국학자)

학　자	직업 사회화 단계	특　　성
Fuller (1969)	① 교직 이전 단계 (preteaching phase) ② 초기 교직 단계 (early-teaching phase) ③ 후기 교직 단계 (late-teaching phase)	·특별한 관심이 없는 단계 ·자기 자신에 관심을 기울이는 단계 ·아동에 대해 관심을 기울이는 단계
Fuller & Brown (1975)	① 교직 이전 관심 단계 (state of preteaching concern) ② 생존 관심 단계 (state of survival concerns) ③ 교수 상황 관심 단계 (state of teaching situation concerns) ④ 아동 관심 단계 (state of pupil concerns)	·자기 자신에 관심을 기울이는 단계 ·교수 상황에 관심을 기울이는 단계 ·아동의 학업성취에 관심을 기울이는 단계
Katz (1972)	① 생존 단계 (survival stage) - 1년간 ② 보강 단계 (consolidation stage) - 1~3년 ③ 갱신 단계 (renewal stage) - 3~4년 ④ 성숙 단계 (maturity stage) - 5년 이후	·교육 현장의 문제 처리에 관심 및 우려 ·경험과 지식보완, 개개의 아동에 관심 ·새로운 것을 시도해 보고자 노력 ·교사로서 완전한 자신감과 경험을 갖추는 시기
Burden (1979)	① 생존 단계 (survival stage) - 1년간 ② 조정 단계 (adjustment stage) - 2~4년 ③ 성숙 단계 (mature stage) - 5년 이후	·학습 분위기 유지, 교과의 지도, 교수 기술 향상, 가르칠 내용 이해에 관심 ·가르치는 일에 익숙 및 심리적인 자신 감과 안정감을 갖게 됨 ·가르치는 일에 편안함을 느끼고 교수 환경을 정확하게 이해
Newmen (1978)	① 0-10년 ② 11-20년 ③ 21-30년	·근무 학교, 담당 학년, 교과목 변경 ·근무 학교, 담당 학년, 교과목 자리잡음 ·근무 환경 등 안정성 유지 약간 불만 족 은퇴 문제 생각
Peterson (1978)	① 20대 ② 30대 ③ 40대 ④ 50대 ⑤ 60대	·학교 환경에 어떻게 적응하며 생존할 것인가를 익힘 ·교사의 기능 습득 및 계속적 발전 ·교직에서 가장 행복했던 시기 ·은퇴 문제 생각 ·교직의 마무리 및 은퇴

학 자	직업 사회화 단계	특　　　성
Christensen, Burke & Ressler (1983)	① 교직 이전 (pre-service)	· 교사교육 받는 기간
	② 교직 입문 (induction)	· 임용 후 최초 수년간 학교 현장 일상적 활동 익숙
	③ 능력 추구 (competency building)	· 교수기술과 능력 향상 추구기
	④ 열중, 성장 (enthusiastic & growing)	· 높은 능력수준 다다른 후 계속 전문성 향상 노력
	⑤ 직업적 좌절 (career frustration)	· 교직에 대한 좌절감, 회의감 느낌
	⑥ 안정, 침체 (stable & stagnant)	· 현실 안주, 현상 유지 시기
	⑦ 직업적 쇠퇴 (career wind-down)	· 교직을 떠나려고 준비 시기
	⑧ 퇴 직 (career exit)	· 교직을 떠나는 시기

이들 외국학자들의 직업 사회화 내용들의 공통점은 다음과 같다.

첫째, 교직에 종사하는 동안 교사의 지식, 기술, 행동, 태도 등 모든 영역에서 어떠한 발달 단계로 변화해 간다는 점과

둘째, 이러한 변화는 교사의 인성적 요인과 환경적 요인과 관련되어 있고,

셋째, 교사의 관심사, 교사 전문성, 교사의 지각, 인식, 태도 및 외양 등의 다양한 준거를 가지고 있다는 것이다.

한편 교사의 직업 사회화 단계와 이에 따른 내용에 대한 국내학자들의 연구를 살펴보면, 외국의 경우와 같이 각기 다른 관점에서 접근하고 있다. 예컨대 국내학자들도 교사의 직업 사회화를 각기 다른 관점에서 접근한다. 권낙원(1988)은 학생 지도와 교과 지도의 측면에서, 신인숙(1991)은 교직생활에서 경험하는 특징적 경험을 중심으로 접근하고, 이

명우(1992)는 교직관, 학급 경영, 인간관계의 측면에서, 조문현(1993)은 생애교육의 관점에서 접근하였다.

앞의 외국 선행연구와 같이 우리나라의 교사 직업 사회화 내용에 관한 선행연구를 요약하여 도표화하면 <표Ⅱ-2>와 같으며, 이들 연구들에서 나타난 특징은 다음과 같다.

<표Ⅱ-2>의 국내 선행연구들의 직업 사회화 내용들은 다음과 같은 특징을 가지고 있다. 권낙원과 신인숙은 직업 사회화의 마지막 단계에서 교육행정직과 같은 상위 직으로의 승진에 대한 관심을 공통적으로 들고 있다. 조문현은 중견교사를 모델로 하여 교직에 적응하고, 교사들의 비공식문화를 중시함을 밝히고 있다. 한편, 이들 선행연구 모두가 기능주의 관점에서 직업 사회화를 분석하고 있다.

표에서 보는 바와 같이 직업 사회화를 어떤 한 모형으로 정립한다는 것은 어려운 일이다. 그 이유는 교사의 직업 사회화 모형은 교사의 삶 자체를 설명해 보려는 하나의 시도이고, 어떤 한 교사의 직업 사회화 모형이 어느 구체적인 교사의 사회화 단계를 잘 설명해 주고 있느냐 하는 문제는 그 교사가 처했던 상황이나 관점의 변화 등의 주관적이고 개인적인 요인을 고려하느냐를 배제할 수 없기 때문이다. 교사의 직업 사회화의 내용 또한 다양하게 연구될 수 있을 것이다. 이는 연구자가 설정한 연구목적에 따라서 선정되는 준거가 다양하기 때문이다.

〈표 Ⅱ-2〉 교사 사회화 단계 (국내학자)

학 자	직업 사회화 단계	특 성
권낙원 (1988)	① 직전 교사 ② 초임교사 　(1년차) ③ 발전교사 　(2-3년) ④ 실천교사 　(3-8년) ⑤ 숙련교사 　(8년 이상)	· 학생 지도의 이론과 실제 터득 단계 · 실제 상황에서 수업 단계(많은 문제 봉착, 도움 필요) · 교과 내용 심화학습, 문제 스스로 해결 지향(학생, 　학교, 사회의 변화에 민감, 적응) · 교직 적응 단계(문제 스스로 해결, 전문교과 흥미, 　교과 내용 심층 연구) · 완숙 단계(교육전문직 관심)
신인숙 (1991)	① 교직 적응 ② 능력개발 ③ 갈등 및 좌절 ④ 승진 지향 ⑤ 보람·긍지	· 교직 업무 습득-역할 지각 인식 · 교수활동에 필요한 지식 습득, 개발, 심화 · 교직에 대한 회의와 불만 · 상위 직 승진 위한 자기성장 노력 · 교직에 대한 만족감, 보람, 헌신
이명우 (1992)	① 1단계(0-3년) ② 2단계(3-6년) ③ 3단계(6-9년)	· 교직관-미정립, 학급 경영-갈등, 이상 추구 인간 　관계-갈등 · 교직관-현실화를 위한 적응, 학급 경영-현실화 　적응, 인간관계-적응 · 교직관-구체적 정착화, 학급 경영-현실서 이상적 　방법 추구, 인간관계-조화
조문현 (1993)	① 교직 인식 ② 교직 탐색 ③ 교직 준비 ④ 교직 전문화	· 막연한 상태, 교사-가장 의미 있는 타인, 절대자 　적 이미지 · 교사희망-막연한 포부 형성, 모델로서의 담임교 　사, 가족, 이웃 등 주변 인물의 영향 · 교사 교육기관 입학-성적, 경제적 요인 입학 후- 　신입생 행사, 강의, 선후배 관계, 교육실습 · 개인적 차원, 상황 대처, 기존교사 모델로 모방

　교사의 직업 사회화 단계에 따른 직업 사회화 내용도 연구자에 따라
다양하게 설정하고 있으며, 이에 대한 선행연구를 살펴보면 다음과 같다.
　이영희(1984)는 교사의 발달을 사회화 과정으로 보면서 다음의 문제
에 중점을 두고 있다. 교사의 직업 사회화 과정의 교사 태도와 행동특

성, 신임교사의 태도와 행동특성의 결정 요인, 그리고 교사의 직업 사회화 결과의 영향력과 한계성은 무엇인가? 위의 질문에 대해 직전교육의 지식과 경험이 교직 수행 능력에 미치는 영향, 학교 행정가의 권력이 교사의 자율성과 권력지향성에 미치는 영향, 교사의 하위문화 특성이 교직 사회화에 미치는 영향 등을 살펴보고 있다. 이 연구에서는 갈등론적 시각에서 교사의 직업 사회화를 통해 학교는 교사들에게 전문적 지식 추구보다는 행정적 업무 수행에 충실해 주기를 강요한다고 논한다. 교사는 개인적 연구보다는 위계적 권위구조에 복종해야 하고, 결과적으로 교사들 사이에서 상호 조력을 간구할 정도로 교무실에서는 개인주의적 분위기가 조성되고 있다고 말한다. 이러한 긴장은 학급 안에서 학생에 대한 권력 행사를 통해서 해결되고 있다고 말한다. 그는 제언으로 신임교사에 대한 교직 사회화를 원활하게 하기 위한 체계적인 연수 과정이 마련되어야 하며, 교사의 교직 사회화는 사회적 과정과 관련하여 연구되어야 한다고 주장한다.

또한, 김인종(1985)은 직전교육과 현직에서의 사회화의 관련 요인을 다루면서 직전교육과 현직에서의 사회화를 다루고 있다. 교사양성기관의 학생(사범대학 학생과 비사범대학의 교직과목 이수학생)들과 현직교사를 대상으로 그들의 교수관 및 교직에 대한 태도의 차이를 살펴보고 있다. 이 논문의 결론은 대학의 직전교육에서 이루어지는 정규적 사회화 요인보다는 현직 실무에서 이루어지는 비정규적 요인이 더 많이 작용하였다는 것이다. 즉 수업 분위기 조성, 학생 지도 방법의 습득, 교육관 형성 등 많은 부분이 현직에서 이루어지고 있다는 것이다. 그리하여 본 연구는 전체적인 구조 속에서 교사교육을 편성 실시해야 하는 것과 교사 교육기관에서 올바른 교직관 및 교수태도의 형성을 위한 교육이 강화되어야 함을 제언하고 있다.

한편, 신인숙(1991)은 교사 발달을 발달 과정상의 특징적인 교직 경험 유형으로 설명한다. 그 유형으로는 교직 적응 경험, 능력개발 경험, 갈등 및 좌절 경험, 승진 지향 경험, 보람 및 긍지 경험으로 분류하고 있다. 그리고 이러한 교사자질에 요구수준과 역할 갈등 수준을 살펴보고 있다. 여기서 요구수준은 교사자질에 있어서 현실-이상의 격차로 보면서, 이것의 하위영역을 상술하고 있다. 즉 지적 영역(전공지식, 교양지식, 교육학 지식, 아동에 관한 지식), 교육기술 영역(학습집단 통제기술, 학업성취 평가기술, 교육내용 조직기술), 태도 영역(사명감, 아동에 대한 사랑, 수업열의) 등으로 세분하고 있다. 또한 역할 갈등은 역할 기대, 역할 내용, 역할 지각, 역할 수행 등으로 나누어 다루고 있다. 교사 발달 단계를 일반화시킨다기보다는 교사발달 과정에 따라 서로 다른 교사자질에 있어서 현실-이상의 격차가 있으며, 또한 교사발달 과정에 따라 역할 갈등 수준이 다르다는 것을 제시하고 있다.

채안병(1991)은 "교사의 직업 사회화 연구"에서 우리나라의 교사 발달 연구를 종합·개괄하고 있으며, 경력별과 초·중·고등학교 급별로 표집된 남교사 1,260명의 광범위한 표집을 사용하여 사회화 과정의 시대적 차이, 사회화 단계의 규명, 사회화 단계별 교직 경력 시간대의 규정, 사회화 단계별 가치관 특성의 분석, 사회화에 영향을 주는 요인 등을 살펴보았다. 이 연구에서 그는 사회화에 영향을 미치는 요인 중 자기 주도적 사회화 과정의 특성과 개인차 배경 요인을 보다 생생하게 살펴보기 위해 8명의 교사를 대상으로 사례연구를 하였다. 그 결과 우리나라 국공립 교사들은 교직 경력 5년을 주기로 하여 변하는 집단이 아니라는 사실을 밝혀냄으로써 불변적인 속성과 가변적인 속성을 동시에 가지고 있는 이중적 성격의 집단임을 주장하고, 수업지도 실제의 측면과 교사집단 내 사회적 생활의 측면으로 분리되어 교직을 영위할 수 있는 이중적 성격의 가능성을 내포하고 있다고 밝히고 있다.

그리고 조문현(1994)은 "훈습으로서의 교직 사회화 과정"이란 연구에서 생애교육의 관점에서 교직 인식, 교직 탐색, 교직 준비, 교직 전문화 단계를 거치면서 교사가 되어 간다고 주장하고, 교직 사회화는 어린

시절부터 형성이 되어 전 생애에 걸쳐 계속된다는 것과 교사가 되어
가는 과정은 공식적인 과정과 비공식적인 과정이 있는데 후자를 더 중
요한 요인으로 보고 있다. 교사가 된 후에는 신참교사와 고참교사 사이
에 새로운 교과서적 지식과 현장 경험에 기초한 실질적 지식의 교류가
가능하도록 '교사 하위문화'를 활성화하는 것이 중요하다고 제언하고
있다.

초등학교 교사 발달에 관한 연구를 실시한 심우엽·류재경(1994)은
강원도의 초등학교 교사에 초점을 두고 교사들이 수행하는 직무 특성
을 세분한 12영역을 설문조사에 기초하여 교사 발달을 논의하면서 각
영역별로 어떤 차이가 있는지 규명하였다. 교직 경력과 남녀교사별로
분석을 하였는데 제언으로는 예비교사, 초임교사 시절에 가졌던 교직에
대한 긍지와 자신감, 정열과 의욕, 희망을 떨어뜨리는 현장에서의 요인
을 밝혀 대처할 필요가 있으며, 또 직전 교육과정에서도 이에 대한 사
전 대비가 필요하다는 점과 학교 이동에 따른 부담을 최소화시켜 전입
학교에서 쉽게 적응할 수 있도록 하는 방안을 모색해야 하고, 가장 발
달이 더딘 사무처리 요인은 교사가 아닌 행정전문가가 처리하는 여건
조성이 필요하다고 주장하고 있다. 그리고 새로운 수업지도와 교육평가
방법의 숙달이 필요하고, 학교 안에서 인간관계의 어려움을 해결할 수
있는 방법의 모색을 주장하고 있다.

한편, 중등학교 초임교사를 대상으로 최초 교직생활 1년 동안의 현
장 적응상의 곤란 정도를 파악하고 그것을 효과적으로 덜어주기 위한
방안을 마련하기 위해 실시된 임용순(1994)의 연구에서 중등학교의 초
임교사들은 생활 지도, 학급 경영, 인간관계 등 교과 지도 이외의 영역
에서 보다 교과 지도와 직접적으로 관계되는 영역에서 더 큰 어려움을
겪고 있고, 수업 방법의 획일성, 학습 자료의 부족, 기초학력의 부족
등에 가장 어려움을 느끼는 것으로 나타난다. 적응상의 곤란도는 성별,
근무 지역, 교직 선택 동기에 따라 유의미한 차이가 발견되었고, 적응

력 향상 방안으로서는 초임교사들의 간담회 마련 방안과 초임교사 안
내교육 강화 방안이 초임교사들로부터 수용될 가능성이 매우 높은 방
안으로 확인되었고, 초임교사 개별 지도제와 정년퇴임교사의 활용 방안
은 비교적 수용도가 낮은 것으로 나타났다고 주장하고 있다.

초임교사의 직업 사회화 내용을 알아보기 위해 경력교사의 직업 사
회화 과정에 대한 사례연구를 통해 살펴보는 것도 도움이 될 것이다.
우리나라의 사례연구로는 이윤식(1991)과 최상근(1992), 이명우(1992)의
연구를 들 수 있다.

이윤식(1991)은 중등교원 연수원 1급 정교사를 받은 교사를 대상으
로 자신들의 교직 경험을 되돌아보면서 어떻게 변화·발달해 왔는지
자유롭게 기술하도록 하였다. 그리고 11개의 사례를 고찰하였다. 그의
사례는 5-10년 경력의 남녀 중등교사에 국한되고 있다. 여기서 발견할
수 있는 교사 발달 형태는 모든 교사가 앞서 논의한 적응과 성숙 단계
를 거치고 있었고, 그 중 약 반수 가량의 사례들은 회의, 권태, 좌절,
갈등의 단계를 겪고 있다는 결과를 분석하고 있다. 이 연구에서 사례가
된 교사들은 5-10년 경력밖에 되지 않으므로 앞으로 펼쳐질 교직생활
에 어떤 변화가 있으리란 것을 예측하기 어렵다.

최상근(1992)은 역사기록지법과 심층 면담을 통하여 초등학교 교사
3명, 중학교 4명, 고등학교 1명, 총 8명의 초·중등 남교사의 사례를
고찰하였다. 특히, 그는 개인적 측면을 중점적으로 분석하고자 하였다.
8명의 교사들은 다양한 출신배경과 경력의 소유자들이다. 교육대학, 국
립사대, 사립사대, 야간대학 출신에 공립중학교, 사립중학교, 공립고등
학교 근무경력에 10년 미만의 경력자 3명, 10-20년 3명, 20년 이상 2
명이다. 그의 사례연구는 교직을 평생 직업으로 받아들이기까지 교사들
이 겪는 어렵고 긴 방황의 과정을 보여주고 있다. 특히, 초등학교 교사
의 경우, 3명의 교사 모두 전직의 희망을 오래도록 갖고 있었다. 4년제
대학의 편·입학을 계획하고 시도했거나, 고시를 통한 전직이나 중등으

로 이동 등의 사회적 이동 욕구를 강하게 나타내고 있다. 교직 이전 시기에 교직에 대하여 뚜렷한 결심을 하지 못했고 교직생활을 또 다른 학업을 위한 방편으로 여겼기 때문에 능력 구축이나 열정, 성장 등의 노력은 미약했던 것이다.

이명우(1992)는 초등학교 신임교사 사회화의 연구를 위하여 교직 경력이 10년 되는 48명의 교사에게 교직관, 학급 경영, 인간관계에 관한 영역을 회고적 서술식에다 의심나는 내용에 대하여 직접 면담을 통해 조사한 결과, 첫 번째로 신임교사에 있어서 교육 현장에 대한 시각이 현실적일수록 그 역할에 대한 적응은 잘 이루어지고, 두 번째로 인사이동으로 인한 환경적 변화와 특히 여교사의 경우 결혼으로 인한 교육 현장에의 시각이 현실화되고, 세 번째로는 일반적으로 신임교사의 사회화 과정은 발령 초기부터 3년 전후까지는 제1단계로서 이상적 교육관에 입각한 강한 욕구, 발령 이전의 잠재 문화 영향, 개인적 인성 등의 복합적 요인에 의하여 교육환경에서의 교육실현에 갈등 상태의 과정을 갖는다. 제2단계로서는 발령을 받은 6년을 전후하여 교육 현장에서의 주류문화에 의하여 교사 자신의 복합적 요인이 제한된 상태에서 현장에의 적응 과정을 갖는다. 제3단계로서는 발령을 받은 9년을 전후로 하여 교육 현장의 생존적 차원의 상황 분석에 따른 적응력에 교사 자신의 복합적 요인을 조화하는 과정이라고 주장하고, 네 번째로는 각 영역에 걸쳐서 성별 차이가 있는 항목은 교직관에 있어서 발령 초기에 남교사는 회의적인 데 비하여 여교사는 긍정적이다. 학습 통제에 있어서 남교사는 초기에 전제적 강압형에서 6년을 전후하여 민주적 대화형으로 바뀌는 데 비하여 여교사는 반대로 민주적 대화형에서 전제적 강압형으로 바뀌고 있다. 행정가와의 인간관계에 있어서 신임 초기에 여교사보다 남교사가 더 많은 갈등을 겪는다고 하고, 다섯째로는 교사집단의 상호 간 친화력은 해당 학교의 학급수가 적은 학교일수록 높으며, 학급수가 많은 학교일수록 낮다고 결론짓고 있다.

위의 선행연구를 통해 볼 때 각 연구자들이 각기 다양한 시각을 가지고 교사 사회화에 관한 연구를 하였다는 걸 알 수 있다. 이러한 선행연구에서는 초등학교 교사들과 중등학교 교사들을 대상으로 연구하였으나 대부분 전 연령대의 교사들을 대상으로 하였고 중등학교 초임교사를 대상으로 한 연구(이영희, 1984; 임용순, 1994)는 비교적 빈약한 실정이고 또 남녀교사별, 교직 경력별로 차이를 비교한 연구(심우엽, 류재경, 1994; 이명우, 1992) 등이 있다.

3. 교사 사회화 관련 요인

본 절에서는 교사 사회화에 관한 선행연구들을 토대로 하여 초·중·고 시절, 교사양성 과정 시기, 그리고 현직교사 시기 중 특히 초임교사 시기의 교사 사회화 관련 요인들을 살펴보고자 한다.

1) 초·중·고등학교 시절의 관련 요인

교사준비 교육을 받고 있는 학생들은 교사준비 교육 이전에서부터 구성되었던 사상, 지식, 그리고 신념을 준비 교육의 학습 상황에 가져올 뿐만 아니라 사전에 축적된 경험을 통하여 획득한 것으로서 새로운 정보를 해석하고 활용하는 방법과 관련한 어떤 능력도 학습 상황에 가져온다고 한다.

이와 같이 초·중·고 시절에 받은 교육 또는 훈련이 교사 사회화에 미치는 영향에 관하여 Feiman-Nemser(1983)에 따르면 다음과 같이 세 가지 입장으로 설명하고 있다. 이 세 가지 입장은 그대로 초·중·고 시절에서의 교사 사회화 방법으로도 이해될 수 있다.

첫 번째로 Stephens(1967)는 교사 사회화를 설명하기 위한 관점으로서 진화론을 제안하고 있다. 그리고 초·중·고 시절에 만났던 교사들이 행동하였던 것과 똑같이 행동하려는 이유들을 설명하는 데 있어서 자연발생적인 의사소통의 경향성을 들고 있다. 아동은 그들의 부모에게서 들은 것과 교사에게서 들은 것을 학습할 뿐만 아니라, 교사가 되는 것을 학습하기도 한다는 것이다. 또한 그는 교육 실제들을 결정하는 데 있어서 우발적으로 조작해 버리는 경향성도 크게 기여하고 있다고 한다. Stephens의 이러한 설명은 교사 사회화 연구자들에게 대체로 무시되고 있지만, 교사의 이성적 행동은 어떤 학교와 지역사회에서의 특정한 맥락적 상황을 제외하고 생각하여 보았을 때, Stephens의 입장은 교육실천상의 공통적 측면에 역점을 두고 있는 것이라 볼 수 있으며, 교사들은 모든 개인들에게서 다양하게 나타나는 일련의 성향들을 교사준비 교육에 가지고 들어온다는 것을 부각시켜줄 뿐만 아니라, 교육에 있어서 개인적인 것과 맥락적인 측면을 구별 지어 볼 수 있다는 쟁점에 대한 명백한 입장으로도 이해될 수 있다.

Feiman-Nemser가 두 번째로 제시하고 있는 입장은 정신분석학적 설명이다(Wright, & Tuska(1967). 이 입장에 동조하는 연구들은 교사가 아동기에 중요한 성인(예컨대, 어머니, 아버지, 교사 등)과 아동으로서 가졌던 관계의 질에 의해서 영향을 받는다는 것이다. 즉, 교사가 된다는 것은 자신의 유년시절에서 만났던 의미 있는 타자와 같이 되려고 하는 과정(이 과정은 때로 무의식적이고 필사적이다), 혹은 초기아동기에서의 관계를 그대로 모방해 보려고 하는 과정이라고 시사하고 있다. 본 정신분석학적 관점에 따르면 교사준비 교육기관의 학생들이 갖고 있는 교사가 되고자 하는 유형은 초기 아동기에서 받은 영향에 의해서 지배되는 것으로(Wright & Tuska,1967), 아동기 때에 만났던 어떤 교사와의 의식적인 동일시 현상에 주안점을 두고 있는 관점이다. 이 관점은 교사 발달의 아동기 낭만주의이론으로 지칭되고 있기도 하다(Wright, 1959).

Feiman-Nemser가 세 번째로 제시하고 있는 입장은 Lortie(1975)가 '徒弟的 觀察'(apprenticeship of observation)이라고 언급하고 있는 것으로서, 학생의 신분으로서 교사들과 함께 보낸 많은 시간 동안에 받은 영향을 강조하는 설명이다. 즉, 이 관점에 따르면 교사 사회화는 교사와 가깝게 접촉하면서 보낸 시간 동안 수업지도 모델의 내재화를 통하여 발생하는 것으로 보는 것이다(Leslie, Swiren, & Flexner, 1977; Lortie, 1975; Pataniczek & Isaacson, 1981; Pruitt, Lee, 1978).

Lortie는 교사들의 태도와 가치관의 형성에 있어서 이러한 학생시절에 영향을 받은 역할 모델의 중요성을 처음 지적한 사람이며, Leslie(1977)등과 Ross(1987)의 연구에서는 그 영향뿐만 아니라, 그 영향의 방향성에 대해서까지도 논하고 있다. 즉, 그들에 의하면 그러한 초기역할 모델의 영향은 교사의 성장을 저해한다는 것이다. 교사들은 교육생산성을 증대시킬 수 있는 새로운 전략을 채택하려 들지 않는다는 것이다. 그러나 Crow(1987)의 연구에서는 지속적으로 긍정적인 영향을 미치고 있음을 지적하고 있어서, 그 영향의 방향성에 대해서는 연구자들 간에 일치를 보지 못하고 있다.

이와 같이 이전에 겪었던 교사를 대상으로 하여서 모델로 삼는 과정은 교사가 관찰하였던 여러 가지 태도와 실제 가운데에서 선택하여 종합하는 고도의 선택적이고 필사적인 과정으로 인식되고 있다(Ross, 1987). 그러나 이 관점에서 채택하고 있는 모델링은 전체적인 것이라기보다는 선별적인 것으로 대부분 일치를 보이고 있으며, 이전의 학교생활 경험과 개별 교사들이 개인에게 미친 보다 미묘한 영향들을 구체적으로 드러내고, 설명해 주지는 못하고 있는 것이 약점이다.

공식적인 교사준비 교육 이전 단계인 초·중·고교 시절의 교사 사회화에 대한 영향을 설명하고 있는 입장을 직접 지지해 주고 있는 경험적 증거는 거의 없다(Zeichner, 1986). 또한 몇 편 보고물의 경험적 증거들도 대부분 본질적으로는 간접적으로 시사된 것이라고 보아야 할 것이다.

한편 호주에서 수행된 Petty와 Hogben의 연구(1968), Hogben과 Lawson의 연구(1983), 영국에서 수행된 Maddox의 연구(1968), Mardle과 Walker의 연구(1980), 그리고 미국에서 수행된 Zeichner의 연구(1984) 등이 교사 사회화에 있어서 초·중·고 시절의 전기적 요인이 매우 중요한 영향을 미치고 있음을 강조하고 있는 것을 볼 때, 초·중·고교시절의 교사 사회화의 중요성을 짐작할 수 있다. 그리고 Jordell(1987)은 교사 사회화 과정에서 초·중·고교시절의 형성적 생애 경험의 영향이 시간이 흘러감에 따라 감퇴하고, 개인은 학교생활에서 교사교육 프로그램과 직업 생활을 경험하게 된다고 주장하고 있으나, Nias(1986)는 교사들이 9년간의 교직 경험 이후에도 학생 신분으로서 겪었던 개인적인 경험을 계속하여 드러내고 있음을 보여주고 있어서, 사전 훈련의 영향의 지속성에 대해서도 입장이 엇갈리고 있다.

지금까지 교사 교육기관에 진입하는 학생들이 갖고 들어오는 교사 사회화 관련 요인에 관한 연구들을 살펴보면 다음과 같이 세 가지 영역으로 구분하여 볼 수 있다.

첫째는 학생들이 장차 가르치고자 하는 전공 내지는 교과에 관한 측면에서의 연구들이다. 이 부류에 속하는 연구 중에는 교과에 관한 지식, 교과교육학, 그리고 교과 자체가 갖고 있는 정의적인 성향이 탐구되고 있다. 즉, Ball과 McDiarmid(1987)는 교사 사회화에 대한 교과지식의 지속적인 영향을 추적하였으며, Book, Byers 그리고 Freeman(1983)은 교사교육에 대한 학생들의 기대를, 그리고 Amarel과 Feiman-Nemser(1987)는 가르치는 법을 학습하는 과정에 대한 인식의 교사 사회화 효과를 분석하고 있다. 그리고 이와 관련하여, 교과에로의 교화는 지식, 교수 및 학습의 본질에 대한 특정한 가정을 규정하고 있는 교과문화 혹은 교과공동체 속으로의 교화라는 Bernstein(1979)의 주장과 일치하는 것으로서, Lacey (1977), Yaakobi와 Sharon(1985)은 지식, 신념, 실제에 관한 교사들의 입장에 있어서 명백한 차이가 있음을 확인하고 있다.

두 번째는 가르치는 일을 직업으로서 선정·투신한 본질이 교사 사회화에 미치는 영향을 추적하고 있는 연구들이다. 이 측면에서의 연구들은 학급교사로서 교직에 투신한 개인이 경험하는 사회화 유형과 교직 이외의 직업에 투신한 개인이 경험하는 사회화의 유형이 구별되고 있는데, 이들 두 집단에서 나타나는 차이점은 예견적 사회화의 초기 시기에서 나타나고, 교사훈련 기간부터 교직 초기 수년간에 걸쳐서 추적되는 교육에의 투신 유형 또는 가치관에서 비롯된다는 것이다(Anderson, 1974; Lacey, 1977).

세 번째는 교사 사회화의 연구에 있어서 교사훈련 이전의 영향을 밝혀내기 위하여 교직 사회화의 집단적 측면이 탐구·강조되어야 한다는 부류가 있다. 이 부류에서는 교사 사회화에 대한 교사훈련 이전 기간의 영향을 다루는 대부분의 연구들이 교사 개인의 측면 즉, 개인의 특성, 인식, 기능 그리고 성향에 거의 초점을 두고 있는 것을 비판하고 있다. 다시 말해서 학생들을 가르치는 교사들은 개인적 존재로서만 학생들을 가르치는 것이 아니라, 특정한 세대, 인종, 사회계층 집단의 구성원이며, 학교교육 체제 안에서 특정한 수준의 특정한 교과를 가르치는 성별화된 주체이기 때문에 교사 각자가 교육력이 다르다고 설명하고 있다(Feiman-Nemser & Floden, 1986).

2) 교사양성 과정 시기의 관련 요인

교사양성 과정 시기에서의 교사 사회화 연구는 첫째, 교과훈련, 교직 교육학 훈련 등 지적 영역에서의 접근, 둘째, 현장 교육경험을 처음으로 가져보게 되는 교생실습 프로그램 참여 영역에서의 접근이 있다. 또한 교사교육 단계에서의 교사 사회화 연구는 교사교육 담당자(대학의 교수와 교육실습기관의 지도교사)의 영향과 사범대학의 문화 또는 풍토가 미치는 영향을 분석할 수 있을 것이다. 여기서는 크게 세 가지 영역으로 나누어 선행연구에서 제시하고 있는 교사 사회화 관련 요인을 살펴보고자 한다.

첫째는 교육과정에 의한 훈련이 교사 사회화에 미치는 영향이다. 둘째는 교육실습과 지도교사가 교사 사회화에 미치는 영향이다. 셋째는 교사 교육기관의 전반적인 문화가 미치는 영향이다.

먼저, 교사양성기관의 교육과정 프로그램이 교사 사회화에 미치는 영향을 다루고 있는 선행연구와 관련 요인을 살펴보면 아래와 같다.

이 직전 교사교육의 교사 사회화에 관한 영역은 관련 요인을 무엇으로 설정하느냐에 따라서 차이가 있기는 하지만, 총체적으로 보았을 때, 긍정적인 영향을 미친다는 연구 결과, 별다른 영향력을 발휘하지 못한다는 연구 결과, 영향력이 매우 낮다는 연구 결과, 그리고 영향력에 대한 언급을 신중하게 검토해야 한다는 연구 결과 등 다양하게 제시되고 있다. 따라서 직전 교사교육의 영향력에 대해서는 관련 요인별로 언급하는 것이 보다 의미 있을 것으로 판단된다.

교사양성 교육기관에서 실시되고 있는 전공학, 교직학(교육학 관련 교과목)에서 제공된 공식적 지식의 교사 발달 및 사회화에 대한 영향력에 관하여 볼 때, 그 가운데에서 교수방법론과 교과지식은 직전 과정의 초기 단계에서조차 교사후보자들의 행동에 대하여 별다른 영향력을 발휘하지 못한다고 시사되고 있다(Hodges, 1982; Grant, 1981; Katz & Raths, 1982). 또한 갓 대학을 졸업한 신임교사들을 대상으로 하여 관찰하여 보았을 때에 교사양성기관에서의 영향으로 인하여 신임교사들은 가르치고 있는 학과목의 공식적 지식 자체에 대하여 어느 정도 정통하고 있다고 볼 수 있겠지만, 실제 수업지도 기술은 제대로 준비되어 있지 않은 것으로 판단되고 있다. 왜냐하면, 교직과목에서 취급해 온 내용들이 교육 실제에 활용할 수 있는 것보다는 교육현상을 이해하기 위한 교육학의 학문적 성격 때문이라는 것이다(최상근, 1992). 이와 같은 지적은 교사양성 프로그램 구성의 준거지향의 문제를 부각시켜 주고 있다. 한편 Dale(1977)은 훈련 초기 단계에서의 주요한 영향은 교사후보자들에게 전달된 그러한 공식적 지식과 그것의 기능을 통해서 나타나는 것이 아니라, 교사준비 프로그램이 갖고 있는 잠재적 교육과정을 통해서 나타나는 것이라고 주장하고 있기도 하다.

Bartholomew(1976)는 직전 준비 과정의 잠재적 과정 측면이 교사 발달에 미치는 영향에 관한 연구에서 잠재적 과정의 사회적인 성격의 측면을 보다 구체적으로 접근하려고 시도하고 있다. 그는 교사교육 프로그램의 사회적 관계, 프로그램의 사회적 조직 등을 분석해 본 바에 의하면, 교사교육 프로그램은 대학 밖에서는 자유주의적 슬로건을 따르도록 확신시켜 주지만, 대학 안에서는 지식에 대한 객관주의자적인 개념의 발달, 교육과정에 대한 단절된 관점, 공식적으로 수용되고 있는 지식의 수동적인 수령자로서 학습자를 보는 관점 등을 고무시킨다고 결론짓고 있다.

두 번째로 제기될 수 있는 주요 요인으로는 교사양성기관이 교사 사회화에 미치는 영향이다. 선행연구들은 교사후보자들 간에 여러 가지로 차이 나는 사회화 경험들이 교사양성기관 차원에서의 환경의 차이로 인한 결과라는 것으로 시사하고 있다. Clark와 Marker(1975)는 이러한 기관 단위의 차이는 주로 교사교육 프로그램의 차이가 근원이 되고 있다고 주장하고 있다. 그러나 이 측면에서 접근하고 있는 선행연구들은 기관의 크기, 재원, 지리적 위치 등 주로 물리적 여건 변인들을 취급하고 있을 뿐, 지적, 사회적, 정치적 측면에서의 기관특성 변인들을 다루고 있지 못하다. 따라서 교사양성기관 차원에서의 차이로 인한 교사 사회화 연구는 이러한 기관특성 변인을 포함하여 수행될 필요가 있으며, 그러한 기관특성 변인이 기관의 하위환경 특성, 性과 같은 개인 특성 등에 의한 기관 효과의 매개 과정을 조사해 보는 것도 필요한 것으로 지적되고 있다.

세 번째로 제기될 수 있는 주요 요인으로는 교사교육 프로그램의 직업적 교육 측면에서의 구성 요인들의 교사 사회화 영향에 관한 것이다. 이 측면에 관한 연구에서는 대학 중심의 요소와 초·중등학교 현장 중심의 요소를 구별하여 접근할 필요가 있다. 대학 중심의 요소만을 고려하여 교수방법과 기초 과정에 국한해서 생각해 볼 때, 교사양성기관의 학생들은 가르치는 방법을 대학의 전문 과정으로부터 학습할 수 있을 것이라는 점에 대하여 낮은 기대를 갖고 대학에 들어오고 있으며(Book et al., 1983), 그 교육과정이 끝난 후에도 교사 자신의 직업적 발달에 대한 이들 과정의 기여가 아주 작은 것으로 평가하고 있다(Yamamoto et al., 1969). 이와는 다소 다르게 Mardle과 Walker(1980)는 교사교육 과정은 학생들을 변경시켜 주는 것이 거의 없으며, 오히려 학생들이 교사교육 과정에 들어온 것을 확인시켜 주고 강화시켜 준다는 입장을 제기하고 있기도 하다. 그러나 최근의 연구에서는 이와 같이 교사양성기관의 직업교육 과정이 학생들에게 별다른 영향을 미치지 못한다는 관점에 대하여 여러 가지 반박을 제기하고 있다. 예컨대, Grossman과 Noordhoof(1985)는 교사교육 프로그램의 교사 사회화에 대한 영향력은 동일한 교사교육 프로그램에 대한 개별 학생들의 다양한 반응을 살펴보아야 한다고 주장하고 있다. Ginsburg와 Clift(1990)는 교사양성기관에서 직업적 교육과정 및 교사들의 존재와 관련된 쟁점과 관련하여 예

비교사들에게 어떻게 메시지를 전달하고 있는가 하는 측면에서의 잠재
적 교육과정이 교사 사회화의 핵심이 될 수 있으며, 실제로 대학 교육
에서 이 메시지는 서로 모순적인 경우가 교육과정에 존재하고 있다고
주장하고 있다. 즉, 직전 준비 교육에서의 교사 사회화에 대한 영향이
미약한 것은 그 교육과정에서의 잠재적 교육과정의 본질이 모순적인
경우에 의해서 비롯된다는 설명인 것이다. 한편 Lapin(1984)은 교사후
보자가 교직으로 교화되는 제도적 과정의 조사를 통하여, 교사양성기관
의 교사 사회화에 대한 영향력이 약한 이유를 자연주의자적 관점으로
설명하고 있다. 즉, 그는 대학시절 전문직 준비의 주요 문제는 역할 연
습의 부족에서 비롯되는 것이며(교육실습의 기간을 의미함), 그 부족은
교사가 교직과 동일시하는 것을 지연시키게 한다고 보고 있다. 이때 교
사후보자가 부딪치게 되는 역할은 제도적으로 규정된 역할을 초월하여,
문화적으로 전수된 이른바 거시적 문화수준에서의 역할 규범이며, 이
역할 규범은 전문직적 지위에 대하여 일치된 견해를 갖고 있지 못하기
때문에 교사양성기관의 교사 사회화 영향력이 미약할 수밖에 없다는
것이다.

　교사양성기관에서의 교사 사회화와 관련된 또 다른 중요한 측면으로
는 학교 현장 경험 혹은 실천상의 요소이다.

　교과 과정의 측면에서 보았을 때, 교사양성기관에서의 교사양성 프로
그램 가운데 교육실습은 교사준비를 위해서는 매우 중요한 단계로 간
주된다. 그래서 Lortie(1975)는 교육실습의 경험에 대해서는 비판적인
접근에서 본질을 구해야 한다는 것을 특별히 강조하고 있다. 교육실습
과 그 실습경험은 교사후보자의 교직 및 교육에 대한 태도에 중요한
영향을 미치고 있을 뿐만 아니라, 커다란 변화를 초래하고 있다는 연구
들이 많다(Brim, 1966; Fuller & Brown, 1975; Tabachnick, 1981). 이
렇게 볼 때, 교육실습은 교사후보자가 중심적인 직업적 가치관을 내면
화하고, 학생지향적 역할과 자아개념으로부터 교직문화에로 전환해 가

는 중요한 전환 시기라는 점이 인정될 수 있다.

교사후보자의 사회화에 있어서 실습학교의 지도교사는 주요한 지위를 점하고 있는 것으로 교사교육에 관한 연구들은 대체로 일치된 주장을 하고 있다. 물론 실습학교의 지도교사가 교생의 사회화에 주요한 영향을 미치지 못한다고 밝힌 연구들(Courtney, 1965; Horowitz, 1968; Boschee et al., 1978)도 없는 것은 아니다. Morris(1974)의 연구에서는 실습학교의 지도교사의 영향력은 매우 커다란 데 비하여 이와는 대조적으로 대학의 교수요원은 교생들에게 거의 영향을 주지 못한다고 결론짓고 있다. 이들의 연구결론과는 달리 대학의 교수요원과 실습학교의 지도교사가 교생들에게 비슷한 정도로 영향을 미친다는 연구도 있어서 이에 대한 보다 구체적인 경험 자료가 요구된다고 하겠다. 한편 많은 연구에서 대학의 교수요원과 실습학교의 지도교사는 교사후보자에게 영향을 미치는 데 있어서 서로 경쟁관계에 있는 것으로 설정하고 있는 것을 보면, 교사양성기관과 실습학교 양 기관 사이의 역학관계가 교사 사회화의 중요한 측면이 될 수 있음을 엿볼 수 있다.

교사들은 동료교사들과 의미 있는 접촉을 거의 갖고 있지 않으며, 따라서 그러한 접촉으로부터 가능한 위안과 지원을 거의 도출해 내지 못하고 있다(Lortie, 1975)고 한다. 각 교실에 고립된 신임교사들에 대해서 Lortie(1975)가 로빈슨 크루소와 비교하고 있는 바와 같이, 교육은 개인주의적인 사업이라는 개념이 고무되어 왔으며, 교사후보자들도 이 관점을 따라 교직으로 사회화되고 있는 구조적인 문제를 생각하여 볼 때, 실습학교에 근무하고 있는 지도교사 이외의 타 교사의 교생에 대한 직업적 개념과 가치관에의 영향력에 관한 사항이 교생의 사회화에 있어서 주요 내용이 될 수 있을 것이다(Su, 1990).

그 밖에 교생의 사회화에 있어서 주요한 사회화 담당자로서는 부모, 가족, 친척, 배우자 등이 있으며, 독서, TV 및 VTR 시청, 신문, 잡지 매체 등이 교사 사회화의 담당자로서 오늘날 검토, 조사되고 있다(Su, 1990).

끝으로 교사양성기관에 다니는 학생들의 동료문화가 교사후보자들의 사회화에 있어서 명백한 변인이 되고 있는 것으로 밝혀졌다(Becker et al., 1964; Olsen and Whittaker, 1968). 이 동료문화는 사회화 담당자의 환경에 의하여 교사후보자들에게 제시되는 문제에 대하여 그들로 하여 금 집단적인 반응을 개발하도록 도와주며, 응집성과 형제애를 가지고 재직 학교에서 그들의 목표를 운영·달성하도록 도와준다는 것이다. Becker와 동료연구자들은(1964)는 동일 연령집단이 사회화 프로그램을 함께 경험하게 될 때 그 결과는 개인적이기보다는 획일적이 될 가능성 이 크다고 시사하고 있다. 그러나 집단적인 경우에서도 태도, 가치관, 동기 등에서 개별적인 변화가 일어나는데, 그것은 집단의 일치에 기초 하여 일어나는 것이라고 설명하고 있다. 하지만 교사 사회화에 있어서 동료집단의 영향에 대한 몇 편의 선행연구에서는 Becker의 입장과는 다른 결과를 보고하고 있다. 그들의 입장은 학교 교사의 경험이란 공유 되는 것이라기보다는 사적인 경향성이 더 크다는 것이다. 예컨대, 적응 하느냐 혹은 적응하지 못하느냐 하는 것은 집단적인 것이 아니라 개인 적인 것임을 보면 알 수 있다는 것이다. 이 유형에서는 동료 간 응집 성을 포함하고 있지 않다는 것이다(Lortie, 1975). 또한 대부분의 교생 들은 고립된 상황에서 각자 기능을 발휘하고 있으며, 동료 간 접촉은 빈번하지 않고 있다손 치더라도 진지하지 않다고 보고하고 있다. 교사 후보자들은 강력한 동료문화를 개발하거나 활용하려는 것 같지 않다고 하며(Friebus, 1977; Zeichner, 1980), 동료집단 혹은 사범대학의 문화는 기껏해야 정서적인 지원의 근원으로서만 작용되는 것이라고 지적되고 있다(Karmos & Jacko, 1977).

3) 현직교사 시기에서의 관련 요인

학교 현장에서의 교사 사회화 관련 요인은 다음과 같은 세 가지 즉 시적 맥락을 통해서 영향을 받는다고 보고 있다. 첫째로는 학급과 학교 의 즉시적 상황이 교사를 구속하며, 이에 대하여 능동적이고 창의적인 행동반응을 나타내는 것이며, 둘째로는 보다 폭넓은 지역사회의 구조가 갖고 있는 즉시적 상황이고, 셋째로는 사회 및 국가가 교사에 대하여 갖고 있는 즉시적 상황인 것이다.

먼저 학급 및 학교 수준에서의 즉시적 상황에 대한 교사 사회화 관 련 요인을 살펴보면 다음과 같다. 학급에서는 학생집단의 교사 사회화 역할과 학급 생태의 영향 등을 들 수 있다. Doyle(1979)과 Haller(1967) 는 교사가 다른 동료교사, 장학사 등과 고립되어 있는 속성과 교수-학 습 과정이 순식간에 이루어지며, 비가시적인 성격을 갖고 있다는 것을 수용할 경우에는 교사 사회화에 있어서 학생의 역할이 중요함을 이해 할 수 있다고 주장한다. 특히 Doyle은 일반적인 수업지도 방법, 학급에 서 사용하는 교사의 언어유형으로부터 교사가 사용하는 특정한 교수법 의 유형과 빈도에 이르기까지 학생의 영향이 크고 넓다고 보고 있다. Copeland(1980)와 Doyle(1979)은 교사 사회화에 있어서 학습의 생태적 특성이 갖고 있는 역할을 중요시하고 있다. 특히, Doyle(1979)은 교사 발달 과정의 중요한 형성인자로 작용하는 학급의 생태적 체제 특성으 로서 다음의 6가지를 제시하고 있다. 즉 학급 안에서 발생하고 있는 교수-학습 과정의 다차원성, 동시성, 즉시성, 비예측성, 공공성 그리 고 역사성이 그것이다. 한편 Denscombe(1982), Dreeben(1973), 그리고 Westbury (1973)등은 학습의 물리적 조건과 사회적 조직에 관련한 여 러 가지 요인들의 교사 발달에 대한 영향을 논의하고 있으며, 그 요인 에는 교사-학생 비율, 자원의 감가 삼각 수준, 시간의 제한성 등이 포함되고 있다. 이러한 물리적 조건과 사회적 조직의 요인들이 교사 발달에 영향을 미치는 것으로 보는 데에는 학급의 구조와 그 환경이 요구하는 것과 일치되는 행동의 체계를 학습하는 것을 교사 사회화의 내용에 포함시켜야 한다는 Doyle(1977)의 관점을 따르고 있다. 이는 Hargreaves(1988)가 교사의 행동은 환경적 상황과 밀접하게 연결되어 있다는 주장과도 일맥상통하고 있다. 그에 의할 것 같으면, 교사들은 특정한 능력, 구속 요인, 그리고 학급의 물리적 환경의 기회 간의 적합성에 대하여 판단을 내려야 하며, 그리고 당면한 상황에서의 특정한 양식이나 기법의 적절성에 대하여 판단을 내려야 하는 것이다.

Fenstermacher(1980)는 학교가 갖고 있는 기관특성에 대한 교사의 경험은 교육에 대한 교사관점에 가장 강력한 결정 요인의 하나라고 주장하고 있다. Dreeben(1973), Gitlis(1983), 그리고 Larkin(1973)은 학교가 갖고 있는 어떤 조직적 속성이 교사 직무에 대한 시사점을 얼마만큼 가지고 있는가를 접근·분석하고 있다. 학교 수준에서의 교사 사회화 관련 요인은 크게 두 가지로 구별할 수 있는데, 하나는 교사 동료의 영향이고 다른 하나는 평가자의 영향이다.

대부분의 학교 안에는 교사들 간에 프라이버시(privacy)가 있고, 개인주의를 선호하는 풍조를 갖고 있다. 그럼에도 불구하고 교사 사회화를 이해하고자 하는 데 있어서는 동료교사의 영향을 고려해야 한다(Denscombe, 1980; Eddy, 1969; Nigris, 1988). Carew와 Lightfoot(1979), Metz (1978)는 여러 가지 다양한 교사문화가 존재하며, 그것은 단일학교에서도 마찬가지이지만, 교사들은 자신에게 영향을 미치는 동료교사로부터의 갈등적인 압력에 직면하기도 한다는 것을 지적하고 있다.

그러나 Edgar와 Warren(1969)은 교사 사회화에 있어서 동료교사가 강력한 영향을 미친다는 관점을 반박하면서, 이 동료교사의 영향은 의미 있는 평가자의 태도보다 덜 중요하다고 주장하고 있다. 오히려 교사들은 그들의 상위자로부터 직접적인 지원과 충고를 거의 받지 않는다는 것이 일반적이라는 입장이 널리 수용되고 있다(Zeichner, 1983). 그것은 교사들이 평가자의 지시사항과 판단으로부터 자신을 격리시킬 수 있는 특성 때문일 것이라는 설명도 제시되고 있다(Zeichner & Tabachnick, 1985). 한편 Connell(1985), Zeichner와 Tabachnick(1985)의 연구에서 의미 있는 평가자가 교사의 일에 영향을 미치는 정도는 학교 내, 학교 간의 차이가 크다고 지적하고 있는바, 이는 교사의 사회화에 대한 교사평가자의 영향력은 교원의 조직구조, 더 나아가서는 사회구조적 특성과 문화적 특성이 크게 관련될 수 있는 것으로 판단할 수 있다.

지역사회 수준에서의 교사 사회화 관련 요인에 관한 연구에서는 개별 교사 및 교사집단의 관점을 학교가 직접적으로 관련 맺고 있는 지역사회와 연결시켜서 접근하고 있다. Hatton(1987)은 학급 상황 안에서의 교육실제에 대한 의의 있는 결정인자는 부모의 권력이라는 것을 보여주고 있다. 그는 호주에서 수행된 상류층 주립 초등학교를 대상으로 한 연구 자료를 제시하면서 교사들에게는 공통적인 것이라고 말할 수 있는 근무 상황은 없는 반면에 어떤 교사의 사회화는 그가 근무하고 있는 학교의 종류와 강력하게 연관되어 있다는 것이다. 다시 말해서 교사의 직업적 사회화는 학교 상황에 따라 다양하며, 그 학교 상황, 학급 상황은 학교주변 지역의 사회적 상황에 달려 있다는 것이다. 즉, 부모의 사회경제적 지위가 높은 학생들이 다니는 학교에서, 교사 사회화의 영향은 학부모들에 의해서 직접적으로 행사되는 것으로 보이고, 사회경제적 지위가 낮은 학교에서는 그 영향이 그들 가정, 사회계층, 그리고 흥미를 표출하는 아동의 주도를 통해서 수행되는 것으로 볼 수 있다고 한다. 이때 어떠한 경우이든지 간에 학부모의 압력은 교사 사회화에 대한 기초적인 메커니즘으로서 간주될 수 있다는 것이다(Gracey, 1972; Metz, 1978).

학교주변의 지역사회의 수준을 넘어서서 보다 폭넓은 사회 및 국가 수준에서 교사 사회화에 접근하고 있는 Apple(1983), Gitlis(1983)와 같은 사람들은 학교 밖에서의 실제와 정치주도 세력들이 교사와 교사의 직무의 성격에 유용한 물리적 자원에 얼마나 영향을 미치는가를 탐구하고 있다. 이들의 관점에 따르면, 교사의 행동은 사회적 수준에서 외적으로 결정되고, 기관의 구조와 과정을 통하여 매개되며, 교사들은 그 매개된 구속과 기회에 대하여 능동적, 창의적 반응을 나타내는 것으로 보고 있다. 이와는 또 다른 관점으로서 개별 교사들의 관점을 한 사회의 지배적인 의미와 합리성의 형태와 연결시켜 보는 것이다. 예컨대, 개인주의적 자유주의의 인지양식의 발달을 다루고 있는 Dale(1977)의 연구, 지식의 전문화와 전문직의 이데올로기에 관한 Popkewitz(1985)의 연구 등은 개별 교사들의 관점의 성장과 발달에 대한 문화의 효과를 제시하려고 시도한 것으로 볼 수 있다.

4) 교사 사회화 관련 요인의 종합 및 시사점

이상과 같이 선행연구에서 제시하고 있는 교사 사회화 관련 요인을 종합하여 제시하면 <표Ⅱ-3>와 같다.

〈표 Ⅱ-3〉 교사 사회화 관련 요인

초·중·고교시절의 관련 요인	교사양성 과정 시기 관련 요인	현직교사 단계에서의 관련 요인
○초·중·고교시절 사상, 지식, 신념 ○정보처리 능력	○교사 교육기관의 잠재적 교육과정 ○교사 교육기관의 학생들의 동료문화 ○교사 교육기관의 환경 ○교직으로 교화시키는 제도적 과정	○학급 및 학교 수준 요인 - 학생 - 학급의 생태적 특성 - 학교의 기관특성에 대한 경험 - 동료교사 - 상위자, 평가자

초·중·고교시절의 관련 요인	교사양성 과정 시기 관련 요인	현직교사 단계에서의 관련 요인
○ 초·중·고교시절 교사행동	○ 교사역할 연습의 양(부족) ○ 교직의 전문직적 지위 ○ 실습학교의 지도교사	○ 사회 및 국가적 수준 요인 - 근무 학교의 종류 - 학교주변 지역의 　사회적 상황(예, 학부모)
○ 초·중·고교시절 교사의 수업지도 모델	○ 교사 교육기관과 실습학교의 역할 관계 ○ 실습학교 재학생(부모, 가족, 친척, 친구, 배우 자 등)	- 정치주도 세력의 교사 직무에 대한 영향 - 이데올로기, 문화
○ 교직에 입직케 한 개인의 본질(생애 경험)	○ 독서, TV, VTR 시청, 신문, 잡지 매체 ○ 교사 교육기관의 학생들의 동료문화	

교사 사회화의 관련 요인들을 제시하고 있는 선행연구에 대한 개관을 통하여 추출된 시사점을 기술하면 다음과 같다.

첫째, 교사 사회화의 관련 요인을 추출하는 데에는 현직교사 시기뿐만 아니라 초·중·고교시절과 교사양성 과정 시기를 크게 세 가지 시기로 나누어 접근할 수 있다는 점이다.

둘째, 교사 사회화 관련 요인을 추출하기 위한 탐구 대상으로서, 교사 개인, 가정, 학교, 동료집단, 사회 및 국가, 그리고 교사 등이 있으며, 구조적인 측면과 문화적인 측면에서 구체적인 요인을 추출할 수 있다는 점이다.

4. 교사 사회화 관련 연구

1) 초임교사의 사회화

초임교사들은 학교 현장 발령 이후 역할의 전이로 인한 어려움뿐만 아니라 여러 학교 상황 속에서 새로운 문제들을 접하게 된다. 이러한 문제점이나 어려움들의 원인은 우선 현장 발령 이전에 자신의 경력적 요소와 교사교육을 통해 형성된 가치와 신념이 실제 학교 상황과 차이가 있다는 의미로도 해석된다.

Lawson(1989)은 이러한 차이점을 다음의 두 가지 사실로부터 기인한다고 보고 있다. 첫째, 대부분의 교사교육 프로그램은 학교 상황으로의 자연스러운 전이가 가능하도록 하는 학습경험을 제공하지 못하고 있고, 지극히 통제된 상태로 구성되어 있다. 둘째, 학교 상황의 다양성으로 인해 교사교육 프로그램이 일치되지 못하는 실정이며, 그로 인해 '세척효과'(wash-out effect)가 나타나는 것이다. 여기서 세척효과란 초임교사들이 현장 발령 이전에 가지고 있던 교수에 대한 신념, 태도 등이 실제 학교 현장 발령 이후에 접하게 되는 학교 상황과의 차이로 인해 초임교사들이 가지고 있던 열정과 의욕이 좌절되고 씻겨져 버리는 현상을 의미한다.

여러 학자들은 초임교사들이 교수 첫해 동안 접하게 되는 다양한 문제와 제약들에 관해 연구하였다(Burden, 1981; Ryan, Newman, Mager, Applegate, Lasley, Flora, & Johnston, 1980; Veenman, 1984). Ryan과 동료 연구자들(1980)은 18명의 초임교사들을 대상으로 하여 조사한 결과, 수업부담이나 아동들과의 생활 속에서의 긴장 및 적응상의 어려움, 교수에 대한 인식 부족 등의 몇 가지 문제점을 밝혔고, 이로 인해 초임교사들은 결국 교직을 떠나게 된다고 결론짓고 있다. 또 Burden(1981)은 대부분의 초임교사들이 공통적으로 보여주는 7가지의 난점들로, 교수활동에 대한 지식부족, 교수환경에 대한 지식부족, 교사의 권위적 위계에의 순응, 교육과정과 교수의 교과 중심적 접근, 직업적 통찰과 인식 미비, 불명확, 혼란, 불안정한 감정, 새로운 교수방법 시도의 혼란스러움 등을 밝혀냈다. 또, Veenman(1984)는 초임교사에게 있어 가장 높은 비율을 보인 문제점으로 수업규율, 동기유발, 개인차 고려, 학습결과의 평가, 학부모와의 관계, 과제조직, 불충분하고 부적절한 교수자료, 개별 아동을 대하는 방법 등 8가지 문제점을 보고하고 있다.

초임교사들은 위에서 살펴본 바와 같은 다양한 문제들에 봉착하며 어려움을 겪는 만큼 교직 첫해의 경험은 그들이 앞으로 어떤 식으로 교직에 머무를지, 어떤 유형의 교사가 될 것인지를 결정하는 중요한 시기이기도 하다. Huberman(1989)은 이 입문시기를 '생존과 발견'의 시기라 표현하면서, 초임교사들이 교사로서, 학교의 구성원으로서 그들의 정체성을 발견하는 동안 교수적 운영과 비교수적 책무성의 생존적 현실과 직면하게 된다고 밝혔다.

Lawson(1983)은 교직 사회화의 진행 과정을 다음의 세 영역으로 구분하여 특징짓고 있다. (1)기능적 영역(functional boundary)은 직업적 책무성에 의해 특징지어지는데 이는 직업 전문인을 구별시켜 주는 과정으로 가르치는 일을 실제로 할 수 있는 사람과 없는 사람을 구분시키는 단계이다. 초임교사들은 동료와 교장에게 교직 관련지식, 가치, 감각, 기술에 대해 그들을 만족시켰을 때 기능적 영역을 통과할 수 있는 것이다. (2)유입적 영역(inclusionary boundary)은 문화의 인지와 집단에 수용되는 것으로 특징지어지는데, 초임교사들이 같은 관점을 가지고 일이나 여가를 공유하면서 교사모임에서 인정받는 단계이다. 다시 말해서 초임교사가 동료교사, 학생, 학교 행정가로부터 신뢰와 인정을 받게 되는 부분이다. (3)위계적 영역(hierachical boundary)은 공식적 명칭과 지위인식으로 특징지어지는데, 형식적 권위나 파워를 가진 사람과 그렇지 못한 사람이 구분되는 단계이다. 분명히 초임교사들은 종종 동시에 두 영역을 거치기도 하고, 한 영역을 통과할 수 있는 능력은 다른 영역을 통과하는 데도 영향을 준다. 만약 초임교사들이 수업을 계획하지 못하고 실제로 가르칠 수 없다면 경력교사들로부터 능력을 인정받기는 어려울 것이다.

초임교사들은 입문 단계를 거치면서 점차 학교의 여러 상황 속에 적응해 나가게 되는데, 이 사회화 과정에서 몇 가지 유사한 전략들을 찾아볼 수 있다. Lacey(1977)는 다음의 3가지 전략적 방법들을 밝히고 있다. 첫째, 내면화적 적응(internalized adjustment)방법으로 교사가 학교 현장의 가치나 규범에 충분히 동의하면서 그대로 믿고 받아들이는 방법이다. 둘째, 전략적 순응(strategic compliance)은 교사가 학교의 가치나 규범에 상반된 신념을 가지지만, 상황의 요구에 적절히 순응해 버리는 방법이다. 셋째, 전략적 재정의(strategic redefinition)의 방법은 교사가 그 상황의 장애 요소와 충돌하면서 자신의 의지에 따라 상황을 변화시키는 방법이다. Lee(1993)의 중등 체육교사들의 교사 사회화의 연구를 보면, 13명의 교사 중 대부분의 교사들이 전략적 순응의 방법을 이용하였고, 일부 교사들이 전략적 재정의의 방법을 이용하면서 학교에 적응해 나간 것으로 나타났다.

Tabachnick와 Zeichner(1985)는 교생들과 초임교사들의 전략적 재정의에서 성공적이고 비성공적인 시도를 비교함으로써 Lacey의 개념적 틀을 확장시켰다. 그들은 처음에 13명의 교생의 교수관을 조사했고, 그들 중 4명을 초임교사의 교수 첫해로 연결시켜 조사를 계속했다. 3명의 초임교사들의 근무조건들은 교생 때 경험한 것과는 매우 다르다고 밝혔다. 교생기간 동안 사회적 전략의 지배적 형태는 전략적 순응이었으나 모든 초임교사들은 전략적 재정의의 형식을 나타내었다. 또, 각 교사에 의해 사용된 다양한 전략에도 불구하고, 각 교사의 경험을 특징짓는 지배적 전략이 있었다. 4명의 교사들 중 3명은 학교에서 바람직한 행동의 범위를 재정의하고자 하였다. 3명의 교사들 중 2명은 "비유사 상황"에서 모두 전략적 재정의를 채택했다.

초임교사들은 다양한 학교 상황 속에서 여러 공통적인 전략적 영역을 이용하지만, 한 가지 분명한 점은 교사 개개인의 생각, 가치, 신념이 중요하게 간주된다는 점이다. Bullough(1987)는 Crow(1987)의 교사 역할 인식(teacher role identity)의 개념을 지지하면서 초임교사의 가치와 교수관은 자신의 교수를 해석하고 책임감을 설정하는 데 중요한 역할을 한다고 밝혔다. Knowles (1988)는 교사교육 프로그램에서부터 교수 첫해의 기간 동안 형성되는 초임교사들의 경력과 역할에 대해 연구했다. 이 연구에서 그는 교사교육 프로그램은 초임교사의 신념, 태도와 관련된 교수에 큰 영향을 미치지 못하고, 오히려 이전에 형성된 경험들이 교사로서의 역할에 큰 영향을 미친다고 보고하고 있다.

교사의 사회화에 보다 큰 영향을 미치는 여러 요인들 중 학생은 교사들의 사회화에 강력한 영향을 미치는 것으로 알려졌다(Blase, 1985, 1986; Bullough, Knowles, & Crow, 1989; Doyle, 1979; Templin, 1981, 1989). Blase(1985, 1986)는 학생들이 교사들의 근무 관점에 변화를 가져오는 데 가장 중요한 영향을 가진다고 주장하면서 교사 태도 변화에서 인간주의 단계와 합리주의 단계의 두 가지를 밝혀냈다. 인간주의 단계는 "학생과의 개인적 상호작용으로부터 나타나는 교사의 태도적 행동적 변화"라 할 수 있다. 합리주의 단계는 "학습관리나 수업과 관련된 교사의 태도와 행동에서의 변화"를 말한다(Blase, 1985: p.237). Blase(1986)는 교사 사회화에 학생의 강력한 영향이 있다면, 학교 행정가, 교사, 부모들은 많은 사람들이 생각한 것보다 교사에게 적은 영향을 미칠 것이라고 주장한다. 한편, Doyle(1979)은 학생 영향의 중요성은 행정가나 동료교사들과 다른 교사의 성향과 밀접하게 관련되어 있다고 주장한다.

이밖에도 교수, 교사 효율성, 교직생활의 유지에 대한 변인들은 초임 교사를 둘러싼 근무조건에 의해 큰 영향을 받는다는 결과를 밝히는 연구들도 있다(Goodlad, 1983, 1984; Little, 1987; Lortie, 1975). 이러한 사회화의 상호작용 이론들은 초임교사들의 근무조건을 초보자와 학교 사이의 상호적 수용을 통한 역동적 의미로 파악한다. 즉 다시 말해서 초임교사들은 학교의 다양한 개인적, 제도적, 문화적, 환경적 요인의 영향하에서 다른 방식으로 반응하고 사회화되는 것이다.

2) 초임 체육교사의 사회화

스포츠 교육학에서도 교사 사회화(Templin, 1981), 근무조건(Templin, 1989), 교사역할 정체감(Solomon et al., 1991), 초임교사(O'Sullivan, 1989)를 주제로 하는 질적 연구들이 수행되어 왔다. 이 밖에도 초임 체육교사의 사회화에 영향을 미치는 요인들 중 학생, 교장, 동료교사, 학부모와의 관계, 체육교육 과정, 교사와 코치 사이의 역할 갈등을 주제로 한 연구들이 있다.

O'Sullivan(1989)은 초임 체육교사의 입문 과정은 다른 교과 교사들과는 다른 차이를 나타낼 것이라 가정하고, 이러한 가정은 다른 교수환경, 움직임 지향 교과 내용, 교사들의 다양한 배경, 체육교육의 주변적 지위와 같은 체육교육의 특수성에 따라 설명될 수 있을 것이라고 밝히고 있다. 또, 체육교사들의 생활을 분명히 파악하려는 의도에서 Griffin(1986)은 체육교사들의 근무조건에서 8가지의 공통된 특징들을 조사하였다. 그 특징들로는 (1)프로그램 평가의 부족, (2)교직 보수의 부족, (3)전문적 지원이나 후원의 부족, (4)부적절한 시설, 용구, 시간계획, (5)의사결정 과정에서 체육교사의 제외, (6)교수 외 활동인 행사활동에의 동원, (7)일반적

수용, (8)소외 등으로 요약된다.

O'Sullivan(1989)은 면담과 체계적 관찰기법을 이용하여 두 명의 초임교사들을 연구한 결과, 그들이 교직 첫해 동안 수업에서 강한 관리적 통제기법을 사용하는 것으로 보고하고 있다. 이 연구의 논의 부분에서 그는 잘 계획된 교사교육 프로그램은 초임 체육교사들의 교수기술과 전문성 향상에 긍정적 영향을 미칠 수 있음을 주장하며 직전 교사교육 프로그램의 질적 제고를 제안하고 있다.

초임 체육교사들의 역할 인식에 초점을 둔 연구들도 관심을 끈다. 이러한 연구들은 초임 체육교사들이 이미 직전 교사교육 프로그램에 참여할 때 교사로서의 자신에 대한 강한 신념을 나타내고 있다고 보고하고 있다. Crow(1987)는 교생들은 잘 설정된 교사역할 인식을 가지고 형식적 교육 프로그램에 참여하고, 경험에 의미를 끌어내기 위해 이러한 교사역할 인식을 필터로 이용한다고 주장한다. Solomon 등(1991)은 6명의 체육교생들의 교수관을 조사하고 각 연구 대상자의 교사역할 인식과 교수 상황에서의 상호작용의 양상을 연구하였다. 이 연구는 명확한 교사역할 인식을 가진 교사들이 학교 상황에 잘 대처하고 교사의 역할에 보다 더 효율적으로 적응하며, 자신의 교수 스타일을 정립해 갔고, 교사로서의 분명한 역할 인식을 하지 못한 교사들은 지도교사를 모방하면서 의지하는 경향을 나타내었다고 보고하고 있다.

앞에서 언급한 초임교사들의 사회화에서도 학생들은 초임교사들의 교수관에 영향을 미친다고 밝힌 바 있듯이 체육교육에서도 Templin(1981)은 학생들이 교생들의 사회화에서 중요한 역할을 한다는 것을 밝히고 있다. 특히, 교생들은 학생들의 수행 수준과 관리 규칙에 순응하는 정도에 따라 영향을 받았다고 밝히고 있다. 연구 대상 교생들은 학생들의 일탈을 막기 위해 전통적 통제 방식을 유지하고 채택하는 경향이 있는 것으로 나타났다. Templin은 이러한 사실과 관련하여 "체육교사들은 학생들의 영향과 이러한 영향의 의미가 교사들의 태도와 행동에 미치는 영향을 이해해야 한다."고 제안하고 있다.

교사로서 초임교사들의 역할에 대한 기대 이상으로 교사와 코치로서의 이중 역할로 인한 역할 갈등은 초임 체육교사들의 적응을 더욱 힘들게 한다는 연구도 주목된다. Kneer(1987)는 교사／코치 역할 갈등을 해결하기 위해서 다양한 전략을 권장했다: (1)교사와 코치 역할을 함께 맡을 경우 교수 역할의 일부분으로 코치를 포함시킨다. (2)교사와 코치 역할을 통합하지만 실천 시간과 계획 기간을 줄인다. (3)교수와 코칭을 분리하고 정규 코치를 고용한다. (4)교사와 코치를 직업으로서 분리하고 학교로부터 일반 학생과 선수를 구분한다.

그리고 행정가들의 기대와 초임교사들의 교직 적응과의 관계에 대한 연구도 이루어졌다. 행정가들은 초임교사들에 대해 개인적 특성, 전문성 신장, 책무성, 학생과의 관계, 동료교사들과의 관계, 학부모와 지역사회와의 관계, 학급관리와 관련한 특정 기대를 가진다(Templin, 1989). 이러한 기대가 비록 표면적으로는 나타나지 않지만 행정가들은 초임교사들이 무엇을 어떻게 성취해야 할 것인지에 대한 바람을 가지고 있고, 이러한 바람이 초임교사의 교직 적응에 영향을 미친다고 한다. '일터로서의 학교'(The School As Workplace)에서 Goodlad(1983)는 이와 관련하여 다음과 같이 표현하였다: "교장과 교사 간의 상호신뢰, 교장의 교사들에 대한 적극적인 지원, 전문인으로서의 상호존중은 건강한 학교 상황을 건설하는 데 중요 요소들이다"(p.52). 그러나 실제로는 많은 교사들이 체육 프로그램과 교수내용을 개선하는 데 있어서 교장이나 행정가들의 지원을 받지 못하고 있는 실정이다. 교사 소외에 관한 Templin(1989)의 연구에서도 초임 체육교사들이 교직에 적응하는 데 필요한 행정적 지원의 부족으로 인해 많은 초임교사들이 좌절과 실패를 경험하며 교직을 떠나고 있다고 밝히고 있다.

체육교육 분야에서도 이러한 교사 사회화의 문제는 주요한 관심사로 떠오르게 되었다. Pooley(1975)의 연구는 체육교사의 사회화에 관한 초창기 연구형태로서 주로 이론적인 설명에 관한 연구물이다. 또한 현시점에서 보았을 때는 고전적인 연구물의 형태이지만 Templin(1979)의 연구는 체육교사 사회화에 관한 최초의 경험적 연구로서 의의를 가진다. 그리고 그 후에 수행된 Lawson(1983)과 Templin, Schempp(1989)의 연구는 체육교사 사회화에 관하여 보다 학문적인 탐구의 형태로 진일보한 연구물이다. 또한 현시점에서 보았을 때는 고전적인 연구물의 형태지만 Templin(1989)의 연구 또한 심도 깊은 연구 중의 하나이다.

한편, 교사 사회화의 단계를 교사교육 이전 단계, 교사교육 단계, 교육실습 단계, 현직 단계(Schempp, 1992)와 같이 구분할 때, 체육교사들에게 바람직한 교사관 및 교수관을 내면화하는 데 가장 중요한 영향을 주는 사회화 단계는 어떤 단계인가에 관한 연구들도 수행되었다. 그동안에 수행된 연구에서는 교사교육의 일환으로 실시되고 있는 교육실습 과정에서 체육교생들의 가치관 및 태도 변화를 알아보려는 연구와 초임 체육교사들의 학교 상황 인식 및 역할 갈등, 수행에 관한 연구가 주류를 이루고 있다. 현직 단계에 관련된 연구들은 주로 교생과 초임교사, 또는 초임교사와 경력교사의 차이를 비교하는 데 초점을 두고 있을 뿐, 퇴임교사의 사회적 지위나 가치관 변화에 관한 연구는 미진한 실정이다.

우리나라에서 체육교사들의 교직 사회화와 관련하여 이루어진 연구들로는 이재용(1993 a.b)의 중학교 초임 체육교사의 사회화에 대한 연구, 이효진(1996)의 초등학교 전담 체육교사의 교직 사회화에 대한 연구 그리고 박명기(1994)의 중학교 체육교사들의 직업 사회화에 대한 연구가 있다.

이재용(1993 a)은 생애사 연구 방법과 문화기술적 연구 방법을 사용하여 공립중학교에 근무하고 있는 13명의 중학교 초임 체육교사의 직업적 사회화 과정을 연구하였다. 이 연구에서는 초임 체육교사들이 교직에 입문하기 이전에 어떤 교직관을 형성하게 되는지 교직 입문 이전의 경력 및 배경 요인들과의 관련해서 살펴보았고, 교직에 입문하여 초임교사들이 기존에 가지고 있던 교직관이 어떻게 변화 혹은 강화되는 지를 살펴보고 있다. 연구의 결과, 초임교사들이 기존에 가지고 있던 교직관의 형성과 변화는 개인에 따라 극명한 차이를 나타내고 있었고, 초임교사들이 소속한 학교 현장의 상황에 따라 사회화되는 양상도 다르게 나타나고 있음을 보고하고 있다. 그러나 공통적으로 드러나는 것은 우리나라는 체육인과 체육교사에 대해 시각이 매우 부정적이기 때문에 이를 극복하는 데 많은 어려움이 있다는 점을 강조하고 있다.

박명기(1994)는 중등학교에 근무하고 있는 체육교사들을 대상으로 설문지와 인터뷰 방법을 사용하여 체육교사들의 직업 사회화 과정을 분석하였다. 그는 이 연구에서 대학에 입학하기 이전의 스포츠와 체육 활동의 선호 정도, 운동부에서의 활동 여부, 체육과 지원의 동기와 영향을 미친 사람, 체육교사를 직업으로 선택하게 된 동기와 시기, 교사교육 프로그램의 영향 등 예견적 사회화에 대한 내용을 분석하고, 그리고 교직 입문 이후의 교직에서의 사회화의 내용을 분석하기 위해 체육교사들이 학교에서 맡게 되는 역할 수행에 대한 내용, 교수관의 측면, 직업 만족도, 학교의 환경적 요인과의 상호작용, 정치·사회적 성향 등을 분석하였다. 예견적 사회화와 관련된 부분에서의 연구의 결과는 대부분의 체육교사들이 대학에 들어가기 전에 운동과 스포츠를 좋아했던 것으로 나타났고, 운동에 대한 선호는 직업결정에 가장 중요한 요인으로 작용하고 있었다. 그리고 대학의 교사교육 프로그램은 현장에서 필요한 지식과 기술을 갖추도록 하는 데 불충분한 것으로 교사들은 인식하고 있었다. 교직에서의 사회화의 연구 결과로는 우리나라 중등 체육교사들이 학교에서 담당하고 있는 주요 역할은 체육수업, 운동부 지도, 행정업무, 학급 담임 등이었고 체육교사는 이러한 학내 역할의 수행을 통해 자신의 직업 정체성을 체득하거나 역할 갈등을 경험하는 것으로 나타났다. 특히 교사에게 요구되는 역할의 성격, 수준, 그리고 적정성 여부는 직업에 대한 만족감이나 불만족감을 갖게 하는 중요한 요인으로 작용하고 있다고 보고하고 있다.

이효진(1996)은 서울 지역의 공립초등학교에서 근무하는 남녀 각각 1명씩의 담임교사와 체육 전담교사들을 대상으로 하여 초임 초등체육 지도교사의 교직 사회화 과정을 이해하기 위한 한 부분으로 교사들의 교수관을 파악하고자 하였다. 이를 위해 체육교육의 목적과 방법, 교수 유형, 이상적인 교사상과 수업 분위기의 세 가지 항목을 설정하여 교사들의 교수관을 파악하고자 하였다. 이 연구에서 밝혀진 결과는 초임교사들의 교수관점은 기본적인 교수철학을 제외하고는 약간 변화되고 있다고 말하고 있으며, 특히 초등 초임 체육 지도교사들은 모두 임용 첫해 여러 가지 시행착오를 겪으면서 나름대로 학교 상황 속에서 자신의 역할을 인식해 나가고 있고, 발령 첫해와 비교해서 교수학습 면과 학교 조직 사회의 이해 면에서 처음의 경직된 사고에서 보다 유연해지고 융통성 있게 대처해 나가는 변화를 보여주고 있다고 보고하고 있다.

제 3 장

교사 사회화의 구체적 사례:
네 교사 이야기

앞 장에서는 교사 사회화와 관련된 제반 이론 및 선행연구들을 살펴보았다. 본장에서는 네 명의 초임 체육교사들의 구체적인 사례를 통해 그들이 어떻게 교직에 입문하여 교사로서의 역할을 수행하며, 교직에 필요한 기술, 규범, 가치 등을 배우며 사회화되어 가는지 그 구체적인 과정을 소개한다.

1. 네 명의 교사들에 대한 소개

본 절에서는 구체적 사례가 될 네 명의 초임 체육교사에 대한 이해를 돕기 위해서 참여자의 개인적 배경과 학교 상황에 대해 개괄적으로 소개한다. 개인적 배경은 성별, 나이, 재직 학교, 교직 경력 및 전담 학년 등에 대한 내용이며, 학교 상황으로는 근무 학교의 여건 및 분위기, 체육교사 현황 및 분위기, 체육 기구 및 시설 등에 관한 내용이다.

1) 권 영찬교사

● **출신 대학과 재직 학교:** 권 영찬 교사는 국립 S대 사범대학 체육

교육과를 졸업하고, 졸업한 그해 임용고사에 합격하여 2000년 3월에 서울에 있는 D여자 중학교에 발령을 받아 올해로 교직 경력 2년째를 맞이하는 29세의 남교사이다. 현직에 나와서 올해 초 모교인 S대학교 대학원의 체육교육과를 지원하여 공부를 시작하게 되었으나, 막상 대학원 교육과정이 교사로서 필요한 전문적 지식과 발전에 크게 도움이 되지 않는다고 판단하여 지금은 잠시 대학원 공부를 중단하고 있다.

● **운동경험:** 권 영찬 교사는 중·고등학교 시절 체육시간을 그리 좋아하지 않았다. 특별히 잘하는 운동도 없었고, 운동에 크게 관심도 없었기 때문에 체육시간이 그리 즐거운 수업은 아니었다고 한다. 그러나 우연한 계기로 체육과를 지원하게 된 후 특기 종목으로 기계체조를 배우게 되었고, 그때 배운 기계체조가 임용고사 준비와 교사로서 아이들을 지도하는 데 많은 도움이 되고 있다.

● **담당 업무와 수업:** 권 영찬 교사는 2학년 4개 반, 3학년 3개 반의 21시간의 수업을 담당하고 있고, 담임으로는 3학년을 담당하고 있다. 업무 분장은 예·체능부 수련담당과 그 밖에 체육부와 관련된 업무를 맡고 있다.

● **학교의 규모와 주변 여건:** 현재 재직하고 있는 학교는 동대문구에 위치하고 있고, 총 학급 수 27학급인 공립 여자 중학교이다. 학교에 재직하고 있는 교사는 교장 교감 선생님을 포함하여 48명이며, 이 중 남교사는 12명, 여교사는 36명이다. 학교주변은 상업시설과 소규모 가내수공업 공단이 밀집된 지역으로 교육여건이 그리 좋지 않으며, 실제로 이 학교의 학부모들의 80-90% 이상이 맞벌이를 하고 있다. 주로 공단 지역에 근무하거나 생계형 자영업에 종사하는 부모들이 다수를 차지하고 있어 학교의 행사와 교육활동에 학부모와 지역사회의 참여를 기대

하기가 어려운 실정이다.

● **학교 분위기:** 학교의 분위기는 비교적 엄격하지 않은 교장 교감 선생님의 영향으로 교사들의 분위기가 자유로운 편이나, 업무를 추진하는 데 있어서 교사와 학교 행정가 간의 의사소통이 잘되지 않는 것으로 나타났다. 또한 학급 수와 교사 수가 적은 소규모의 학교라 교직원 1인에게 돌아가는 업무 부담이 학급 규모가 큰 학급에 비해 많다. 그리고 남교사에 비해 여교사의 비율이 높아 남교사들이 맡게 되는 업무 부담이 크다.

● **체육교사 현황과 체육과 분위기:** 함께 근무하는 체육교사는 권 교사를 포함하여 총 4명으로, 50대인 부장 교사와 40대의 여교사, 30대의 남교사 그리고 20대인 권 교사로 구성되어 있다. 50대인 부장 교사는 교련과목 출신 교사라는 특기 사항을 가지고 있고, 40대인 여교사는 학교 일에 적극적인 편은 아니지만 독실한 기독교인으로 신앙생활에 열심인 교사이다. 30대인 남교사는 권 교사와는 고등학교 선후배 사이이며, 현재 2학년을 둘이 나눠 맡고 있다. 권 교사가 말하는 이 선배교사는 학교 일과 수업에 매우 적극적이며, 열정을 가지고 있으나 지나치게 자신의 스타일을 강요함으로 인해서 교수관과 수업 스타일이 다른 권 교사와 많은 갈등을 겪고 있다.

체육부실의 분위기는 튀는 성격의 체육교사가 없어서 조용하고 안정된 분위기 속에서 생활하고 있다. 그리고 개인주의적인 취향의 체육교사들이 많아서 체육대회가 끝나고 마련되는 회식 자리조차도 서로 회피할 정도로 체육실의 분위기는 항상 독립적이라서 가족적이고 협의적인 분위기 조성을 기대하기가 어렵다.

● **체육 시설과 기구:** 운동장은 대각선을 가로질러 50여m가 나올까

말까할 정도로 작고, 그나마 한 번에 2개 반 정도의 수업이 가능한 조그만 규모의 체육관이 있어서 작은 운동장을 대체할 수 있다. 체육수업에 필요한 기구는 충족한 편은 아니나 농구, 배구, 축구, 핸드볼 공은 학생들이 수업하는 데 불편하지 않을 정도로 마련되어 있다.

2) 김 미란 교사

• **출신 대학 및 재직 학교:** 김 미란 교사는 D전문대학 사회체육과를 졸업한 후 사립대학인 K대학 사범대 체육교육과에 편입하여 교사 자격증을 획득하게 되었다. 김 교사 역시 K대를 졸업하던 그해에 임용고사에 합격하여 졸업과 동시에 현재 근무 중인 남녀공학 S중학교에 발령을 받아 올해로 교직 경력 2년째를 맞이하는 25세의 여교사이다. 현재 모교인 K대학 체육과 대학원에서 체육측정 평가를 전공하고 있다.

• **운동경험:** 김 교사는 학창시절 특별히 운동선수 경험이 있었던 것은 아니지만 운동을 좋아했다. 특히 구기 종목에는 탁월한 감각을 보여 교내 구기 대회 때 늘 대표 선수로 활약할 만큼 기능이 탁월했다. 초·중·고 시절 체육시간이 가장 기다려지는 시간이었고, 운동을 좋아해서 체육교사가 되고 싶었다고 한다. 대학시절에는 기계체조 동아리에서 활동했다.

• **담당 업무와 수업:** 김 교사는 현재 2학년 7개 반 수업을 담당하고 있고, 학급 담임도 2학년을 담당하고 있다. 업무 분장은 학생부 교내지도를 맡고 있는데 학생부 교내지도는 학교 내에서 문제를 일으키는 학생을 선도하고 계도하는 일과 사안이 발생했을 경우 사건 발생에 대한

조서 작성, 징계처리 등의 일 등 학생의 생활 지도에 관한 전반적인
업무를 담당하고 있다.

● **학교의 규모와 주변 여건:** 김 교사가 현재 재직하고 있는 학교는
서울 마포구에 위치하고 있고, 총 학급 수 29학급인 공립학교이다. 전
체 교사 수는 51명으로 남교사 16명, 여교사 35명으로 구성되어 있다.
학교주변은 대규모 아파트 단지가 조성되어 있는 주택가 지역이라 교
육여건은 비교적 안정되어 있는 편이고, 학부모들의 자녀 교육에 대한
관심은 크게 높은 편은 아니나 어느 정도 자녀들의 교육에 관심을 갖
고 찾아오는 학부모도 더러 있어 초임인 김 교사는 가끔씩 찾아오는
학부모들을 어떻게 대할지에 대해서 어려움을 겪고 있다.

● **학교 분위기:** 김 교사가 근무하는 학교는 다른 학교에 비해 전교
조 조합원 교사 수가 많다. 전교조가 합법화된 후 전교조 교사들의 발
언권에 무게가 실리게 되자 모든 학교경영 문제가 교사들과의 협의를
통해 결정되게 됨으로써 학교경영이 매우 민주적으로 운영된다. 따라서
교장과 교감 같은 행정가들의 교사에 대한 간섭과 억압이 덜하고 교사
들에게 많은 자율권이 부여되어 교사들이 학교생활을 하는 데 권위적
인 분위기로 인해 어려움을 느끼는 일은 없다.

● **체육교사 현황과 체육과 분위기:** 김 교사가 근무하는 학교의 체육
교사는 총 5명으로 예·체능부에 3명의 교사가 배치되어 있고, 학생부
에 김 교사를 포함하여 2명의 체육교사가 근무하고 있다. 김 교사는
체육교사이지만 학생부 소속이어서 예·체능부에 자주 가는 일이 없다.
그래서 다른 체육 선생님들과의 관계에서 거리감을 느끼고 있다. 체육
과 교사는 50이 넘은 여자 체육부장님과 40대이신 남자 선생님 두 분
그리고 학생부 부장님이신 50대 선생님 그리고 김 교사이다. 20대이며

초임인 자신과 나머지 체육교사들과의 경력과 나이 차도 김 교사가 체육실에 자주 찾아가지 못하게 만드는 원인이 되고 있다. 이런 이유로 그는 체육과 선생님들과 어울리기보다는 학생부와 큰 교무실의 젊은 선생님들과 더 친밀한 관계를 유지하고 있다.

• **체육 시설과 기구:** 김 교사의 학교는 학급 규모에 비해 열악한 운동장과 시설을 가지고 있다. 대각선을 가로질러 70m 정도의 트랙이 나올 정도의 작은 운동장에 4개-5개 반이 나와서 수업을 하고 있다. 운동장 바닥은 알이 굵은 모래로 학생들이 뛰다가 넘어지면 무릎이 성할 곳이 없을 정도로 거칠었고, 먼지도 많이 난다. 축구 골대 1세트, 농구 골대 2세트, 배구 코트 1면이 있으나, 한 반이 축구 게임을 하게 되면 다른 반들은 코너에 몰려 제대로 수업을 하기가 어려울 정도로 공간이 협소하다.

3) 박 용훈 교사

• **출신 대학과 재직 학교:** 박 교사도 권 교사와 마찬가지로 국립 S대 사범대학 체육교육과를 졸업한 후 그해 임용고사에 합격하여 교사가 되었다. 박 용훈 교사는 2000년 3월에 남녀공학교인 B 중학교에 발령을 받아 올해로 교직 경력 2년째를 맞이한 29세의 남교사이다. 현직에 나와 1년 동안 교직생활을 경험하고 난 후 교사로서의 전문성 신장에 필요할 것 같아 올해 초 모교인 S대학교 대학원의 체육교육과를 지원하게 되었다. 그러나 대학원 진학이 확정된 후 올 초에 있었던 업무 분장 발표에서 지나치게 과중한 업무를 책임지게 되면서 공부와 교사로서의 임무를 모두 충실히 해 낼 여력이 없을 것 같아 현재 대학원을

잠시 휴학하고 있다.

● **운동경험:** 박 교사는 어릴 때부터 운동을 좋아했다. 중·고등학교 시절 점심시간 전에 도시락을 먹고 점심시간 종이 울림과 동시에 축구공을 들고 운동장으로 뛰어나갔다. 그리고 방과 후에도 늘 친구들과 어울려 축구와 농구를 하며 학창시절을 즐겁게 보냈다. 대학에 들어가기 전에 대학 입시 준비를 위해 오성식 농구 교실에서 1년 동안 농구를 배운 경력이 있다. 그리고 대학에 들어가서는 테니스부에 들어가서 활동했다.

● **담당 업무와 수업:** 박 용훈 교사는 1학년 8개 반의 수업과 담임을 맡고 있다. 그리고 담당 업무는 성적처리와 생활기록부 등 전산 업무를 맡고 있다. 박 교사는 교직 경력이 짧고 학교의 업무에 대해 잘 모르는 자신에게 이런 중책이 맡겨진 데 대해서 많은 고충을 겪고 있다. 때로는 담당 업무가 너무 막중해서 업무 처리 때문에 수업과 담임 업무에 소홀해질 수밖에 없다고 불만을 토로한다.

● **학교의 규모와 주변 여건:** B중학교는 서울 서초구에 있는 학교로 고급 빌라와 개인 주택들이 들어서 있는 조용한 주택가에 위치하고 있다. 학교의 규모는 총 학급 수가 22개 학급밖에 되지 않는 비교적 작은 규모의 학교이다. 전체 교사 수는 38명으로 이 중 남교사는 15명, 여교사가 23명으로 구성되어 있다. 학교의 주변 여건은 고급스러운 개인 주택과 빌라풍의 주택이 밀집해 있는 주거지역이라 조용한 분위기 속에서 공부할 수 있는 분위기가 조성되어 있고, 부유층이 많은 지역인 탓에 학부모들의 교육열이 지나쳐 학교경영 문제와 교육 문제와 관련하여 학교 행정가 및 교사들과의 마찰이 가끔 일어나기도 한다.

● **학교 분위기:** B중학교 교무실의 분위기는 왠지 침체되고 의기소침

한 분위기가 감돈다. 자주 있는 일은 아니지만 가끔씩 교사들끼리 모이는 회식 자리가 마련되면 그 자리는 어김없이 학교에 대한 불만, 학부모와 학생에 대한 불만의 토로 장소가 되곤 한다. 학급 수가 적고 교사 수가 적은 미니 학교여서 교사 개인에게 돌아오는 업무의 양도 너무 많아 교사들끼리 힘들고 어려운 일은 서로에게 떠넘기기식으로 맡지 않으려는 의식이 팽배해 있어서 교사들 간 사이에 있어서도 보이지 않는 알력까지 존재한다.

● **체육교사 현황과 체육과 분위기:** 박 교사가 근무하는 학교의 체육교사 수는 박 교사를 합쳐서 모두 세 사람이다. 그중 한 사람은 40대 중반의 남교사인데 신장 암으로 투병 중이라 학교 업무와 수업에 충실할 수 없으며, 40대 여교사는 무용만 담당해서 가르치다 올해 처음 체육수업을 가르치게 되었기 때문에 박 교사에게 오히려 어떻게 가르쳐야 하는지를 자문하기도 한다. 이런 열악한 상황으로 인해 박 교사는 전산 업무와 같이 무거운 업무에도 불구하고 경우에 따라 체육과의 일들까지 떠안으며 학교생활을 해 나가고 있다.

● **체육 시설과 기구:** B중학교는 주변의 쾌적한 여건과는 달리 운동장은 너무도 협소하다. 운동장은 가로세로 너비가 50여m 정도이고, 축구 골대 대용으로 핸드볼 골대가 운동장의 양쪽 가에 덩그러니 놓여 있다. 축구 골대가 없는 것은 물론이거니와 혹시라도 볼을 세게 차면 학교 담장 너머 주택가로 공이 넘어가기 때문에 아이들이 좋아하는 축구 수업을 제대로 할 수 없다. 한꺼번에 세 반이 동시에 수업에 나오면 본인이 계획했던 수업을 제대로 할 수 없기 때문에 수업에 많은 제약이 따른다. 학생들이 사용할 수 있는 공과 기구들은 넉넉한 편이나 그것을 제대로 사용할 수 있는 공간이 없는 점을 박 교사는 무척 아쉬워한다.

4) 최 경숙 교사

●**출신 대학과 재직 학교**: 최경숙 교사는 2000년 3월에 서울 강동구에 위치한 남녀공학 학교인 S중학교에 발령을 받아 올해로 교직경력 2년째를 맞이한 25세의 여교사이다. 최 교사는 사립대학인 K대 사범대학 체육교육과를 졸업한 후 그해 임용고사에 합격하여 교사가되었다.

●**운동경험**: 최 교사는 초등학교 때 육상부 활동을 했었다. 중학교에 진학해서는 체육 선생님이 체고 진학을 권유할 정도로 뛰어난 자질을 보였다. 그러나 신장이 생각했던 것보다 자라지 않고 시력도 차츰 나빠져 체고 진학을 포기하게 되었다. 특기 종목인 허들로 대학에 들어왔지만 대학 재학 시절 에어로빅에 심취하여 각종 에어로빅 강사 자격증을 획득했고, 대학시절 에어로빅 강사로 활동한 경력도 가지고 있다.

●**담당 업무와 수업**: 최 교사는 1학년 7개 반의 수업과 1학년 학급의 담임을 맡고 있다. 그리고 담당 업무는 청소년 단체와 민방위 업무를 맡고 있다. 청소년 단체 업무는 학기 초에 실시되는 단원 모집에서 학생들의 호응이 없자 조직 결성이 무산되어 이와 관련된 업무를 맡지 않게 되었다. 민방위 업무도 자주 있는 업무도 아니고 그나마 행사가 이루어진다고 해도 형식적으로 처리되기 때문에 수업 외 업무에 대한 부담은 전혀 갖고 있지 않다.

●**학교의 규모와 주변 여건**: S중학교는 강동구에 위치해 있다. 강동구 지역 내에서도 조금 낙후된 지역으로 중산층 이하의 학생들이 많이 다니고 있다. 학부모들은 대부분이 맞벌이라 학교 행사와 활동에 참여

가 떨어지는 편이나 학생들은 말을 잘 듣고 순진한 편이라 학생들을 지도하는 데 큰 어려움은 없다. 학교의 규모는 34학급으로 비교적 규모가 크고, 전체 교사 수는 59명이며, 이 중 남교사는 14명, 여교사는 45명으로 구성되어 있다.

• **학교 분위기:** 올 초에 새로 부임한 여교장 선생님의 학교경영방침이 합리적이라 모든 선생님들과 불협화음 없이 조용한 가운데 학교경영이 이루어지고 있다. 전체 교사 수가 많기 때문에 교사들 전체 모임과 회식 자리는 많지 않지만 마음에 맞는 교사들끼리의 소모임은 활발한 편이며, 최 교사의 경우 교내 기독교 교사 모임인 신우회 모임에 참여하여 돈독한 인간관계를 나누고 있다. 업무 분장의 배분에 있어서도 교사들이 큰 불만 없이 각자 할 일을 잘 처리해서 학교 업무가 원활히 잘 진행되고 있다.

• **체육교사 현황과 체육과 분위기:** S중학교는 예체능부실이 아닌 체육부실이 별도로 배치되어 체육교사들만 한데 모여서 근무하고 있다. 전체 체육교사의 수는 최 교사를 포함하여 총 6명으로 40대의 체육부장 선생님 그리고 50대이신 학생부장 선생님 30대 중반의 남선생님 2분, 20대 후반의 남선생님 그리고 20대 중반의 여교사인 박 교사로 구성되어 있다. 20대부터 30대, 40대, 50대까지 전 연령대의 교사가 모여 있는 것이 S중학교 체육교사 집단의 특징이다. 체육부실은 언제나 화기애애하고 가족적인 분위기로 처음 발령받아 모든 것이 낯설기만 한 최 교사에게 선배교사들은 친절하게 안내해 주고 배려를 아끼지 않는 분위기이다. 최 교사는 이에 대해 동료교사들에게 대해 진심으로 감사하는 마음을 갖고 있다.

• **체육 시설과 기구:** S중학교는 대각선을 가로지르면 100m가 넘는

크기의 큰 운동장과 테니스 코트가 있다. 강동구에 위치한 여느 다른
학교보다도 운동장이 크다고 한다. 무용실이나 체육관이 없어서 자신
의 주 전공인 에어로빅을 할 수 없는 점이 아쉬우나 그나마 운동장이
넓어서 한꺼번에 4-5개 반이 나와서 수업을 하더라도 크게 어려움은
없다.

지금까지 기술한 연구 참여 교사들에 대한 개괄적 소개를 간추려서
제시하면 아래의 <표Ⅲ-1>과 같다.

<표 Ⅲ-1> 연구 참여 교사들에 대한 개괄적 이해

구 분	권 교사	김 교사	박 교사	최 교사
성별, 연령	남, 29세	여, 25세	남, 29세	여, 25세
출신 대학	국립 S대 사범대 체육교육과	사립 K대 사범대 체육교육과	국립 S대 사범대 체육교육과	사립 K대 사범대 체육교육과
선수 경력 및 특기	없음, 체조	없음, 구기	없음, 농구	없음, 에어로빅
교직 경력	1년 6개월	1년 6개월	1년 6개월	1년 6개월
재직 학교	동대문구 D여중 (공립 여중)	마포구 S중학교 (공립 남녀공학)	서초구 B중학교 (공립 남녀공학)	강동구 S중학교 (공립 남녀공학)
학교의 규모	27학급	29학급	22학급	34학급
소 속	예·체능부	학생부	정보교육부	예·체능부
체육교사 현황 및 분위기	4명 개인주의적 분위기	5명 개인적이며 소원한 관계	3명 무관심	6명 가족적이며 협조적인 분위기
학교 상황의 특 징	· 지역사회의 교육적 여건 열악 (상업, 가내 수공업 공단지역)	· 대규모 주거지역 내 위치 · 교사동호회활동 활발 · 활발한 전교조 활동	· 강남 고급주택가에 위치 · 소규모 미니학교 (큰 업무 부담)	· 강동구 내에서 상대적으로 열악한 교육여건 · 학교장의 합리적 경영방침 · 교사들끼리의 소모임 활동 활발

2. 교직 이전의 시기

본 절에서는 네 명의 교사들이 현직교사가 되기 이전에 경험했던 초·중·고 시절의 스포츠 활동과 체육수업에의 영향, 그리고 대학 진학 및 진로 선택의 과정이 현재의 교직관에 미친 영향을 살펴보고, 아울러 대학시절 학교에서 제공되는 교육과정, 교육실습을 거치면서 교사로서의 준비 과정을 어떻게 보냈으며, 이러한 준비 과정이 교사로서의 삶에 미친 영향과 교사교육에의 시사점에 대해 기술하고자 한다.

1) 초·중·고 시절의 스포츠
경험과 체육수업에의 영향

네 명의 교사들 중 한 사람을 제외하고 나머지 세 사람은 모두 학창시절부터 운동과 스포츠에 관심을 가지고 체육 수업시간에 능동적으로 참여하는 유형의 학생이었다고 한다. 이러한 적극적인 스포츠 참여가 체육과로의 대학 진학을 결정하게끔 만든 직·간접적인 계기가 되었다는 것을 면담을 통해 알 수 있었고, 또 과거의 스포츠 참여에의 긍정적인 경험이 현재의 교직관에도 많은 영향을 미치고 있음을 알 수 있었다.

김 교사는 초·중·고 시절 운동장에 나가 뛰어노는 것을 무척 즐겼고, 다른 어떤 시간보다도 체육 수업시간이 즐거운 시간이었다고 한다. 김 교사는 중·고등학교 시절 뛰어난 운동 능력을 인정받아 줄곧 체육부장을 도맡아 했다고 한다. 이와 같은 김 교사의 경험은 그가 제일 잘할 수 있는 과목은 체육이며 체육교사들로부터 받은 인정으로 인해 장차 자신의 직업으로 체육교사를 그때 꿈꾸게 되었다고 해도 과언이 아니라고 했다. 그리고 김 교사가 체육교사가 되기를 희망하게 된 계기는 학창시절 체육 선생님들의 활기찬 모습과 교실수업에 비해 비교적 자유로운 수업 형태에 많은 영향을 받은 것이라고 했다.

박 교사도 초·중·고 시절의 스포츠 경험에 대해 매우 긍정적인 인식을 나타내고 있었다. 그는 학창시절 농구와 축구를 즐겨 했었고, 특히 축구는 그가 가장 좋아하는 운동으로 체육 수업시간 외에도 친구들과 어울려 늘 즐겨하던 운동이었다고 한다. 그러나 그의 이러한 운동에의 긍정적 체험이 그가 전공으로 체육을 선택하게 된 직접적인 이유는 아니었다고 한다. 그는 본래 국문학을 전공하려고 했으나 두 번의 대입 실패로 원래 전공하고자 했던 국문학도의 길을 포기하고 마지막으로 선택한 길이 바로 체육이었다고 한다. 그가 체육 분야를 선택하게 된 것은 두 번의 입시 실패로 인한 부담감을 덜고 약간은 공부에 지친 그가 선택한 차선책이었던 것이다.

최 교사의 경우는 초등학교 시절 뛰어난 운동 실력으로 육상부 활동을 했던 경력이 있다. 그는 어린 시절부터 운동에 상당한 재능을 보였고, 어떤 운동을 배우더라도 어릴 때부터 경험해 온 운동감각으로 빨리 배우는 편이었다. 이러한 운동감각으로 인해 어떤 운동을 하든지 자신감을 가지게 되었고, 이것이 현재의 교수 수행에도 많은 도움을 준다고 했다. 최 교사의 경우도 김 교사와 마찬가지로 운동 능력의 탁월함과 체육 선생님으로부터의 칭찬이 그가 체육을 전공으로 선택하게 하는 데 결정적인 계기가 되었다고 한다.

이상 세 명의 연구 대상자들은 초·중·고 시절 스포츠 참여에 대한 긍정적 경험이 현재의 직업 선택과 교직관에 긍정적 영향을 미친 경우를 보여준다. 특히 이들은 자신의 경험을 바탕으로 체육수업은 즐거운 것이라는 인식을 강하게 갖고 있는 것으로 나타났다. 이러한 인식은 체육교사로서 현재의 수업에도 강한 영향으로 나타나고 있었다.

한편 권 교사의 경우는 위의 세 명의 연구 대상자와는 조금 다른 결과를 나타내었다. 권 교사는 자신의 운동 능력에 대해 부정적인 인식을 가지고 있었다. 그는 학창시절에는 체육수업이 별로 의미 있게 와 닿지 못했기 때문에 종종 수업에도 **빠**지곤 했다고 고백하였다. 하지만 운동에 대해 별로 흥미를 느끼지 못했던 그가 체육과로의 진학을 결정하게 된 계기는 당시 잘 알고 지내던 선배의 영향때문이었다. 권 교사는 한 번의 대학 입시 실패로 좌절을 겪고 있던 시절 체육대학에 다니던 선배의 권유로 체육과를 진학하게 되었다고 한다.

네 명의 연구 대상자들은 과거 그들의 체육수업에 대해서는 크게 많은 것들을 기억하지 못했다. 권 교사와 최 교사의 경우는 자신들이 과거에 받았던 체육수업에 대해 크게 인상적으로 느꼈던 점들을 기억해 내지 못했고, 오히려 과거의 체육수업에 대해서 부정적인 인식을 가지고 있는 것으로 나타난다. 물론 이런 부정적인 인식은 연구 대상 교사들과의 면담 과정에서 다음과 같이 드러난다.

"저는 학창시절 체육수업에 별로 관심이 없었기 때문에 체육 선생님에 대해서도 별로 기억나는 게 없어요. 하지만 체육 선생님들의 수업 방식에 대해서는 별로 좋지 않게 생각했어요. 대부분의 체육 선생님들이 질서 위주의 딱딱한 수업 방식 아니면 '아나공' 수업을 하셨거든요. 그래서 저는 제가 어떻게 하다 보니 체육교사가 됐지만 과거에 제가 배웠던 그런 체육수업을 하고 싶지는 않아요."
〈2001. 5. 24. 권 교사와의 면담 내용 중〉

"제가 경험한 체육 선생님들은 대부분이 기합을 많이 주었어요. 수업에 몇 명이 지각하면 반 전체가 단체 기합을 많이 받았던 기억이 나요. 저 같은 경우는 항상 제일 먼저 나가서 줄 서고 수업을 준비했는데 다른 친구들 때문에 단체 기합을 받을 때는 정말 화가 많이 났어요."
〈2001. 5. 13. 최 교사와의 면담〉

한편, 박 교사와 김 교사의 경우는 이와는 달리 인상적이었던 체육 수업과 체육교사를 기억하고 있었고, 그때 그 선생님의 수업을 현재의 자신들의 수업의 모델로 지향하고 있는 점이 발견되었다. 박 교사의 경우 중학교 2학년 때와 3학년 때 자신을 지도해 주었던 체육 선생님의 수업 형태에 대해서 아주 긍정적인 기억을 갖고 있었고, 이에 대해 그는 다음과 같이 말하고 있다.

> "저는 중학교 2, 3학년 때의 체육 선생님이 저에게 많이 영향을 미쳤던 것 같아요. 그 선생님은 학기 초에 1년 치 배울 것들을 미리 계획서를 짜서 우리에게 나눠주시고 그대로 수업을 하셨어요. 그리고 체육수업에서 했던 것이 다른 선생님들하고는 많이 달랐고 독창적이시고 열심히 하셨다는 생각이 나서 지금 제 수업에서 그 선생님의 영향이 좀 있어요. 그 선생님은 게임 중심으로 수업을 하셨는데 아이들에게 줄서라고 강요도 안하셨고, 라운드 형식으로 자유스런 대형에서 수업을 하셨고 그리고 팀 짜는 것도 그때 배웠어요. 줄넘기 같은 거를 할 때도 팀이 돼서 수업을 했는데 팀 점수 받고 개인 점수 받고, 단순히 개인 기능으로 점수 받지 않는 그런 수업이 아주 기억에 남고 그런 부분에 제가 영향을 받았어요. 제가 이제까지 받은 체육수업 중 가장 훌륭한 체육수업이었다고 생각해요."
>
> 〈2001. 5. 25. 박 교사〉

그리고 김 교사도 고등학교 때 자신을 지도해 주신 체육 선생님에 대해 긍정적인 영향을 받고 있다고 말한다. 김 교사는 수업 방식이나 교과 지도 측면에서보다는 그 선생님이 학생들을 대하는 방식과 태도에서 강한 영향을 받고 있었다.

> "저는 다른 체육 선생님들보다 고3 때 체육 선생님이 가장 기억에 남는데 그 선생님이 수업을 특별히 잘했다고는 볼 수 없는데 애들을 대하는 태도에 있어서 참 본받을 점이 많다고 생각했어요. 그 선생님은 애들을 대할 때 어느 정도 친밀감을 유지하면서도 일정 선을 유지하면서 저희들을 객관적이고 공정하

게 대해 주셨어요. 그래서 그 선생님을 싫어하는 애들이 거의 없었어요. 그래서 저도 그 선생님처럼 저도 제 학생들을 그렇게 대하려고 하는데 그게 쉽지가 않더라고요."

〈2001. 5. 10. 김 교사〉

그러나 권 교사와 최 교사의 경우는 학창시절 체육수업과 체육 선생님에 대해 부정적인 인식을 가지고 있었다. 그들이 받았던 체육수업에의 부정적인 생각은 현재 그들의 수업에서는 지양되어야 할 혹은 청산되어야 할 잘못된 수업으로 인식되고 있었다. 그리고 그들은 최소한 자신들의 수업은 과거에 자신이 받았던 구태의연한 수업에서 벗어나서 창의적이며 모든 아이들이 즐겁게 참여할 수 있는 수업을 추구하는 경향으로 나타났다. 이에 반해 박 교사와 김 교사의 경우는 긍정적인 인상을 가지고 있었고 과거에 그들이 받았던 체육수업을 이상적인 모델로 생각하고 있었다.

교사준비 교육을 받고 있는 학생들은 교사준비 교육 이전에서부터 구성되었던 사상, 지식, 그리고 신념을 준비 교육의 학습 상황에 반영할 뿐만 아니라 사전에 축적된 경험을 통하여 획득한 것으로서 새로운 정보를 해석하고 활용하는 방법과 관련한 능력(Posner, Strike, Hewson, and Gertzog, 1983)도 학습 상황에 가져온다고 하며, 이는 실제로 교사 사회화에 많은 영향을 미친다고 한다(Feiman-Nemser, 1983, Lortie, 1975).

Lortie(1975)는 교사들의 태도와 가치관의 형성에 있어서 학창시절에 영향을 받은 역할 모델의 중요성을 지적한 사람이다. 그는 학창시절 학생의 신분으로서 자신의 교사들과 함께 보낸 많은 시간이 교사가 되어서의 역할에 많은 영향을 주고 있음을 지적하며 이를 '도제적 관찰'(apprenticeship of observation)이라고 언급하였다.

체육교사의 사회화 과정은 Pooley(1975)의 모형에서 제시된 바와 같이 대학에의 지원은 학교의 환경을 통해 체육활동과 스포츠 활동에 광

범위하게 참여한 경험으로부터 시작된 것이다. 연구 대상자들과의 면담 과정에서 밝혀진 결과들은 Pooley의 연구 결과와도 일치한다. 또한 우리나라 중등 체육교사의 직업 사회화를 연구한 박명기(1994)의 연구 결과에서도 초·중·고 시절의 긍정적인 스포츠 체험과 운동에 대한 선호 정도가 직업 사회화에 중요한 영향을 미치고 있음을 밝히고 있다. 이러한 연구 결과와 마찬가지로 본 연구에서도 4명의 교사들 중 대부분이 과거의 운동경험과 체육수업에 대한 정서적 측면을 인상깊게 기억하고 있다. 이러한 과거 경험의 영향은 실제 학교 현장에서 학생들을 지도하는 교육철학에도 반영되고 있다.

2) 대학 진학과 교직 선택의 동기

본 연구에 참여한 교사들 중 권영찬 교사를 제외한 나머지 교사들은 초·중·고 시절 스포츠에 대한 긍정적 경험이 직·간접적으로 체육을 전공으로 선택하는 데 영향을 미친 것으로 나타난다. 그러나 네 명의 참여 교사들과의 심층적인 면담 과정을 통해 그들이 교직을 선택하게 된 또 다른 이유가 있음을 알 수 있다. 따라서 이러한 사실들을 바탕으로 어떤 요인들이 체육교사로의 사회화를 촉진시키게 되는지 또한 그러한 사실들과 초임교사들의 교직관 형성과 사명감과의 관계에 어떤 영향을 미치는지 심층적으로 살펴보고자 하는 것이 본 절의 목적이다.

① 권영찬 교사

권영찬 교사가 체육교육과에 입학하게 된 계기와 체육교사를 지원하게 된 동기는 본 연구에 참여한 다른 연구 대상자와는 조금 차이가 있다.

그는 중·고 시절 운동에 별로 관심이 없었다. 심지어 그는 체육 수업시간에 주변인 학생과 바꾸어 체육수업을 나가지 않을 정도로 체육시간을 싫어했다. 그가 체육수업을 싫어했던 이유는 수업임에도 불구하고 별로 배운 것도 없고 자신이 싫어하는 축구를 주로 했기 때문에 체육수업에 나갈 이유가 없었고 의미를 못 느꼈기 때문이다. 그럼에도 불구하고 그가 대학을 체육과로 지원하게 된 까닭은 대학 입시에 한 번 실패하고 재수하던 시절에 우연히 알게 된 선배의 영향으로 체육과 진학에의 목표를 세울 수 있었다. 그 때의 상황을 권 교사는 다음과 같이 회상하고 있다.

> "첫 번째 대학 입시에서 실패를 하고 그래도 대학은 가야겠다고 마음먹고 재수를 결심했죠. 근데 그때 겨울방학 때던가? 성대에 아는 선배가 한 사람 있었어요. 그 선배는 S대 체육과 대학원엘 다니고 있었는데 그 선배가 학교로 한번 찾아오라고 하더라고요. 그래서 갔었는데 그때 그 선배가 하얀 가운을 입고 실험을 하고 있더라고요. 그런데 그 모습이 참 멋있고 좋아 보였어요. 그 선배가 자기 실험에 필요하다고 도와달라고 해서 시키는 대로 따라하고 실험 대상이 되어 주었죠. 실험이 끝나고 수고했다며 밥 사주는 자리에서 체육과의 앞으로의 전망과 미래에 대해 많은 말을 해 주었어요. 그 말을 듣고 '아! 바로 이거야' 하는 결정을 그때 하게 되었죠."
>
> 〈2001. 5. 24. 권 교사〉

그가 S대 체육교육과를 지원하게 된 것은 사실 체육교사가 되기보다는 체육 분야가 그 당시 그가 생각하기에 아직 미개척 분야처럼 느껴졌고, 앞으로 할 일이 많을 것 같아서였다. 그러나 막상 그러한 기대를 안고 시작한 대학 생활은 그가 생각한 것과는 많은 차이가 있었다. 그가 바라본 S대 사범대 체육교육과의 교육과정은 체육학의 학문적 비전을 제시하지도, 그렇다고 사범대학으로서 교사양성을 충실히 하지도 못하는 절름발이식 교육과정이었다. 그래서 그는 대학 진학 이후 뚜렷한 목표의식 없이 대학 생활을 허송세월하게 되었다. 그런 그가 교직을 선택하게 된 결정적인 이유는 3학년을 마치고 군대를 갔다 오고 난 후 결혼을 하면서 자신의 미래에 대한 현실적인 걱정이 앞섰기 때문이었다. 그의 아내는 같은 대학 같은 과 동기동창으로 이미 대학을 졸업하고 임용고사에 합격해서 체육교사로 재직하고 있었다. 그런 반면 자신은 4학년에 복학해서 학생의 신분으로 아내에게 용돈을 타서 쓰는 염치없는 남편이었던 것이다. 퇴근 후에 돌아온 아내는 학교에 대한 얘기, 학생들에 대한 얘기로 대화의 많은 부분을 채웠고, 자신은 관심이 없지만 아내의 얘기에 귀 기울이지 않을 수 없어서 마지못해 듣다 보니 어떨 땐 그만했으면 하는 마음까지도 생겼다. 그 당시 그는 자신의 진로에 대해 심각하게 고민하고 있었는데 사실 교사가 되고 싶다는 마음은 그때까지 추호도 없었지만 아내와의 원활한 대화와 가정의 평화를 위해 자신도 교사를 선택하는 것이 좋을 것 같다는 생각을 그때서야 하게 되었다.

교사가 되겠다는 마음을 굳힌 후 그는 교육실습에 열심히 참가해서 비로소 교사가 되는 것이 무엇인지의 매력을 다소나마 느끼게 되었고, 그 후 남은 기간 동안 임용고사 준비 모임에 열심히 참여하고 공부한 끝에 교사가 되었다. 그는 원래 교사가 되고 싶은 생각이 크게 없었기 때문에 현재 교직에 대해서도 크게 애착을 느끼지 못한다고 솔직히 고백했다. 그는 교직을 평생 직업으로 생각하기보다는 자신의 미래 설계를 위해 잠시 머물다 갈 직업으로 생각하고 있으며, 자신이 생각하고 있는 어느 정도(?)의 준비가 되면 교직을 미련 없이 떠날 생각까지 갖고 있다. 현재 그는 미래에의 준비를 위해 교직과 함께 부업을 병행하고 있다.

권 교사가 이직을 꿈꾸는 데에는 체육교사에 대한 사회의 부정적인 인식과 그리고 교사에 대한 낮은 사회·경제적 지위가 큰 영향을 미친 것으로 나타난다. 또한 그는 동료 선배교사들의 모습 속에서 자신도 저

나이가 되면 저런 모습이겠지라는 생각에 불안감을 느끼고 있다. 그는 중년의 나이에 학교에서 아이들과 씨름하며 검게 그을린 거친 피부와 체육복 차림의 초라한 모습으로 비춰지는 동료 선배교사의 모습 속에서 자신의 미래의 모습을 걱정하고 있고, 그 결과 체육교사는 젊고 힘이 있을 때 잠시 머무는 직업일 뿐 어느 정도 나이가 들면 초라한 모습을 보이지 않고 언제든 그만둘 수 있다는 생각을 갖게 된 것이다.

면담의 전 과정과 수업관찰을 통해 권 교사에 대해 연구자가 느꼈던 점은 권 교사가 매우 솔직한 성격의 소유자이며, 자신이 생각하는 것이 옳다고 확신하는 듯 자신감이 넘친다는 점이다. 체육교사로서의 자신의 능력을 스스로 과신하고 있지만 자신의 길은 이 길이 아니며, 언젠가는 떠날 거라는 생각에 현재 자신의 열정을 100% 발휘하지 않고, 그 시간에 그는 자신의 또 다른 미래를 준비하고 있다.

② 김미란 교사

어린 시절 운동을 무척 좋아했고, 체육 선생님들로부터 운동에 소질이 있다는 소리를 들으며 학창시절을 보냈던 김 교사는 단지 운동이 좋아서 체육과 진학을 결심하게 된다. 김 교사가 구체적으로 체육과 진학을 결심하게 된 것은 고2 때였는데 그때부터 김 교사는 체대 입시 전문 학원에 다니며 기초 체력을 배우기 시작했고, 본격적으로 대학 입학을 준비하기 위해 운동을 시작한 것은 J여고 3학년 1학기 때부터이다. 그러나 열심히 운동하고 공부했으나 성적이 그리 우수한 편이 아니라 원래 본인이 희망하던 대학에 시험을 봤다가 모두 탈락하는 고배를 마신 뒤 어쩔 수 없이 재수하지 않고 D 전문대 사회체육과에 지원하여 합격하게 된다.

김 교사는 전문대에 다니면서 전문대생이라는 열등감과 그리고 전문대 재학 시절 사회체육 센터에서의 자원봉사 활동을 하면서 사회체육

지도자들의 안정적이지 못한 지위 등에 불안감을 느껴 4년제 정규대학
에의 편입을 마음먹게 된다. 편입을 준비하면서 이왕이면 안정된 직업
인 체육교사를 할 수 있는 자격증이 주어지는 사범대를 지원해야겠다
는 생각을 이때 하게 되는데, 4년제 사범대 체육과 중에서도 임용고사
합격 비율이 높다고 알려진 사립대학인 K대 사범대를 목표로 편입 시
험을 준비하게 된다. 나름대로 열심히 공부하고 운도 따라서 실패 없이
편입 시험에 합격하게 되고, 4년제 대학 편입 후 이수해야 할 학점들
을 좋은 성적으로 이수하여 졸업 시에는 과 수석으로 졸업한다. 그리고
졸업과 동시에 그해 치러진 임용고사에도 합격하여 자신이 원하던 교
사가 되었다. 김 교사가 체육교사가 되기를 희망했던 첫 번째 이유는
아이들을 좋아해서였고, 두 번째 이유는 여자로서 교사처럼 안정된 직
업도 없다는 생각에서이다.

③ 박용훈 교사

박용훈 교사가 원래 희망했던 대학 진로는 체육과가 아니라 국문과
였다. 그는 글쓰기에 취미와 소질이 있고, 또한 조금은 내성적이며 섬
세한 감성을 가진 자신의 성격상 적성에 맞을 것 같아 Y대 국문과를
지원했던 것이다. 그러나 안타깝게도 그는 그해 입시에 실패했고, 많은
좌절과 허탈감 속에 한동안 빠져 마음고생을 겪게 된다. 한 번 실패
후 재수하여 또다시 Y대 국문과에 두 번째 도전을 했다. 그러나 결과
는 또 실패였다. 두 번의 실패 후 다시 삼수를 마음먹게 되면서 박 교
사는 공부에 너무 지쳤고 다시 하고 싶은 엄두도 나지 않아 자신이 가
고 싶었던 Y대 국문과를 결국 포기하고 대신 자신이 평상시 좋아하던
운동을 할 수 있는 S대 체육교육과로 대학 진학을 결정하게 된다. 그때
의 심정을 박 교사는 다음과 같이 표현하고 있다.

"제가 체육과를 지원하게 된 것은 어느 누구의 권유도 아닌 제 스스로의 결
정이었어요. 계속해서 제가 하고 싶은 것을 하고자 하는 마음도 있었지만 도피
하고 싶은 마음도 있었어요. 공부하는 데 너무 지쳤다고나 할까요. 공부만 쭉
해 왔는데 경쟁에서 지니까 자신이 없어지더라고요. 그리고 곰곰이 다시 생
각해 보니까 체육과에 오게 되면 제가 좋아하는 운동도 할 수 있고 무엇보다도
공부를 좀 덜 해도 되잖아요. 운동을 하면서 공부를 함께 병행할 수도 있을 것
같고……그리고 일단 들어와서 공부 열심히 해서 대학 교수를 하겠다는 생각
으로 체육과 진학을 결심하게 되었죠."

〈2001. 5. 11. 박 교사〉

이런 연유로 체육과 진학을 결심하게 되고, 그때부터 박 교사는 새
로운 희망을 위해 열심히 운동과 공부에 전념하게 된다.

사실 그는 사범대 체육교육과를 선택하면서도 사범대가 교사가 되기
위해 거쳐야 하는 대학인지도 몰랐다. 그리고 대학 진학 후 2년이 지
난 후에도 여전히 그는 교사가 되겠다는 생각은 꿈도 꾸질 않았다. 하
지만 그런 그에게 교사로서의 직업에 눈을 뜨게 해 준 것은 다름 아닌
여자친구였다. 대학 2학년 2학기 때 군대를 가서 군복무 중 당시 초등
학교 교사였던 여자친구를 사귀게 되면서부터 박 교사는 교사라는 직
업에 대해 생각해 보게 되고, 여자친구의 적극적인 권유로 그는 복학을
하면 교사 임용고사를 준비하겠다는 결심을 그때 갖게 된다. 그가 교사
가 되겠다는 결심을 굳히게 된 결정적인 이유는 여자친구와 결혼해 부
부교사로 살게 되면 경제적으로도 크게 구애받지 않고 시간적 여유도
가질 수 있는 현실적인 이유가 가장 컸기 때문이다. 이리하여 교사가
되겠다고 결심을 굳힌 그는 군 제대 후 2학년 2학기에 복학하여 그때
부터 교사가 되기 위한 준비를 하기 시작한다.

④ 최경숙 교사

초등학교 시절 육상선수 경력이 있는 최경숙 교사도 원래 체육을 좋아하긴 했지만 최 교사가 더욱 원했던 전공은 사실 체육보다는 미술이다. 최 교사가 진로 선택을 위해 고민할 당시 최 교사의 친오빠가 미대에 재학 중이었는데 오히려 오빠가 미대에 다님으로 인해 최 교사의 미대 진학에 대한 희망은 부모님과 오빠의 만류로 인해 좌절되고 만다.

대학 진학 결정에 대한 선택이 현실적으로 다가온 고2 여름방학을 맞아 자신이 잘할 수 있는 또 다른 분야인 체육과 진학에 대해 담당 체육 선생님을 찾아가 체육과 진학에 대한 선생님의 의견을 여쭤 보았다. 그러자 선뜻 체육 선생님께서는 적극적으로 체육과 진학을 권유하였고, 그때부터 체대 입학을 목표로 방과 후에 체육 선생님의 지도하에 소위 말하는 체대 입시반에 들어가게 된다.

최 교사는 본래 여대인 E대 체육과를 지원하고 싶었으나 체육 선생님은 최 교사의 운동 능력과 스타일이 여대보다는 남녀공학이 어울린다고 권유하였고, 결국 최 교사는 체육 선생님의 권유에 따라 K대 사범대 체육교육과를 지원하고 합격하게 된다. 당시의 상황을 최 교사는 다음과 같이 말하고 있다.

> "그때 선생님께서 K대는 사범대니까 선생님을 하는 게 좋다고 그런 말씀을 많이 해 주셨어요. 그때 저는 대학에 가는 게 중요했지 사범대인지 아닌지는 사실 중요하지 않았거든요. 그러니까 그때 그 선생님의 영향으로 K대학을 결정하게 되었어요. 즉 선생님이 되기 위해서 K대학을 선택한 게 아니라 선생님이 정해 주신 학교가 사범대학이니까 선생님이 돼야겠다는 생각이 들었었어요."
>
> 〈2001. 5. 30. 최 교사〉

최 교사도 교사가 되어야겠다는 뚜렷한 자신의 소신을 바탕으로 사

범대에 진학한 것은 아니다. 그녀는 고등학교 때 체육 선생님의 진로지
도의 영향으로 사범대에 입학했고, '사범대학은 교사가 될 수 있는 과'
라는 정도의 막연한 생각만 가지고 대학에 진학하게 된다. 대학 입학
후 사범대학이 교사를 양성하는 대학이라는 사실을 오랜 시간 동안 인
식하지 못했고, 자신의 진로에 대해 마땅히 무엇을 어떻게 해야 할지에
대한 진지한 고민 없이 주어진 교육과정에 충실하며 그럭저럭 대학시
절을 보낸다. 그러던 그녀가 교사가 되어야겠다는 마음을 먹게 된 계기
는 대학 3학년 때 에어로빅 지도자 자격증을 획득하면서부터이다. 자격
증을 취득한 후 아르바이트로 에어로빅 지도를 하면서 자신이 가르치
는 직업에 대해 소질이 있구나 하는 점을 알게 된다. 특히 사람들 앞에
서도 주눅들거나 긴장하지 않고 대범해지며, 오히려 많은 사람들 앞에 서
면 힘이 난다는 사실과 자신의 성격상 교사가 적성에 맞을 것 같다는 판
단을 하면서 교사가 되겠다는 마음을 그때 굳히게 된다.

면담 내내 최 교사로부터 느낄 수 있었던 점은 자기 자신에 대한 확
신과 자신감이 넘치고 매우 적극적인 성격의 소유자라는 것이다. 교직
지원의 계기에 대해 최 교사와 나눈 면담 내용은 다음과 같다.

> "에어로빅 강사도 가르치는 직업이잖아요. 제가 3학년 때부터 에어로빅 강
> 사를 했었거든요. 에어로빅 강사 하면서 가르치는 게 적성에 맞구나 하는 것을
> 알았고요. 그리고 더 발전해서 교사가 되겠다는 생각을 결정적으로 굳힐 수 있
> 었던 것은 교육실습 나가서 내가 아이들을 사로잡을 수 있는, 그리고 재미있게
> 수업을 할 수 있는 능력이 있구나 하는 것을 알 수 있게 되었어요. 그래서 교
> 생 때 정말 교사가 되어야겠구나 그 생각 많이 했어요."
>
> 〈2001. 5. 30. 최 교사〉

이상 4명의 교사들의 대학 진학과 교직 선택의 동기에 대한 결과를
살펴보면 개인별로 차이가 나타나지만 공통적으로 나타나는 체육과에
진학하게 된 계기는 교사가 되기 위해서라기보다는 대학 진학을 위한

수단, 성적에 맞춰 과 선택하기, 운동을 좋아해서, 실패 후 도피처로……등의 경향을 보이고 있다. 이러한 사실로 미루어 볼 때 대학 진학 이전에 교사가 되겠다는 뚜렷한 목표의식을 가지고 사범대학에 들어온 사람은 한 사람도 없다고 결론지을 수 있다.

또한 교직 선택의 이유도 대부분의 연구 참여 교사들이 대학 진학 이후에 졸업 후 자신의 진로에 대한 불투명한 전망이 현실적으로 다가왔기 때문에 안정적인 직업으로서 교사를 택했다고 해석할 수 있다. 따라서 교사가 되겠다는 뚜렷한 소신과 의식 없이 대학 진학이 이루어졌고, 교직 선택 역시 그렇다고 볼 수 있다. 이러한 결과로 미루어 볼 때 이 시기에 구체적인 교육관과 교사로서의 의식이 형성되었다고 볼 수 없다.

이상과 같은 결과는 사범대학이 원래 설립 목적으로 삼고 있는 교사가 되기를 희망하는 우수한 인재를 확보하고 양성한다는 취지에 근본적으로 위배된다고 볼 수 있다.

1991년 이후 정착된 교사 임용고사 실시 이후로 사범대학의 존립 근거가 희미해지고 사범대학에 진학하려는 우수한 인재를 확보할 수 있는 통로가 차단되었다. 이로 인해 교사가 되겠다는 뚜렷한 사명감과 책임의식을 가진 우수한 교사후보생들의 사범대 지원을 차단하는 결과를 낳고 있다.

교육의 질은 교사의 질을 능가할 수 없다. 따라서 대학 진학에 따른 진로지도에서부터 사범대학이 교사를 양성하는 대학이며, 교사가 되겠다는 희망과 사명감, 책임감을 지닌 교사후보생들이 스스로의 선택하에 대학 진학을 생각해 보고 스스로 결정할 수 있게끔 고등학교 시절부터 확실한 진로지도가 뒷받침이 되어야 할 것이다. 또한 백년대계인 우리 교육의 미래를 생각한다면 사범대학은 교사로서의 사명의식과 목표의식을 가진 예비교사를 확보할 수 있는 체제를 확립하여 우수교사로서의 자질을 겸비한 인재들을 선발할 수 있는 선발 체계를 마련해야 할 것이다.

3) 직전 교사교육 프로그램의 영향

네 명의 교사들은 모두 사범대 체육교육과를 졸업하였다. 이들이 사범대를 지원하게 된 동기는 교사가 되겠다는 명확한 목표의식보다는 대학 진학이라는 급박한 상황과 현실적 이유가 지배적이었다고 볼 수 있다. 그러나 대학에 입학한 후 교사를 양성하는 사범대학의 교육과정이 교사로서의 역할 인식에 과연 어떤 영향을 주었는지 그들이 느끼는 대학의 교사교육 프로그램과 아울러 교육실습의 의미에 대해 살펴보고자 한다.

① 대학의 교육과정

사범대의 교육과정은 각 교사들의 출신 대학별로 약간의 차이가 있지만 일반적으로 교양, 전공(이론 교과, 실기 교과), 교직과목으로 크게 분화되어 있다. 각 영역별로 반드시 이수해야 하는 필수과목을 수강해야 하고, 대학에서 요구하는 총 이수학점을 반드시 취득해야만 졸업을 할 수 있다.

네 명의 교사들의 대학시절의 교육과정 편람을 살펴본 결과, 전공 활동 과목은 수영, 육상, 체조, 투기종목, 라켓스포츠, 스케이팅, 축구, 배구, 농구, 핸드볼 등의 스포츠 종목들을 수강할 수 있었고, 체육이론 과목으로 체육원리, 운동심리학, 체육교육 과정, 운동생리학, 역학, 체육 지도 방법론, 트레이닝론, 체육측정평가, 운동역학, 스포츠 사회학, 스포츠 의학 등의 강좌들이 있었다. 그리고 끝으로 교육학 관련 과목으로는 교육학 개론, 교육심리학, 학교와 사회, 교육사상사, 교육사회학 원론, 교육심리학원론, 교육과정원론, 교육행정학원론, 생활 지도의 이론과 실제, 교육평가의 이론과 실제, 교육공학의 이론과 실제, 교육실습 등의 과목들을 수강할 수 있었다.

네 명의 교사들 중 세 명의 교사들이 대학 입학 전까지 뚜렷하게 교사가 되겠다는 생각도 없었고, 대학에 진학한 후에도 자신의 진로에 대한 진지한 고민이 있기 전까지는 교직과 교사에 대해 크게 생각해 본 적이 없었던 것으로 나타난다. 그러나 대학에서 제공하는 교직 관련 과목들을 수강하게 되면서 교직이란 어떤 것이며 교사가 되면 어떨까?라는 생각을 막연하게 가져볼 수 있는 기회는 있었던 것으로 참여 교사들은 기억하고 있다. 그중에서도 최 교사는 대학 교사교육 프로그램의 영향에 대해 다음과 같이 말하고 있다.

> "사실 체육교사가 꼭 되어야겠다는 생각은 없었지만 체육교육 과정이나 체육지도법 같은 과목들을 배우면서 아! 내가 체육교사로 나가게 되면 어떻게 가르쳐야겠구나 하는 상상은 했던 것 같아요. 하지만 그 당시에는 학교 현장이 어떨 것인지에 대한 현실적인 감각이 없었고, 제가 중·고등학교 시절 배웠던 체육 수업시간과 비교하면서 나는 어떻게 해야 할까 한번 생각해 봤던 적은 있었어요. 하지만 그때까지 교사가 되겠다는 생각을 결정하기 전이어서 진지하게 고민하면서 듣지는 않았어요."
>
> 〈2001. 5. 30. 최 교사〉

그러나 참여 교사들 중에서 비교적 교사가 되겠다는 결심을 일찍 굳히고 난 후 교직과목을 들었던 박 교사의 경우는 교사가 되겠다는 결정을 한 후 교육학 과목을 들을 때의 자세가 다른 교사들과는 차이를 보이고 있다.

> "교육심리 수업을 들을 때였는데 그때 인지발달 이론을 배웠는데요. 몇 세에서 몇 세까지는 이렇구나, 중학교 시기에는 이렇구나 하는 것을 교수님께 듣게 되었어요. 그때 제 생각에 나는 중학교로 나갈 거니까 그 아이들을 이해하려면 이걸 잘 배워둬야겠구나 하면서 고개를 끄덕였죠. 교육사회학 배우면서도 학교

풍토에 대해 나오는데 아! 이런 부분이 있구나. 학교 풍토가 교사에게 미치는 영향이 많구나. 이런 걸 깨달으면서 아! 내가 학교에 나가면 이런 부분을 알고 있어야겠구나 생각했었죠."

〈2001. 5. 11. 박 교사〉

이 밖에도 4명의 교사 모두 대학시절 체육교육 과정이론, 지도 방법론, 그리고 기타 교육학 이론 강좌를 통해서 교육이란 무엇인지에 대해 생각해 볼 수 있는 기회는 가졌지만 뚜렷한 교육철학과 교수관 정립에는 크게 도움이 되지는 못했다고 밝히고 있다. 또한 권 교사는 대부분의 강의들이 너무 이론 지향적이라 현실과 동떨어지고 미국식 교육을 우리나라의 현실을 무시한 채 그대로 적용하려는 면이 많아서 별로 유용하지 못했다고 지적한다.

"사실 강의 내용들이 너무 이론적이고 학문적인 냄새가 많이 나서 그것을 학교 현장에 적용시키는 데는 어려움이 많을 것 같다는 생각을 강의들을 들으면서 많이 느꼈었어요. 그리고 대부분의 교수님들이 미국 유학 갔다 오신 분들이 많아서 툭하면 미국 얘기만 하시는데 그런 말씀을 하시면 저는 내심 속으로 교수님이 말씀하시는 것은 우리나라 실정에서는 '뜬구름 잡는 얘기'라는 생각을 참 많이 했어요."

〈2001. 5. 24. 권 교사〉

실기 과목의 경우는 4명의 초임교사들 모두 중·고등학교 시절 자신이 한 번도 접해 보지 못했던 여러 가지 다양한 실기 종목을 배울 수 있어서 좋았다고 말했다. 그리고 자신이 열심히 해서 익숙해진 종목은 학생들의 실제 지도에 있어서 많은 자신감을 갖게 해 주었다고 응답하였다. 그러나 실기 과목에 있어서도 몇 가지 아쉬움을 지적하였다.

"지금 현장에 나와서 보니 내가 종목을 잘해서 시범을 보이는 것보다는 아이들을 어떤 방법으로 체계적으로 지도해야 할지에 대한 실기 지도법에 대해서 충분히 못 배웠던 것이 참 아쉬워요. 그때 제가 배울 때는 제가 초보자가 되어서 배우기에 급급했지 앞으로 교사가 되어서 아이들을 어떻게 지도해야겠다는 생각은 못 했었고, 그런 걸 지도하시는 교수님조차도 일깨워 주지 않으셨던 것 같아요."

〈2001. 5. 16. 김 교사〉

"학교에 발령을 받아서 나갔는데 가르쳐야 할 대상이 여학생들이라 내가 대학에서 배웠던 농구니, 체조니, 육상이니, 축구니 등과 같이 기술적으로 어려웠던 스포츠 종목들을 아이들에게 가르치고 싶어도 아이들이 잘 따라오지 못하더라고요. 그런데 여기 와서 처음 연수받을 때 음악 줄넘기 연수를 받았어요. 그걸 받고 나서 애들에게 가르쳤더니 애들이 되게 재밌어 하더라고요. 그런데 대부분의 체육 선생님들이 체육수업을 재미있게 못 가르치는 이유가 대학에서 늘 배운 것이 농구니 축구니 체조 같은 정형화된 스포츠 종목만 배우다 보니 내용들이 항상 스포츠 종목 중심으로 고정화될 수밖에 없겠다는 생각이 들더라고요. 그래서 제가 생각한 건데 대학에서 스포츠 중심으로 가르치기보다는 애들 수준에 맞도록 스포츠를 변형하고 응용하여 수업할 수 있는 여러 가지 방법들과 다양한 프로그램을 가르쳐 줬었다면 많이 도움이 되겠다고 생각했어요.

〈2001. 5. 24. 권 교사〉

이 밖에도 4명의 교사들은 대학 재학 당시에는 느끼지 못했으나 현장에 부임하여 현실과 부딪히면서 대학 교사교육에서 채워 주지 못했던 부분들에 대해 많은 아쉬움을 가지고 있다. 특히 교사교육 과정 중 자신의 교직관을 확고히 세울 수 있는 강의나 기회가 별로 주어지지 않았기 때문에 현장에서 고민하게 되는 경우가 많다고 덧붙였다. 따라서 교육에 대한 교사로서의 교직관과 소신을 철학적으로 고민해 볼 수 있는 강좌가 무엇보다도 필요하다고 지적하는 교사도 있다.

"사실 대학 다닐 때는 제가 꼭 교사가 되어야겠다는 생각을 심각하게 생각해 본 적이 없었어요. 제 주변의 친구들도 그랬고요. 그리고 사실 저희 대학 교육과정을 보면 사범대 프로그램이라기보다는 체육학 학문을 가르치는 곳이라는 인상이 더 크거든요. 그런데 명색이 사범대라면 교사가 되고 싶은 사람들이 와야 하고 그리고 교사가 되기 위해서 많은 고민들을 서로 공유하게 해야 할 것 같아요. 저도 별 생각 없이 교직을 선택했는데 현장에 와서 부딪혀 보니 교육철학이나 소신이 굉장히 중요하더라고요. 그런데 저는 대학 다닐 때 그런 걸로 한 번도 고민해 본적이 없었는데 지금 닥쳐서 고민하다 보니 혼란을 느낄 때가 많아요."

〈2001. 5. 30. 최 교사〉

그리고 대다수의 교사들이 현장에서 부딪히며 대학에서 미리 가르쳐 주었더라면 하고 바라는 프로그램으로는 소규모 그룹 티칭을 통한 지도 방법 습득 위주의 실기수업, 교과서 직접 작성해 보기, 이론수업지도, 학생들의 동기를 유발할 수 있는 다양한 체육수업 모형, 학생 상담, 체육대회 계획과 실제에 관한 내용, 등과 같이 현장에서 실질적으로 활용할 수 있는 현실적인 프로그램들이 교사교육 프로그램에 있어서 꼭 필요하다고 이구동성으로 말한다.

대학의 교사교육 프로그램은 예비교사들이 학교에 나가기 전에 어느 정도의 교육철학과 소신을 가지고 교직관을 정립해 나가도록 도움을 줄 수 있어야 할 뿐만 아니라 교직에 필요한 지식, 기술 태도를 훈련시킬 적절한 프로그램들을 제공하여 교사들이 현장에 나가서 별 어려움 없이 자신이 맡은 임무에 충실할 수 있도록 준비시켜야 할 책임이 있다.

이미 여러 연구자들에 의해 지적되었듯이 교사양성 교육기관에서 실시되고 있는 전공학, 교직학(교육학 관련 교과목들)에서 제공된 공식적 지식의 교사 발달 및 사회화에 대한 영향력에 관하여 볼 때 그 가운데에서 교수방법론과 교과지식은 직전 과정의 초기 단계에서조차 교사후보자들의 행동에 대하여 별다른 영향력을 발휘하지 못한다고 시사되고 있다(Hodges, 1982; Grant, 1981; Katz & Raths, 1982). 또한 대학을 갓 졸업한 초임교사들을 대상으로 하여 관찰하여 보았을 때에 교사양성기관에서의 영향으로 인하여 초임교사들은 가르치고 있는 학과목의 공식적 지식 자체에 대하여 어느 정도 정통하고 있다고 볼 수 있겠지만, 실제 수업지도 기술은 제대로 준비되어 있지 않은 것으로 판단되고 있다. 왜냐하면, 교직과목에서 취급해 온 내용들이 교육 실제에 활용할 수 있는 것보다는 교육현상을 이해하기 위한 교육학의 학문적 성격 때문이라는 것이다(최상근, 1992).

본 연구에서도 참여자들은 자신이 졸업한 출신 대학의 교사교육에 대해 부정적인 시각을 드러내고 있다. 그중에서도 특히 교사로서의 교직관과 철학을 정립하도록 도움을 주는 프로그램들이 너무 부족했다고 인식하고 있다. 물론 체육교육 과정과 지도법 그리고 교육학 이론수업들이 어느 정도 교사로서의 교직관 형성에 영향을 주었다는 점을 인정하지 않는 것은 아니지만 좀더 교사로서 확고한 신념과 교직관을 가지도록 고민해 볼 수 있는 강좌들이 신설되어야 한다는 생각들을 갖고 있다. 그리고 학교에서 꼭 필요한 실제적인 지식보다는 학문적이며 이론적인 내용에 치우쳐 있는 대학 교육과정의 허상을 지적하며, 자신들에게 정말 필요한 것은 현장에서 실제적으로 겪고 있는 여러 가지 문제들을 해결해 나가는 데 도움이 되는 현실적인 프로그램들과 실제적인 지식들이며, 이런 것들을 대학에서 가르쳐야 한다고 말하고 있다.

이러한 연구의 결과들은 앞으로의 교사양성기관에서 교사교육을 위해 필요한 프로그램 개발에 큰 시사점을 제공하리라 생각한다.

② 교육실습

4명의 교사들에게 교육실습이 주는 영향과 의미는 제각기 다르다. 특히 4명의 교사들 중 국립 S대 출신의 권 교사와 박 교사의 교생실습과 사립대 사범대 출신인 김 교사와 최 교사의 경우가 너무 극명한 대조를 보이고 있어서 그 차이점을 중심으로 교생실습의 영향에 대해 살펴보고 교생실습이 참여 교사들에게 준 영향과 이를 통해 얻게 된 시사점에 대해 논의해 볼까 한다.

권 교사와 박 교사의 경우 교생실습에 대해 매우 긍정적인 영향을 받았다고 말한다. 두 교사는 공교롭게도 같은 학교 그리고 같은 지도교사 밑에서 교생실습을 받았다. 권 교사와 박 교사의 대학은 교생실습 대상자들이 대학의 병설학교인 세 개의 중·고등학교로 분산 교육되었다. 교생실습은 1주일간의 초등학교에서의 실습과 중·고등학교에서의 4주에 걸친 실습으로 구성되어 있었다.

권 교사와 박 교사가 교생실습을 나간 곳은 S대 사범대 부속 여자중학교인데 자신들을 지도하게 된 지도교사의 도움으로 교과를 가르치는 일에 있어서 소중한 경험들을 체험하였고, 그를 통해 체육교사가 되어서 잘할 수 있다는 자신감을 얻게 되었다.

실습 첫 주의 3일 동안은 교장 선생님 및 교사들과의 만남과 학교의 전반적인 행정과 정책, 학교의 물리적 여건, 가르친다는 것이 무엇인지에 대한 전반적인 소개 및 교육을 받았고, 첫 주의 나머지 기간 동안은 체육교사들의 실제 수업을 관찰하였다. 그리고 나머지 3주 동안은 최소한 8시간 이상의 실제 수업을 철저한 계획과 준비 아래 직접 해볼 수 있었다. 교육실습에 대한 기억을 박 교사는 다음과 같이 말하고 있다.

"저는 사대 부여중에 나갔는데 교생을 위한 프로그램이 너무 잘되어 있었어요. 그래서 그때 배운 게 많은 도움이 됐어요. 저를 지도해 주신 선생님께서는 참 꼼꼼하게 잘 지도해 주신 것 같아요. 수업하기 하루 전까지 지도안 짜 가지고 가면 일일이 다 보시고 빨간 펜으로 체크해 주셨고. 수업이 끝나면 제 수업 보신 거 느낌이나 잘못된 점을 일일이 기록해 두셨다가 끝나자마자 바로바로

지적해 주셨어요. 그때 그 선생님 밑에 저 말고도 3명의 교생이 있었는데 수
업이 끝나면 지도교사와 교생들이 함께 모여서 그 수업에 대해서 집중적으로
토론을 했었어요. 그래서 그때 참 많은 걸 배웠죠."

〈2001. 5.30. 박 교사〉

같은 지도교사 밑에서 교육실습을 했던 권 교사도 박 교사와 같이
자신의 교육실습에 대해 매우 만족스러움을 나타내었다. 특히 아이들을
직접 지도하면서 자신이 교직에 적성이 맞고, 소질도 있음을 발견하게
되어서 어렴풋하던 교직 선택에의 결정을 확실히 하는 계기와 자신감
을 갖게 되는 계기가 되었다고 말하고 있다.

"저는 사실 교사가 되겠다는 생각을 결혼하고 나서 와이프 때문에 해야 되
겠다고 생각했지 제가 정말 교사가 되고 싶어서 해야겠다는 생각을 별로 하지
않았거든요. 그런데 교육실습 나가서 내가 너무 잘하는 거예요. 그리고 지도교
사도 마구 칭찬하는 거예요. 그래서 제가 대표수업도 했잖아요. 그러고 나니까
자신감도 생기고 아! 이거, 해야 되겠구나 결정하게 되었어요."

〈2001. 5.24. 권 교사〉

이렇듯 박 교사와 권 교사에게 교육실습은 가르치는 일에 대해서 다
양한 시도를 해 볼 수 있는 기회였고, 그리고 자신들이 시도한 수업에
대해 직접적이고 세부적인 체계적인 지도를 받을 수 있는 내실 있는
프로그램이었다. 그리고 두 사람에게 있어서 교육실습은 자신감과 확신
을 느낄 수 있는 긍정적인 체험이었다. 이에 반해 김 교사와 최 교사
의 교육실습은 너무나 극명한 차이를 보여준다.

같은 사범대학의 교육실습이라도 사립대학에서의 교육실습은 국립대
학교의 그것과는 많은 차이를 보이고 있다. 사립대학에서의 교육실습은
교육실습학교가 항상 일정하게 지정되어 있는 것이 아니라 실습을 나
가려는 학생들이 자체적으로 실습학교를 정해 오던지 그것이 여의치

않을 경우 대학에서 섭외한 중·고등학교에 나가서 교육실습을 받을 수 있다.

최 교사의 경우 대학에서 지정해 준 학교에서 교육실습을 하였다. 그 학교는 공립중학교로 광진구에 위치한 남녀공학 학교였다. 실습학교에는 4명의 체육교사가 있었는데 부장 교사를 제외한 나머지 세 명의 체육교사가 세 명의 교생을 각자 한 명씩 맡아서 지도하였다. 최 교사를 지도한 교사는 2학년을 전담한 교사였다. 지도교사의 성격은 무뚝뚝하고 말이 없었고, 인상조차 늘 굳어 있어서 최 교사는 무서워서 말을 걸기조차 어려웠다. 실습 기간은 4주였는데 처음 한 주 동안은 지도교사의 수업을 관찰하기만 했고, 그 다음 3주 동안은 지도교사의 전 수업을 맡아서 하게 되었다. 그 당시 수업의 내용은 축구 단원이었는데 지도교사의 수업을 몇 번 관찰한 후 그대로 모방하는 수업을 하였다. 지도교사의 수업 내용은 주로 축구의 기초 기능을 가르치는 기능 위주의 수업이었고, 수업 방법 역시 크게 다양하지 못한 전통적인 방식의 수업이었다. 최 교사는 당시 자신이 하고 싶은 수업을 지도해 볼 엄두도 내지 못했고 당연히 지도교사가 하는 수업 방식 그대로 지도해야 된다는 생각을 가지고 있었다. 그리고 혹시나 자신의 수업이 지도교사가 아이들을 가르치는 틀을 흩으려놓지 않을까라는 걱정과 우려 때문에 가급적이면 지도교사의 수업 방식 그대로를 모방하는 데 최선을 다해 노력했다. 그리고 자신이 수업하는 것에 대해 지도교사는 매시간 나와서 참관하지 않았고, 어쩌다 한번 운동장에 슬쩍 나와 감시하듯 몇 번 살펴보고는 또다시 사라지곤 했다고 당시 상황을 말한다. 그리고 수업이 끝난 후에도 자신의 수업에 대해 지도교사의 조언을 기다리는 최 교사에게 그는 단지 '잘하고 있다'라는 말만 몇 번 하고 구체적이고 세세한 지적은 해 주질 않았다. 그리고 최 교사와 함께 교생실습을 나온 다른 동료교생들과의 교류의 기회도 극히 제한되어 있어서 수업에 대한 충분한 의사소통과 공조의 기회를 가질 수가 없었다. 이렇듯 최 교

사의 교육실습은 지도교사의 충분한 지도와 조언 그리고 동료교생들과
의 가르치는 것에 대한 고민과 생각의 공유 없이 자신이 잘하고 있는
건지 무엇을 어떻게 해야 되는 건지에 대한 소득과 확신을 얻지 못한
실속 없는 실습으로 기억되고 있다.

또한 김 교사의 경우도 최 교사의 경우와 크게 다르지 않다. 김 교
사는 자신의 친구가 섭외한 모 공립중학교로 교육실습을 나가게 되었
는데 지도교사의 성의 없는 지도로 역시 별 소득 없이 교육실습을 마
쳤다. 김 교사는 당시의 상황을 다음과 같이 말하고 있다.

> "저는 1주일 정도 지도교사의 수업을 참관한 후 나머지 3주 동안 그 선생님
> 수업을 제가 맡아서 했어요. 제가 한 수업은 구르기 수업하고 100m달리기 수
> 업이었어요. 매 시간 수업할 때마다 지도안을 짜긴 짰지만 지도교사 선생님께
> 서 꼼꼼하게 봐 주질 않았어요. 그리고 그 선생님의 태도가 저를 지도해 주겠
> 다는 생각보다는 자기 수업을 내가 맡아서 하는 동안 자기는 편하게 쉴 수 있
> 다고 가볍게 생각하시는 것 같았어요. 제가 수업할 때 그 선생님은 잘 나와 보
> 지도 않으셨고, 그냥 저하고 애들하고 운동장에 방치된다는 느낌을 받았어요."
>
> 〈2001. 5. 16. 김 교사〉

지도교사의 적절한 관심과 지도를 받지 못한 김 교사는 무엇을 어떻
게 가르칠 것인지에 대한 어려움을 통해 앞으로의 교직 선택에 대한
두려움을 느끼게 되었다. 그리고 교육실습이 계속되는 그 기간을 학점
을 따기 위한 통과의례로 생각하였다.

그러나 김 교사나 최 교사 모두 지도교사의 세세하고 체계적인 지도
를 통해 교과를 어떻게 가르칠 것인지에 대한 실제적인 도움을 얻진
못했지만 그 동안 막연하게나마 생각해 왔던 현장에 대한 현실감을 느
낄 수 있었던 점과 학생들과의 만남을 통해 자신들이 학생들과 호흡하
는 것이 즐겁다는 생각을 갖게 된 것이 교육실습을 통해 얻었던 소득
이라면 소득이라고 생각하였다.

교육실습에 대한 연구 대상자들의 공통적인 바람은 실습 기간이 지금보다는 더 늘어나야 하고, 실습을 나가는 시기도 현행처럼 대학 4학년 때보다는 그 이전에 나가서 그 현장 경험을 통해 얻은 교훈들이 이후의 교사교육 프로그램과 현장과 연계시켜 생각해 볼 수 있도록 시기를 앞당기는 것도 좋은 방법이 될 것이라고 교사들은 말한다. 그리고 교육실습을 통해서 제공되어야 할 내용으로 교과 내용도 중요하지만 담임으로서의 업무와 학교의 전반적인 업무에 관한 교육도 필요하다고 느끼고 있다.

교육실습은 교사교육을 받는 예비교사들이 대학에서 배운 지식과 이론을 교육 현장에서 실제적으로 체험해 보고 교육과 관련된 스스로의 이론적 깊이를 심화시키고 교직 업무 능력을 함양시키는 과정이다(조주연, 1995). 실제로 교사로 발령을 받아 첫해 동안 교직을 수행할 때 교육실습 시의 경험이 많은 도움이 되고 있음을 몇몇 연구들은 밝히고 있다(윤정숙, 1998; 천은숙, 1995). 위에서 살펴본 바에 의하면 교육실습 프로그램의 효율성은 무엇보다도 실습학교와 지도교사를 어떻게 선정하느냐에 따라 많은 영향을 받게 되는 것 같다. 따라서 실습학교 지도교사는 능력과 자질을 고려하여 선정되어야 하고 꾸준한 현직 연수가 뒤따라야 할 것이다. 특히 사립대학의 경우 대학 자체 내에서 교생들을 지도할 수 있는 부속학교를 확보하여 교생들이 직접 실습장소를 확보하려는 노력과 수고 없이 내실 있는 교생실습을 받을 수 있도록 여건을 조성해 주어야 할 것이다. 그리고 무엇보다 질적으로 우수한 지도를 해 줄 수 있는 자질과 역량을 갖춘 교사를 배치할 필요가 있다. 그리고 실습 기간 중 대학의 교사교육자와 현장의 교사교육자가 협력 체제를 구축하여 교생들의 지도에 공동의 책임을 느끼며, 예비교사들이 현장에서 필요한 지식과 기술, 태도를 연마해 나가도록 도움을 주어야 할 것이다.

지금까지 기술한 연구 참여 교사들의 교직 이전의 생애 역사에서 교

직 사회화에 영향을 미치고 있는 요소들을 간추려서 제시하면 <표Ⅲ-2>
와 같다.

<표 Ⅲ-2> 참여 교사들의 교직 이전 시기의 교사 사회화 영향 요인

구분	권 교사	김 교사	박 교사	최 교사
초·중·고 시절의 스포츠 경험	소극적 참여 부정적 영향	적극적 참여 긍정적 영향	적극적 참여 긍정적 영향	적극적 참여 긍정적 영향
대학 진학의 동기 교직 선택의 동기	선배의 영향 배우자의 권유	운동이 좋아서 아이들이 좋아서	운동을 잘해서 적성에 맞아서	삼수 후 도피처 여자친구의 권유
교사교육 프로그램의 영향	영향 못 받음	가르치는 방법에 대한 지식 습득 부족	너무 학문적이며 이론적	교직관 형성에 필요한 강좌 부족
현장 실습의 영향	수업기술 향상	영향 못 받음	자신감 획득	수업기술 향상

3. 학교 현장과 일

이 장에서는 초임교사들이 학교 현장에서 어떤 일과 역할들을 수행
하여 교사로서 필요한 지식, 태도, 가치를 습득하고, 교사로서 사회화되
어 가는지 수업, 학급 경영, 업무 분장, 인간관계를 중심으로 살펴보고
자 한다.

1) 수업: 시행착오와 실수의 과정

교사들에게 있어서 수업은 가장 주된 임무 중의 하나이다. 수업은
교사들이 가지고 있는 교육철학, 지도방법, 학생들을 대하는 태도 등이

반영되고 나타나는 거울이기도 하다. 초임교사들의 수업에 대한 관찰과 심층 면담을 통해 그들이 수업을 통해 추구하고자 하는 교육적 신념들과 부임 초기에서부터 현재까지의 수업의 변화 과정 및 초임교사로서 느끼는 수업에서 겪는 어려움 등을 기술해 보고자 한다.

① 권영찬 교사

권영찬 교사는 교직에 대한 뚜렷한 소신과 목표 없이 현실적인 이유로 교직을 선택하게 된 동기에 비해 막상 교직에 발을 들여놓고 보니 짐작과는 달리 학생들의 밝은 미래의 전망을 가꾸어 줄 수 있다는 매력을 느끼게 된 점이 변화라면 변화라고 생각하고 있다. 대학에 재학하고 있을 당시나 현재까지도 뚜렷한 교육관은 없으나 자신의 인생철학인 '자기 인생은 자신의 책임 아래 자신의 선택'이라는 주체적인 삶에의 철학을 학생들에게도 인식시켜 주고 싶다는 소망을 갖고 있다.

이러한 그의 교육관은 수업에도 반영되어 교사의 강요 없이 학생들 스스로의 필요에 의해 참여하는 체육수업이 진행되길 희망하고 있고, 체육수업이 학생들에게 창의적인 사고와 주체적인 삶을 살아가는 데 도움이 되는 수업이 되었으면 하는 바람도 갖고 있다.

그가 바람직하게 생각하는 체육수업 분위기는 교사의 권위에 의해 학생들이 수동적으로 끌려오는 수업보다는 학생들이 자율적이며 능동적으로 참여하여 주인이 되는 수업이다. 이런 수업을 위해 자신이 해야 할 역할에 대해서도 권위를 내세우는 엄격한 교사이기보다는 학생들에게 친근하고 다정하게 다가가 그들의 능력을 최대한 이끌어 낼 수 있는 교사를 이상적인 체육교사의 모습으로 인식하고 있다.

교육실습 때 수업에 대한 충분한 훈련과 대표교생으로 대표수업까지 해 본 경험이 있는 권 교사에게 있어서 수업은 그리 부담스러운 업무가 아니다. 부임 초기에는 1학년 8개 반을 전담하게 되어서 동료교사와 가르칠 내용과 평가 방법에 대한 충돌 없이 자신이 원하는 수업을 추진할 수 있어서 실험정신을 가지고 이것저것 다양한 시도들을 해 볼 수 있었다. 부임 초기에 그가 시도해 본 수업 중에서 가장 기억에 남는 수업의 형태는 게임위주의 수업모형이었다. 그는 스포츠의 룰을 여학생이 쉽게 습득할 수 있도록 난이도를 조절하여 게임으로 변형시킨 뒤 조를 나누어서 일정 기간 훈련시킨 후 학생들의 기능이 어느 정도 숙달되면 그때부터 게임위주의 수업을 진행해 나갔다. 실기 평가도 개인 점수와 팀 점수를 나눠 게임 시 개인의 득점과 팀 기여도 등을 평가 항목에 넣어서 별도의 개인별 기능 시험 없이 게임 속에서 학생들의 수행에 대한 실제적인 평가를 시도했었다. 이러한 게임위주의 수업을 실시하는 데는 계획 단계에서 많은 준비가 필요했고, 수업 중에도 학생들의 과다한 경쟁을 잘 중재하고 처리하는 데 교사의 노력과 역량이 필요했지만 그러한 노고에도 불구하고 여학생들이 적극적으로 참여하고 즐거움을 느끼는 것을 보고 큰 보람을 느꼈다.

하지만 올해 들어서는 작년처럼 이와 같은 방식의 수업을 진행하고 있지 못하고 있다. 그가 이처럼 애착을 느끼는 수업 방식이면서도 이런 형태의 수업을 진행하지 못하는 이유는 2개 학년을 걸쳐서 수업을 맡는 바람에 함께 동 학년을 담당하는 동료 체육교사와 수업 내용과 평가 방식에 대한 합의가 이루어지지 못했기 때문이다. 함께 수업에 들어가는 선배 동료교사는 기존의 평가 방식을 고집하기 때문에 권 교사가 제안하는 수업 내용과 평가 방법을 적용할 수 없었다. 따라서 자신의 의견을 관철시키지 못하고 선배 동료교사의 의견에 끌려가는 입장이라 이것이 올해 수업에 있어서 가장 힘들고 어려운 점이라고 그는 말하고 있다.

"내가 하고 싶은 것을 하지 못할 때 거기서 오는 스트레스가 엄청나요. 처음에는 내가 원하는 방향으로 끌고 가려고 강하게 주장해 봤지만 소용이 없더라고요. 그래서 그 선배교사가 하자는 대로 기존의 평가 방식이나 지도안을 따르게 된다니까요. 그 선배는 제 고등학교 1년 선배인데 열심히 하려고는 해요. 그런데 워낙 카리스마가 강해서 내 말이 먹혀들지 않아서 그래서 2학년 수업은 포기, 그냥 그쪽에 맞춰 주기로 했어요."

〈2001. 6. 18. 권 교사와의 면담 내용 중〉

체육수업의 경우 타 교과와 달리 교과서에 실려 있는 내용을 그대로 진도에 따라 가르치기가 힘든 교과이다. 따라서 대부분의 학교들이 학교의 시설과 여건에 맞춰 교육과정을 재구성하여 가르친다. 권 교사의 학교도 연초에 연간계획을 수립할 때 평가계획을 수립하며, 이 평가계획에 의해 수업의 내용을 어느 정도 결정한다. 평가계획과 수업계획의 전체적인 틀은 전체 체육교사 협의회에 의해 결정되고, 학년별 세부계획은 동 학년을 함께 맡은 교사들에 의해 계획된다. 권 교사는 연초에 2학년 평가계획과 수업 내용 결정에서 동료 선배교사와 의견 충돌이 있었고, 자신이 원하는 수업 내용과 평가 방식을 고수할 수 없었다. 그래서 동 학년 수업을 자신의 뜻대로 그 선배와는 전혀 다른 방식으로 할 수 없어서 어쩔 수 없이 자신의 소신을 접고 선배교사의 수업 형태대로 따라가는 수동적인 수업을 하고 있다. 자신의 뜻을 접고 동료교사의 수업 형태를 수동적으로 따라가고 있는 현재의 수업에 대해 그는 다음과 같이 말하고 있다.

"사실 그 선배 수업대로 그대로 따라하게 되면 힘든 점은 없어요. 그 대신 보람이 없어요. 왜냐하면 애들이 싫어하니까……애들은 기능 위주로 수업하는 거 싫어하잖아요. 작년에 제 방식대로 했을 때는 몸은 힘들었지만 보람은 있었거든요. 그런데 지금은 정말 재미없어요."

〈2001. 6. 18. 권 교사〉

그의 수업을 관찰해 본 결과 그는 기능 위주의 전통적인 수업을 하고 있었다. 기능 위주의 수업에 흥미를 잃은 많은 학생들이 권 교사의 눈을 피해 딴 짓하는 모습들이 종종 눈에 띄었으나 권 교사는 그런 학생들을 통제하려고도 하지 않았다. 권 교사는 자신이 원하고 추구하는 방향으로 수업을 시도해 볼 수 없는 점으로 인해 수업에 대한 의욕과 열정을 어느 정도 상실하고 있는 것 같았다. 그는 실제로 작년에 수업을 준비하고 계획하는 데 많은 시간들을 쏟은 데에 비해 올해는 거의 교재 연구를 하지 않는다고 한다. 이러한 그의 태도는 자신의 소신과 신념을 가지고는 있지만 현실적인 여건과 타협하는 전략적 순응의 양상을 나타내고 있는 것으로 판단할 수 있다.

② 김미란 교사

김미란 교사는 교육실습 당시 지도교사의 충분한 지도와 훈련 없이 실습 기간을 보냈었기 때문에 학교에 처음 부임하여 가장 힘들었던 점이 수업에서의 어려움이었다. 그래서 첫 수업을 준비하면서 그날 수업에서 해야 할 말 하나하나를 일일이 적어서 외운 다음 수업에 들어갔을 정도로 수업에 대한 많은 부담감을 느꼈다.

> "첫 수업시간에 애들 가르칠 때 되게 떨렸어요. 무슨 말을 해야 할지 외워서 수업에 들어갔는데 처음엔 앞이 깜깜한 게 애들이 잘 안보이더라고요. 그런데 조금 하다 보니까 긴장이 풀리면서 수업 내용도 잘 풀리더라고요"
>
> 〈2001. 6. 20. 김 교사〉

김 교사가 수업에서 가장 추구하는 점은 학생들과의 원만한 관계이며, 학생들에게 다정하고 정감 있게 다가가 그들과 친밀한 관계를 유지하면서 함께 호흡하며 뛸 수 있는 체육수업을 이끌어 나가고 싶어 한다. 그리고 모두가 적극적으로 참여하는 수업을 이상적인 수업으로 생각하고 있다.

그러나 이러한 김 교사의 이상과 희망과는 달리 김 교사의 수업에서 관찰되는 모습은 학생들의 적극적인 참여도 그리고 학생들과의 친밀한 관계 형성에도 많은 어려움을 겪는 것처럼 비쳐진다. 그의 수업은 전통적인 기능 위주의 수업 형태로 이루어졌는데 학생들이 시작종과 동시에 운동장에 나와서 준비운동과 운동장을 몇 바퀴 돈 뒤 교사의 시범과 설명 후 조별로 헤쳐서 연습하는 형태의 단조로운 수업 패턴을 보여주었다. 수업 전반기에는 어느 정도 질서 정연하게 움직이던 학생들은 수업 후반기에 와서는 주위 산만과 과제 불이행의 형태를 나타내었다. 학생들의 적극적 참여를 수업에서의 우선 과제로 삼는 김 교사는 학생들의 과제 불이행을 참지 못하고 돌아다니면서 아이들의 손을 직접 끌고 나오기도 하고 직접 시범을 통해 아이들의 참여를 끌어내려고 하지만 그 효과는 오래 지속되지 못하고, 점차 학생들은 단조로운 수업 형태에 흥미를 잃어버리는 듯했다.

김 교사는 학생들의 적극적인 참여를 호소하지만 남학생과 여학생의 수준 차를 해결하고 모든 학생들의 적극적인 참여를 이끌어 낼 만한 프로그램 개발 및 동기유발에 있어서 많은 어려움을 느끼고 있다. 이러한 김 교사의 어려움은 다음과 같은 면담 내용에서 잘 나타난다.

"남학생이나 여학생에게 똑같은 내용을 시켜요. 교과 내용에 따른 게임 같은 건 잘 안 하는데 주로 하면 짝피구나 발야구 정도 해요. 그런 거 할 때면 애들은 열심히 하죠. 그런데 교과 내용을 가르칠 때는 잘 안 하더라고요. 교과 내용을 게임식으로 하는 데는 한계가 있잖아요. 그래서 시도를 못 해 봤어요. 그런데 앞으로는 해 봐야 될 것 같아요. 수업에서 제일 힘든 게 애들이 안 하는 거 억지로 시키는 게 제일 힘들어요."

〈2001. 6. 20. 김 교사〉

김 교사는 학생들의 흥미 유발과 적극적 참여를 이끌어 내기 위해 프로그램의 개발에 크게 많은 시간과 노력을 기울이지 않는다고 한다. 작년에는 수업부담 때문에 어느 정도 수업시간에 무슨 말을 어떻게 할까 고민하며 어느 정도의 시간을 교재 연구에 할애했지만 올해는 작년에 수업했던 것을 그대로 고수하는 수준이라고 한다. 김 교사가 수업개선을 위해 열정을 쏟지 않는 데에는 몇 가지 이유가 작용하는 것 같다. 그녀는 작년에 처음 발령을 받았을 때 주위의 동료교사들의 수업을 눈여겨보았다고 한다. 그러나 그녀가 재직하고 있는 학교의 체육교사들은 대다수 수업에 불충실하고 심한 경우는 운동장에 잘 나오지 않는 교사마저 있다고 한다. 그래서 그나마 김 교사는 작년에 비해 올해는 교재 연구에 열정을 쏟지는 않지만 매시간 수업마다 운동장에 나가서 아이들과 직접 호흡하는 것 자체만으로도 다른 교사들에 비하면 성실한 수업을 하고 있다고 스스로 위안을 삼고 있었다.

> "작년에 처음 발령받았을 때 다른 선생님들은 수업을 어떻게 하시나 많이 지켜봤어요. 그런데 다들 열심히 안 하시는 거예요. 그리고 심한 경우 어떤 선생님은 '아나공' 해 놓고 수업 끝날 때까지 운동장에 안 나오는 선생님도 계시더라고요. 그래서 처음에는 많이 이상했는데 나중에는 저래도 되는 거구나 하는 생각이 들더라고요."
>
> 〈2001. 6. 20. 김 교사〉

그 밖에도 김 교사는 자신이 수업 준비에 시간을 쏟지 못하는 이유로 학생부와 체육부의 일을 겸업해야 하는 부담과 대학원 진학으로 인해 학업을 병행해야 하는 점 등을 이유로 생각하고 있지만 무엇보다도 중요한 이유로 자신의 게으름과 현실 안주를 인정하고 있고, 이에 대한 반성의 태도를 보이고 있다.

③ 박용훈 교사

박용훈 교사가 체육수업에서 가장 가치를 두는 부분은 학창시절에 체육수업에 즐겁게 참여하여 성인이 되어서도 체육을 생활화할 수 있는 기틀을 마련하는 것이다. 체육에 대한 이런 생각은 그가 초·중·고 시절과 대학시절 자신의 스포츠 참여 경험으로부터 쭉 내재화시켜 왔던 신념이지만 처음 부임한 작년에는 자신의 이런 뜻을 펼칠 수 있는 즐겁고 흥미 있는 수업을 아이들에게 제공하지 못했다.

박 교사가 처음 부임해 왔을 때 그는 1학년과 2학년 수업을 각각 4개 반 씩 나누어서 맡았다. 그리고 부임 당시에는 이미 학년별로 가르쳐야 할 내용과 평가 방법이 기존 선생님들에 의해 정해져 있는 상태여서 그는 당연히 정해진 대로 가르쳐야 되는 것으로 생각했다. 그래서 자신이 생각하는 다양하고 흥미로운 수업을 시도해 볼 엄두조차 내보지 못했다. 그러나 시간이 지날수록 정해져 있는 수업 방식대로 딱딱한 실기 기능 평가 위주의 수업을 그대로 실시하는 것에 대해 학생들은 흥미를 잃어갔고, 자신도 흥미를 잃어 가는 아이들을 바라보며 그들을 동기 유발시킬 방법을 찾지 못했다. 그러면서 가르치는 보람도 점차 잃게 되었다.

그러나 올해는 1학년 8개 반만 전담하여 가르치게 되었기 때문에 자신이 뜻하는 대로 평가 내용과 수업 내용을 결정하게 됨에 따라 작년의 수업 방식에서 벗어나서 다양한 새로운 시도를 할 수 있게 되었다. 그는 전통적인 기능평가 위주의 수업 방식에서 벗어나 스포츠 중심 교육 모형을 학생들에게 적용하고 있었다. 그가 이번 학기에 하는 수업 단원은 '풋살' 수업이었는데 그는 한 반을 4개의 팀으로 나눠서 1차시에서 6차시까지는 '풋살'의 기본 기능을 가르치고, 기본 기능이 끝난 다음에는 2차시에 걸쳐 간이게임을 통해 학생들이 '풋살'의 전략 전술과 경기 규칙을 익히게 한 다음 그다음 차시부터는 조별 리그전을 실시했다. 조별 리그전이 펼쳐지는 동안 학생들이 시합과 경기 운영에 필요한 역할들을 스스로 알아서 책임질 수 있도록 역할을 분담시켰고, 그들이 맡은 일들을 성실하게 수행할 수 있도록 박 교사는 전두 지휘하고 이끌어 주는 역할을 담당했다. 평가는 리그전이 이루어지는 동안의 시합에서의 개인 기록과 팀 기록 그리고 역할 분담에서의 수행 정도를 종합적으로 평가할 수 있는 평가지를 스스로 개발하고 그 정해진 기준대로 수업에서 참평가를 실시했다. 그는 이 수업을 준비하면서 수업계획과 진행에 너무 많은 시간과 노력이 필요하다는 것을 알고 힘이 들었지만 아이들이 적극적으로 참여하고 즐거워하는 모습을 보며 그 모든 수고스러움이 모두 보람으로 다가온다고 했다.

> "이 수업하면서 정말 이대로 계속하려면 운동장에서 쓰러지겠구나 하는 생각도 했지만 제가 수업하고 나서 너무 뿌듯해요. 아이들이 너무 좋아하고 그리고 끝나고 나서도 남아서 연습을 하더라고요. 우리 팀이 이기기 위해서 아이들이 제가 얘기하지 않아도 방과 후에 체육을 하고 있더라고요. 그리고 자기네 팀에 왕따라든지 기능이 떨어지는 애가 있어도 수업에서 따돌리지 않고 가르쳐 주면서 팀이 협력하는 모습이 나타나더라고요. 그때 정말 보람을 느꼈죠."
>
> 〈2001. 6. 29. 박 교사〉

박용훈 교사는 자신이 가치롭게 생각하는 부분을 펼칠 수 있는 수업을 위해 많은 부분 노력하고 있다. 바쁜 업무와 학급 담임 업무에도 불구하고 자신이 원하는 수업 구상을 위해 인터넷을 통한 자료 검색과 교재 연구에 많은 시간을 할애하고 있다. 작년에 비해 지금은 교재 연구를 위해 준비하는 시간과 노력이 훨씬 많아져서 몸은 많이 힘들지만 아이들이 좋아하는 수업을 한다는 보람으로 작년에는 그토록 무거웠던 마음이 지금은 가볍기만 하단다.

박용훈 교사를 보며 연구자는 역시 교사는 가르치는 보람으로 존재하며 아무리 힘들고 어려운 일이 닥치더라도 자신의 신념에 충실하며 그것이 학생들을 통해 보람으로 나타나면 그것보다 더 큰 보상은 없을 것이라는 생각을 했다. 교직을 안정되고 편한 직업으로 생각하여 타성에 젖어 무사 안일해지는 것으로부터 벗어날 수 있는 방법은 결국 스스로 보람을 찾기 위해 노력하는 길밖에 없다는 사실을 느끼게 되었다.

④ 최경숙 교사

최경숙 교사는 자신이 학생들을 통솔하고 휘어잡는 능력이 뛰어나고 어느 정도 타고난 유머 감각도 있어서 교사로서 능력에 어느 정도의 자부심을 갖고 있다. 최 교사가 체육수업에서 중점을 두는 부분은 체육수업이 아무 가르침 없이 그저 '노는 시간' 혹은 '스트레스를 해소하는 시간'이라는 기존의 부정적인 인식을 근절하고 체육 수업시간도 뭔가를 배우는 시간 그리고 소중한 수업임을 깨닫도록 하는 데 많은 중점을 두고 있다. 그래서 체육교사로서 자신의 역할을 그녀가 대학시절에 배웠던 체육의 이론들을 학생들에게 잘 전달해야 할 책임과 수업을 통해서 체육의 이론적 지식과 학생들이 자신의 신체에 대해 잘 조절하고 이해할 수 있도록 하여 학생들이 건강한 생활을 할 수 있도록 체육수업을 이끌어 나가야 한다는 강한 책임의식을 느끼고 있다.

> "사람들이 체육교사에 대해서 공만 내주고 이론수업 전혀 안 하는 그런 사람으로 생각하잖아요. 그리고 실제로 그런 체육 선생님이 많잖아요. 근데 체육이란 그게 아니고 새로운 것을 할 수 있고 다른 과목에서 배울 수 없는 재미있고 유익한 것을 배울 수 있다는 것을 아이들이 느낄 수 있게 해 주고 싶어요."
> 〈2001. 6. 27. 최 교사〉

그밖에도 최 교사는 수업에서의 규율과 엄격한 틀, 예를 들면 복장, 수업시간에 지각하지 않기, 줄 잘 맞춰 서기와 같은 수업의 틀과 형식도 매우 중요하게 생각하고 있으며, 학생들이 수업을 위해 기본적으로 갖춰야 할 예의라고 생각하고 있다. 그리고 이런 엄격한 룰이 지켜지지 않을 경우 체벌도 불사하고 강압적인 강경한 태도로 학생들을 질타한다.

실제로 최 교사의 수업을 관찰한 결과 학생들은 최 교사가 정해 놓은 규칙들을 잘 엄수하며 질서 정연하게 수업에 임하는 모습을 보인다. 그리고 겉으로는 큰 탈 없이 수업이 진행되고 있다. 연구자가 보기에 최 교사는 지나치게 형식과 틀을 고집하고 자신의 스타일을 학생들에게 강요하는 조금은 독단적인 수업 유형을 보인다. 수업을 관찰한 결과를 잠깐 소개하자면 시작종과 동시에 아이들은 집합대형으로 모이고, 최 교사가 나오기 이전에 아이들은 스스로 운동장을 뛰고 있다. 운동장 돌기와 간단한 체조로 워밍업이 끝나자 최 교사는 스트레칭과 체력 훈련 위주의 수업을 진행해 나간다. 최 교사의 주 전공이 에어로빅이라서 그런지 최 교사가 가르치는 내용들은 스트레칭과 리듬에 맞춰 뛰기 등 에어로빅 동작들이 많은 부분을 차지하고 있다.

최 교사는 부임 초에는 교생실습 시 지도교사의 수업 유형과 기존교사들의 수업 즉 기록평가 위주의 수업을 실시했고 현재에도 크게 변화는 없으나 이러한 수업 방법이 아이들의 흥미를 유발하기에는 부족하다는 점을 느끼고 있다. 그래서 올해 들어서는 작년과는 조금 다른 아이들이 흥미를 느낄 수 있는 수업 내용과 아이들이 자신의 신체에 대해서 효율적으로 알아갈 수 있는 수업을 하기 위해 많은 아이디어를 짜내며 새로운 시도를 해 보고 있다.

"작년에는 100m같이 기록 평가를 많이 했어요. 한 학기에 4종목을 시험을 봤는데 그때는 가르치는 방법을 잘 몰라서 이 종목들을 가르치는 데 시간을 많이 보냈어요. 그런데 작년이랑 올해랑 다른 점은 올해는 좀 새로운 시도를 해 보고 싶은데 제가 하고 싶다고 해서 저만 할 수 있는 건 아니잖아요. 같은 학

년에 여러 사람이 들어가니까 우선은 그분들하고 맞춰서 다 한 다음에 중간 중
간 제가 하고 싶은 수업을 하고 있어요."

〈2001. 6. 27. 최 교사〉

　그런 수업 중의 하나가 바로 계단을 이용한 스텝에어로빅 수업이다.
최 교사가 근무하는 학교는 무용실이나 강당이 없어서 자신의 주 전공
인 에어로빅 수업을 하기가 쉽지 않다. 그래서 자신에게 주어진 환경
내에서 그것을 활용하여 할 수 있는 수업이 없을까 고민하다가 우연히
운동장 스탠드에서 다른 동료교사가 학생들에게 기합을 주고 있는 광
경을 보고 스탠드 계단을 이용한 에어로빅 수업의 아이디어를 떠올리
게 되었다. 그래서 에어로빅의 스텝과 팔 동작 몇 가지를 고안하여 학
생들에게 가르쳐 주었는데 그 수업이 학생들에게 너무 반응이 좋았다.
그다음부터 최 교사는 에어로빅이나 힙합 등 학생들이 관심을 많이 갖
는 리듬 운동들을 적극 활용하는 수업 형태를 시도했고, 앞으로도 이러
한 리듬 운동을 이용해서 학생들이 직접 창작해 보는 수업으로 차츰
전환시켜 나갈 계획을 갖고 있다. 하지만 최 교사도 다른 교사들과 보
조를 맞추기 위해 기존의 평가 기준에 따른 수업을 어느 정도 하고 난
후 남는 시간에 자신이 계획하는 수업을 짬짬이 할 계획을 갖고 있다.
　최 교사가 수업에서 가장 어려워하는 부분은 지나치게 엄격한 규칙과 고
정된 틀에 순응하지 못하고 상습적으로 룰을 어기는 학생들을 다루는 일이
다. 최 교사는 이런 기본적인 룰조차 지키지 않는 학생들은 수업을 받을 자
격이 없고 그런 학생들을 방치하는 것은 다른 학생에게도 나쁜 영향을 미치
기 때문에 가급적이면 룰을 어기는 학생에게는 엄격한 체벌을 가해야 한다
고 생각했고 실제로 그렇게 행동하고 있다. 이러한 최 교사의 신념 때문에
작년에는 몇몇 학생들이 반발하는 사태가 일어나 최 교사는 한바탕 어려움을
치르기도 했다.

"작년에는 글쎄 수업에 계속해서 지각하는 애가 있었어요. 처음 지각했을 때는 좀 강하게 야단을 쳤고 두 번째 지각했을 때는 때렸죠. 그런데도 애가 말을 안 듣는 거예요. 그래서 정말 정신차리게 해야겠다고 생각해서 좀 심하게 때려 줬죠. 그런데 얘가 나한테 야단맞고 나서 무단 외출을 해 버린 거예요. 게다가 그날 집에도 안 들어가고 그래서 그 다음날 그 애 엄마가 학교에 와서 선생님이 어떻게 애를 때렸기에 애가 집에도 안 들어오냐고 그러면서 한바탕 교무실에서 소동이 일어났었죠."

〈2001. 6. 27. 최 교사〉

최 교사는 이렇듯 자신의 강압적인 스타일에 순종하지 않는 몇몇 학생들로 인해 수업 진행에 어려움을 겪고 있고, 이런 일이 자주 일어나게 되자 그동안 자신이 굳게 믿어왔던 엄격한 틀에 대해 조금은 전략을 바꿔야겠다는 생각도 가끔씩 하곤 하지만 한편으론 요즘 아이들처럼 무절제하고 이기적인 아이들에게는 어느 정도 엄격한 통제가 필요하다는 자신의 소신이 더 중요하다는 생각에 갈등을 느끼고 있다.

대부분의 연구 참여자들은 수업에서 많은 어려움을 겪으면서 시행착오와 실수를 통해 수업기술을 배워 가고 있다. 초임교사들이 수업에서 겪는 어려움과 관련하여 Veenman(1984)은 초임교사들에게 가장 높은 비율을 보인 문제점으로 수업의 규율, 동기유발, 개인차 고려, 학습결과의 평가, 과제조직, 불충분하고 부적절한 교수자료, 개개 학생의 문제에 대처 등에서 어려움을 겪는다고 보고하였다. 본 연구에서도 연구 참여자들은 비슷한 연구 결과를 나타내고 있다. 특히 학생들의 흥미를 유발하고 적극적인 참여를 이끌어 낼 수 있는 다양한 프로그램의 개발에 많은 어려움을 겪고 있다. 이러한 프로그램 개발에서의 어려움은 국가적으로 고시된 체육교육 과정을 학교 현장에 그대로 적용할 수 없는 현실적인 여건에서의 제한점(시설과 기구의 부족)과 그리고 교사 본인의 역량에 따라 교육과정을 재구성하여 운영해야만 하는 현실에서 개인적 역량의 부족에서 기인한 것이다. 연구 참여 교사 대부분이 학생들의 흥미를 유발하고 적극적 참여를 유도하는 재미있는 수업을 하고자 하는 욕구는 강하나 이에 상응하는 프로그램의 개발과 지도 방법에 많은 어려움을 겪고 있다. 이 밖에도 동 학년을 지도하는 동료교사와의 교수관의 차이로 인해 가르칠 내용과 평가 방법의 결정에 있어서의 의견 충돌도 연구 참여자들이 의욕을 가지고 수업에의 다양한 시도를 해보는 데 걸림돌로 작용하고 있다. 또한 학생 통솔에 있어서도 많은 어려움들을 겪으며 고군분투하고 있다.

대부분의 연구 참여 교사들은 이상에서 밝힌 수업에서의 문제와 어려움을 스스로 해결해야 할 문제로 인식하고 있고, 동료 체육교사들과의 충분한 협의와 도움 없이 혼자서 해결하고 있다.

지금까지 기술한 연구 참여자들의 일 중 수업에 관한 내용을 간추려서 제시하면 아래의 <표 Ⅲ-3>과 같다.

〈표 Ⅲ-3〉 연구 참여자들의 일 – 수업

구 분	권 교사	김 교사	박 교사	최 교사
담당 학년	2학년 4개 반 3학년 3개 반	2학년 7개 반	1학년 8개 반	2학년 7개 반
수업관	자율적이며 창의적인 수업	운동기능 습득 즐겁게 참여	즐겁고 재미있는 수업	운동기능 및 지식의 습득 적극적 참여
나타나는 수업의 유형	기능 위주의 수업 자유방임형	기능 위주의 수업, 통제 지향적이나 통제 불능	게임위주의 조별 활동	전체적, 교사주도적, 통제 지향적
수업에서의 어려움	동료교사와의 충돌 (평가 내용과 방법)	학생통제 다양한 수업지도 방법 결여	과다한 업무로 인한 수업결손	학생과의 마찰 동기유발 프로그램 부족
수업 준비에 쏟는 시간	차츰 줄어듦	차츰 줄어듦	차츰 늘어남	차츰 줄어듦

2) 학급 경영: 보람도 있지만 가장 어려운 일

연구 참여 교사들이 교사로서 역할 수행에 있어서 가장 보람을 많이 느끼면서도 어려움을 많이 겪고 있는 부분은 학급 경영인 것으로 나타 났다. 4명의 연구 참여 교사들은 공교롭게도 모두 작년에 처음 부임하 자마자 학교의 전반적인 구조와 학급 경영에 대한 사전 지식이 전혀 없는 상태에서 학급 담임을 맡게 되었다. 연구 대상자별로 학급 경영에서 반 학생들에게 기대하는 바와 학생들에게 중점을 두어 지도하는 부분이 모두 다르다. 이러한 학급 경영방침은 교사 개인의 과거의 경험과 성격 그리고 그로부터 형성된 교육관의 차이에서 기인한 것으로 보인다.

권영찬 교사는 처음 부임했을 때 학급 담임이 가장 힘들었던 일 중 하나였다. 그는 작년에 처음 담임을 맡았을 때 2학년 담임을 했는데 막상 학급 일을 어떻게 처리해야 할지 몰라서 심지어는 애들한테 물어 가며 학급 경영을 했다. 작년에는 여러 시행착오를 겪으며 하나씩 배운 결과 올해는 성공적인 시스템을 도입하여 자신이 일일이 학급 경영에 신경을 쓰지 않아도 애들끼리 잘 이끌어 나가고 있고 자신이 신경쓰는 부분은 작년에 비해 많이 줄어들었다. 다음의 면담 내용은 그가 성공적 으로 도입한 학급 경영 방법에 관한 내용이다.

"제가 학급 경영에서 가장 강조하는 것은 자율성을 제일 강조하죠. 학기 초 에 학급의 업무 분장을 우리 반 인원수에 맞게 35개로 나눠서 각각 할 일을 다 만들었어요. 예를 들면 출석부만 담당하는 애, 양호업무 담당하는 애, 청소 함 관리, 화분에 물주기 등등 하나씩 다 맡겨서 저는 하나도 손 안 대요. 그리 고 저는 1주일에 한 번만 검사를 해요. 이런 시스템을 도입하니까 작년에 비 해 너무 쉬워졌어요.

〈2001. 9. 4. 권 교사〉

그는 이런 시스템을 스스로 성공적인 시스템으로 인식하고 있고, 담임 업무의 경감으로 인한 여유를 자신이 추구하고자 하는 점을 학생들에게 좀더 쏟을 수 있는 방향으로 쓸 수 있게 되었다.

그가 학급 경영에서 가장 중점을 두고 추구하는 것은 학생들의 창의성과 자기 주도성의 함양이다. 이러한 그의 학급 경영관은 학생들이 스스로 주도적으로 할 수 있게끔 교사가 채근하거나 강요하지 않고 인내심을 가지고 기다려주고 끊임없이 학생들이 책임감을 느끼게끔 일깨워 주는 것이다. 그는 그래서 특별히 학급의 학생들에게 강요와 통제를 하지 않으려고 하고 아이들이 스스로 하게끔 만들어 주는 것이 담임으로서 자신이 해야 할 일이라고 인식하고 있다. 실제로 그는 담임 업무를 통해 자신의 인생관을 펼치면서 조금씩 아이들에게 영향을 주고 그들의 변화를 느낄 수 있는 점이 교사로서 얻는 가장 큰 보람이라고 생각한다.

김미란 교사는 수업, 업무 분장, 학급 경영 중 교사로서 가장 보람을 느낄 수 있는 부분이 바로 담임 업무라고 인식하고 있으며, 담임 업무에 대한 강한 애착을 나타내었다. 그가 담임 업무에서 가장 소중하게 생각하는 부분은 학생들과의 친밀한 관계 형성이었다. 그리고 반 아이들 한 사람 한사람에게 친근하고 다정하게 다가갈 수 있는 담임교사가 되고 싶어 한다. 김 교사가 아이들에게 바라는 것은 서로를 이해하고 신뢰할 수 있는 인간적 관계를 형성하는 것이다. 김 교사는 자신이 정이 많은 성격이라 사람들을 좋아하고, 특히 아이들을 좋아하기 때문에 아이들에게 자신이 정성을 쏟는 만큼 그것을 아이들이 알아줄 때 교사로서 가장 보람을 느낀다고 한다. 그러나 아이들에게 쏟는 정성에 비해 아이들이 담임에게 솔직히 다가오지 못하고 김 교사를 형식적으로 대한다든지 혹은 자신을 속이고 필요에 따라 거짓말을 할 때 아이들에게 무척 서운함을 느끼게 되고, 그러한 아이들의 거짓된 행동을 볼 때 담임으로서 가장 마음이 아프고 때론 의욕이 상실된다고 한다. 김 교사는 반 아이들과의 친밀한 관계 형성을 위해 학급 공동 이벤트를 구상하여 이런 행사들을 통해서 아이들과의 호흡을 맞추려고 나름대로 노력하고 있다. 경력이 많은 교사들의 경우 귀찮아하는 학급 야영, 그리고 겨울에는 희망하는 애들을 데리고 스케이트장에 가는 일 등 학교 차원에서는 안전 문제 등으로 인해 말리는 일들을 기꺼이 감수하고 감행하는 추진력을 보이기도 한다.

이렇듯 학급의 학생들에게 많은 정성을 쏟는 김 교사에게 학급 일에 있어서 가장 어려운 점은 자신이 쏟는 정에 비해 아이들이 담임의 마음을 이해해 주지 못하고 담임의 눈치를 보면서 나쁜 짓을 할 때가 가장 가슴이 아프고 이런 아이들을 어떻게 하면 올바르게 인도할 수 있을까 하는 고민이다. 이러한 고민을 해결하기 위해 가끔씩 개인 면담을 하기도 하는데 김 교사는 학생들과의 개인 면담 시 면담을 이끌어 가는 기술과 방법에 많은 어려움을 느끼고 있다.

박용훈 교사는 작년의 경우 2학년 담임을 맡았었고, 올해는 1학년 담임을 담당하고 있다. 작년에 처음 부임하자마자 담임을 맡았을 때 다른 교사들과 마찬가지로 박 교사도 너무도 난감하여 무슨 일을 어떻게 해 나가야 할 지 몰라 매우 당황했던 것으로 기억하고 있다. 하지만 올해부터는 작년의 시행착오의 경험을 살려 어느 정도 학급 경영에 있어서의 어려움은 크게 개선되었지만 아직도 자신의 미숙함과 경험부족으로 인해 담임 업무에 많은 어려움을 겪고 있다.

박 교사가 학급 경영에서 추구하는 바는 학급의 학생들과 개인적으로 만났을 때는 친근하고 다정한 오빠, 형과 같은 선생님 그러나 전체 학급을 대상으로 했을 때는 엄격하고 무서운 선생님이 되는 것이다. 그가 맡은 학급은 1학년이라 아이들의 수준이 아직 초등학교 수준을 벗어나지 못해서 자신이 생각하는 철학과 교수관을 아이들이 이해하기에는 아직 성숙되지 못했다고 판단하므로 그는 학생들에게 학교에서 지켜야 할 기본적인 예의와 규칙을 지키는 쪽으로 학급 운영의 많은 부분을 할애한다. 그리고 학생들이 공동체를 이루고 살아가는 데 있어서

필요한 준법정신과 경쟁관계, 협력관계 등 인간관계를 잘 이끌어 나가
도록 지도하는 것이 자신이 학급 경영에서 가장 중점을 두는 부분이라
고 생각한다. 그는 담임으로서 가장 절실하게 필요한 것이 학급 구성원
들 개개인에 대한 이해라고 생각하고 있는데 이를 위해 개인 면담의
필요성을 느끼고 있다. 하지만 이런 생각에도 불구하고 그는 실제로 아
이들과 충분한 개인 면담을 하고 있지 못하고 있다. 이에 대해 그는
다음과 같이 말한다.

> "저는 학급 담임으로서의 역할을 제대로 못하고 있는 것 같아요. 제가 요즘
> 학교 업무랑 수업 준비랑 너무 바쁘고 정신적으로 여유롭지 못하니까 애들이랑
> 상담하기가 망설여지더라고요. 제가 학급 담임으로서 아이들에게 상담을 해 줘
> 야겠다는 생각은 있는데, 어떤 것을 해 줘야겠다고 생각하냐면요, 1 : 1로 상담
> 을 해서 그 아이들을 이해하고 거기에 맞게 내가 그 아이들을 진심으로 이해할
> 수 있어야겠다는 생각을 하고 있는데 실제로는 그렇게 하지 못하고 있어요."
>
> 〈2001. 9. 7. 박 교사〉

박 교사는 성격상 아이들과 개인 면담을 하게 되면 자신의 열과 성
을 다해 진심으로 해 줘야 한다고 생각하고 있다. 그러나 현재 자신의
현실적인 처지는 시간적으로나 정신적으로 여유가 없기 때문에 면담이
형식적으로 이루어지지 않을까 하는 노파심에 감히 면담을 시도하지
못하고 있었다.

최 교사는 작년에는 1학년 담임을 맡았었고, 올해는 2학년 담임을
맡고 있다. 최 교사가 학급 경영에서 가장 추구하는 것은 무슨 일이든
지 적극적으로 참여하는 것이다. 그리고 그가 좋아하는 단어는 열심,
적극, 참여, 노력 등의 단어이다. 이런 최 교사의 생각은 반 아이들이
학급에서 일어나는 일과 행사에는 이유 불문하고 적극적으로 참여해야
한다는 강한 주관으로 드러나고 있었다. 이러한 최 교사의 강한 주관은
다음과 같은 면담 내용에서 잘 드러난다.

"제가 아이들에게 가장 강조하는 것은 적극성이에요. 모든 일에 참여하고 열심히 하는 것을 가장 중요하게 생각해요. 잘하는 것을 요구하지는 않지만 함께 하는 거 그리고 열심히 하는 것이 가장 중요하다고 생각해요. 만약 반별 장기자랑을 하면 반대표로 잘하는 애들만 2명 나가서 하는 것보다는 못하더라도 다 같이 나가는 것을 더 중요하게 생각해요. 힘들죠. 하기 싫어하는 애들 하게 만드는 게……합창대회 때도 애들한테 '1등 하라는 게 아니야! 다 같이 참여하는 게 중요한 거야 그리고 이왕 참여하는 거 최선을 다해서 적극적으로 하자'라고 애들한테 얘기를 많이 해요."

〈2001. 9. 8. 최 교사〉

최 교사의 학급 경영은 수업에서와 마찬가지로 자신의 주관대로 밀고 나가는 독단적인 학급 경영으로 나타나고 있다. 이러한 독단적인 학급 경영이 나타나는 데에는 아이들이 지금 당장은 하기 싫어해도 억지로라도 하게 하면 그런 과정에서 아이들이 하지 않는 것보다는 많은 것을 느끼게 되고 그럼으로써 성숙할 수 있다는 최 교사의 강한 교육관이 자리잡고 있기 때문이다. 학급 경영에서 아이들이 자신의 의도대로 따라오지 않을 때면 강한 질책과 야단으로 혼을 내기도 한다. 이런 강한 주관으로 인해 아이들과 가끔씩 충돌하지만 최 교사는 자신이 생각하는 것이 옳다는 강한 신념을 가지고 담임 일에도 자신의 신념대로 적극적으로 임하고 있다.

4명의 초임교사들 모두 담임 업무를 교직에서의 일 중 가장 힘들면서도 보람을 느끼는 일로 생각하고 있다. 그러나 작년 처음 부임했을 당시에는 담임 업무에 대한 지식부족으로 학급 경영에서 많은 어려움을 겪었다고 한다. 담임 업무에서의 부담은 학급 학생들의 생활 지도뿐만 아니라 생활기록부 작성, 학급 경영에 관한 전반적인 일 처리 등에서의 어려움이었다. 하지만 두 번째 맞는 올해의 담임 역할에서는 비교적 큰 어려움 없이 잘 적응하는 양상을 보였다.

학급 경영의 방침은 개인의 인성과 교육관에 따라 추구하는 방향이다 다르게 나타나고, 담임 업무 수행에 있어서 느끼는 어려움도 개인적으로 차이를 보인다. 하지만 그들이 공통적으로 느끼는 것은 학생 상담의 필요성이다. 그러나 참여 교사들 대부분이 상담에 할애할 충분한 시간적, 정신적 여유가 부족하고, 아울러 상담을 어떻게 진행해 나가야 할지에 대한 방법적, 기술적 지식의 부족을 호소하고 있다. 그들은 이러한 부분은 대학의 직전교육과 교육실습 시에 미리 훈련되어야 할 부분으로 인식하고 있다. 그러나 대학에서의 프로그램은 이에 대한 충분한 준비 없이 예비교사들을 현장에 내보내기 때문에 이에 대한 지식 없이 현장에 배치된 초임교사들은 담임 업무에 있어서 많은 시행착오를 경험하고 있다. 따라서 초임교사들이 많이 어려워하고 부담스러워하는 담임 업무에 대해서 대학의 교사교육 프로그램에서는 이에 대한 사전 교육을 통해 미리 준비시켜야 할 필요성이 있다.

지금까지 기술한 연구 참여자들의 일 중 학급 경영에 관한 내용을 간추려서 제시하면 <표 Ⅲ-4>과 같다.

〈표 Ⅲ-4〉 연구 참여 교사들의 일 – 학급 경영

구 분	권 교사	김 교사	박 교사	최 교사
담당 학년	3학년	2학년	1학년	2학년
학급 경영관	자율적이며 주체적인 사람	학급 구성원들 간의 인간적 친밀감 형성	기본 예의와 생활습관 지키기	공동체 의식과 사회성 함양
학급 경영의 유형	허용적이며, 자유스러운 경영 (1인 1역)	학생 개개인과의 관계 중시	엄격한 학급관리	학급 공동 활동에의 적극적 참여 중시
학급 경영의 어려움	진로지도	학생 개인 특성 파악 학부모와의 면담	생활 지도 개인 면담 학부모와의 면담	학급규율 지도 문제아 지도

3) 수업 외 업무: 부담과 짜증의 원인

연구에 참여한 교사들은 수업과 학급 담임의 역할 외에도 공식적, 비공식적으로 다양한 업무를 담당하고 있으며, 그 속에서 과중한 부담을 느끼고 있다. 이들은 학교 업무 분장에 의거한 공식적인 업무 외에도 비공식적으로도 다양한 업무들을 처리하고 있다. 비공식적인 일의 경우 학교의 각종 문서를 작성하는 '워드' 작업을 중심으로 매우 다양한 사무를 처리하고 있다. 이러한 모습은 남교사나 여교사 모두에게 나타나지만 특히 남교사인 권 교사와 박 교사에게 더욱 강하게 나타나고 있다.

권 교사는 예체능부의 수련계를 맡아 각 학년의 수련활동 관련 업무를 공식적인 업무 분장으로 맡고 있다. 하지만 이 일 이외에도 체육부 관련 일인 체육대회, 구기대회, 육상대회 및 기구 시설까지 관리하는 일을 맡고 있다. 그는 자신의 업무에 대해 다음과 같은 말로 부담을 표현하고 있다.

> "업무요? 기가 막히게 많죠. 예체능부에 있는데 수련담당에 각종 체육대회, 구기대회, 육상대회 등 제가 기획하고 진행시켜야죠. 그리고 저희 부장 선생님이 교련 출신 선생이라서 학교에서 자기 입지를 굳히기 위해 자잘한 일들까지 마다 않고 교장이 시키는 대로 다 해요. 그런 일 제가 다 써포트해야죠. 그 분은 능력도 별로 없어요. 컴퓨터를 못 다루거든요. 그래서 제가 기안에서부터 자잘한 일들까지 다 하고 있어요. 업무에 대해서는 짜증나니까 더이상 얘기하지 맙시다."
>
> 〈2001. 9. 19. 권 교사〉

박 교사의 경우도 자신이 초임이며, 젊기 때문에 다른 교사들보다 더 많은 일을 맡고 있다고 생각하고 있다. 박 교사는 모든 교사들이

회피하는 업무 중의 하나인 성적처리와 생활기록부 일을 맡고 있다. 박
교사가 재직하고 있는 학교는 학급 수가 적은 미니 학교라서 해야 할
일에 비해 교사 수가 적어 교사 일인당 2-3개의 업무 분장을 맡고 있
다고 한다. 따라서 박 교사가 재직하고 있는 학교의 교사들은 교사 수
가 많은 다른 학교에 비해 많은 업무에 시달리고 있다. 이러한 과중한
업무는 학교 내에서 비교적 발언권이 없는 초임교사나 젊은 교사들에
게 많이 돌아오게 되고, 박 교사처럼 갓 부임해 온 초임교사들이 남들
이 떠맡기 싫어하는 어려운 일들을 맡게 되는 경우가 많다. 박 교사도
아무 것도 모르는 상태에서 그 일을 떠맡게 되었고, 현재까지 이 일을
수행하면서 묵묵히 시키는 대로 하긴 하지만 그 일에 대한 부담과 스
트레스로 인해 학교생활이 너무 우울하고 재미없는 생활의 연속이라고
한다. 그는 그의 상황을 다음과 같이 말하고 있다.

> "업무가 너무 힘들어요. 경험도 없는데 너무 막중한 일을 맡아서……제가
> 제대로 못해 내면 학교 업무가 완전히 마비되어버리니까 펑크 낼 수도 없
> 고……그래서 매일 저녁 늦게까지 남아서 매뉴얼 공부하고 업체랑 전화해서
> 프로그램이 어떻게 돌아가는지 물어보고……그리고 성적처리 기간 중에는 업무
> 때문에 수업에도 못 나간 적도 있어요."
>
> 〈2001. 9. 20. 박 교사〉

김 교사의 경우도 업무에서의 부담이 학교생활에서의 스트레스로 작
용하고 있다. 김 교사는 공식적인 업무 분장으로 학생부 교내지도를 맡
고 있다. 학생부 교내지도란 학교 내에서 문제를 일으키는 학생을 선도
하고 계도하는 일과 사안이 발생했을 경우 사건 발생에 대한 조서 작
성, 징계처리 등의 일등 학생의 생활 지도에 관한 전반적인 업무를 담
당하는 일이다. 김 교사는 문제를 일으키는 학생들을 지도하는 데 많은
어려움을 겪고 있다. 특히 사건이 일어났을 경우 문제를 일으킨 학생들

을 대상으로 조서를 작성하는 일, 반성문을 쓰게 하는 일 등 학생들이
자신들의 잘못을 깨닫도록 상담하고 지도하는 일이 가장 어려운 일이
라고 한다. 대다수의 문제 학생들이 그렇듯 교사에 대한 불성실한 태도
와 거친 행동 등을 보이는 경우가 많은데 정이 많고 마음이 여린 김
교사에게 이런 일은 적성에 맞지 않는 어려운 일로 느껴지고 있다.

> "학교에서 사건이 터지면 그 사건이 왜 일어났는지 물어보고 잘못했으면 처
> 벌하고 다시는 그런 일 못 하게 추수 지도를 해야 하는 게 제 일이예요. 그 애
> 들이 학생부에 와 있으면 계속 신경이 쓰여요. 계속 지도해야 하니까……솔직
> 히 제가 지도를 잘 못하겠어요. 그런 문제아들을 경험해 보지 못해서 어떻게
> 다뤄야 할지 정말 모르겠어요. 이런 일은 경험을 많이 해 본 선생님들이 맡아
> 야 하는데 전혀 경험 없는 초임한테 이런 업무는 너무 부담이 되는 큰 업무
> 같아요."
>
> 〈2001. 9. 17. 김 교사〉

이 밖에도 김 교사는 자신의 업무 분장상 소속은 학생부임에도 불구
하고 체육부의 일까지 맡고 있다. 가끔씩 선배 체육교사들이 시키는 체
육부의 일들은 거부할 수 없는 무거운 책임으로 다가와 김 교사의 마
음을 무겁게 만들고 있다.

경력 초기의 교사들이 맡게 되는 과다한 업무들은 이들의 수업에도
영향을 미치고 있다. 대다수의 경우가 때때로 업무 처리가 바쁠 때면
수업을 하는 중간에도 교무실로 불려 가는 경험을 종종 하고 있다. 심
지어는 수업을 포기하면서까지 학교의 일에 매달리기도 한다. 이렇게
과중한 업무 부담은 수업활동을 충실하지 못하게 만들기도 하고 짜증
을 불러일으키기도 하지만 그것을 거부하거나 표면적으로 불만을 드러
내지 못하고 맡은 일을 묵묵히 수행하고 있다. 이들은 수업에의 충실을
방해하는 것들 중 가장 큰 원인을 과다한 학교 업무로 생각하고 있고,
이들 학교 업무들로부터 해방되기를 마음속 깊이 바라고 있다.

초임교사들에게 부과되는 업무들은 그들의 경험에 비해 버거운 업무 부담이 지워지는 것처럼 보인다. 이러한 업무의 부담이 커지는 이유는 현재 교직 사회가 고령화, 여성화되어 가면서 상대적으로 젊고 의욕적인 초임교사들에게 업무를 떠안기려는 학교의 교직 풍토 때문이 아닌가 생각된다. 또한 그들이 업무가 버거움에도 불구하고 불만을 표면에 드러내지 않고 묵묵히 수행하고 있는 이유는 초임이라는 참여 교사들의 위치와도 관련이 있다. 그들은 교사로서의 생활을 처음 시작하면서 자신의 위치에 대한 불안감을 안고 있다. 이들이 자신이 신참으로서 학교 사회에서 어떻게 행동해야 하는가와 관련한 기준을 갖고 있지 못하기 때문에 자신에 대한 평가가 업무 수행 정도에 의해 나타나고, 또한 조직 사회의 유기적 체제 내에서 자신의 역할을 충실히 해 내지 못했을 때 조직 사회에 끼치는 피해에 대한 두려움과 잘 처리하지 못했을 경우 따라다니게 될 업무 능력의 평가가 이후의 자신의 교직생활에도 상당한 영향을 준다는 사실에도 큰 부담을 안고 있다. 따라서 이러한 업무에의 부담이 수업에의 부담보다 더 큰 요인으로 작용하여 결국 업무를 잘 수행내기 위해 수업에의 부실조차도 감행하는 것으로 나타나고 있다.

지금까지 기술한 연구 참여자들의 일 중 업무 분장에 관한 내용을 간추려서 제시하면 <표 Ⅲ-5>과 같다.

〈표 Ⅲ-5〉 연구 참여자들의 일 – 업무 분장

구 분	권 교사	김 교사	박 교사	최 교사
소 속	예·체능부	학생부	교육정보부	예·체능부
담당 업무	학생 수련 체육행사	학생 생활 지도	생활기록부 성적처리	청소년 단체 민방위
업무에서의 어려움	잦은 공문처리	문제아 지도 체육부와 학생부 일 겸업	업무의 중대성에 대한 압박. 과다한 시간 소요.	없 음

4) 인간관계: 충돌보다는 조화로운 관계의 추구

초임교사들은 학교 사회에서 교장, 교감, 선배와 동료교사, 학생과 학부모 집단과 여러 가지 다양한 형태의 인간관계를 형성하면서 교직에 적응하여 나가게 된다. 아래에서는 초임교사들이 어떤 인간관계를 통하여 교사로서 사회화되어 가는지 면담과 관찰을 통해 나타난 결과를 기술한다.

① 동료교사와의 인간관계: 협조자이면서 때론 충돌의 대상

경력 초기 교사들의 교직 적응에 있어서 동료교사들의 역할이 지닌 중요성은 많은 연구들에 의해 지적되고 있다(Lortie, 1975; Katz, 1972; Sikes, 1985; Marti & Huberman, 1993). 이러한 연구들에서는 경력 초기 교사들이 동료교사들과의 적극적인 상호작용을 통하여 교직 적응에 필요한 능력들을 학습해 간다는 긍정적인 결과를 보고하고 있다. 이와 관련하여 고영상(1998)은 "초임교사들이 자신보다 경험이 풍부한 선배 동료교사들로부터 수업에서의 문제뿐만 아니라 교직관이나 인생관에서도 여러 가지 조언을 구하며 학교생활에서의 적응에 도움을 받고 있다 (p.77)"고 보고하고 있다.

본 연구에서도 박 교사, 김 교사, 최 교사는 부임 첫해인 초기에는 무엇을 어떻게 가르쳐야 할지에 대한 막막함으로 동료교사들의 수업을 관찰하거나 혹은 같은 학년에 들어가는 동료교사의 수업을 모방하는 등 수업 내용과 방법적인 측면에서 동료교사들의 도움을 받은 것으로 나타난다. 그리고 수업 외적인 면인 학교의 업무 처리, 학교라는 조직 풍토에 대한 적응 과정에 있어서 선임교사와 동료교사들과의 교류를 통해 해결한다는 연구 참여자들도 있다. 그러나 어느 정도 시간이 지나면서

수업에서 관리 기술이 향상되고 교직 풍토에 적응하면서부터 일상적인 생활면에서는 동료교사들과 크게 의견 차이 없이 원활한 인간관계를 유지하면서도 수업 내용과 평가문제와 관련하여서는 동 학년을 함께 맡은 체육과 동료교사와 갈등과 마찰을 경험하는 것으로 나타난다.

체육은 타 교과와 달리 교과서에 실려 있는 내용대로 진도를 진행해 나가기가 힘든 교과이다. 따라서 대부분의 학교들은 학교의 시설과 여건에 맞춰 교육과정을 재구성하여 수업을 실시한다. 연구 참여자들이 근무하는 학교들도 연초에 연간 계획을 실시할 때 평가계획과 수업계획의 전체적인 틀은 전체 체육교사 협의회에 의해 결정하고, 학년별 세부 계획은 같은 학년을 지도하는 교사들에 의해 계획된다. 이때 결정되는 사항들로는 구체적인 수업의 내용과 평가계획 및 기준이 수립된다.

연구 참여자들은 이러한 평가계획과 수업 내용 결정에 있어서 부임 첫해 동안은 이미 기존의 평가계획체제에 순응하여 자신들의 수업을 그 체제에 맞춰 나갔지만 한 학기 혹은 1년이 지나 어느 정도 시간이 지나서는 자신의 교수관을 반영시켜 나가려는 주장을 표현하기 시작했다. 수업에 대한 자신들의 주관을 내세우자 기존 체제에 길들여져 있는 동료교사와의 교수관의 차이에 의해서 자신들이 펼치고 싶은 수업 내용과 평가 방법 결정에 있어서 갈등을 일으키게 되었고, 이러한 요인이 초임교사의 사기와 의욕에도 많은 영향을 미치고 있음을 알 수 있다.

> "2학년을 함께 맡은 교사는 제 고등학교 1년 선배인데 열심히 하려는 의욕은 있어요. 그런데 저하고는 너무 교수관이 달라서 내 욕심에 안 차요. 그런데도 워낙 카리스마가 강해서 내가 원하는 대로 절대로 못 하게 하고 자기가 원하는 대로 하려고 해서 제 말이 전혀 먹혀들지 않더라고요. 그래서 2학년 수업은 포기, 그냥 그쪽에 내가 맞춰주기로 했어요."

〈2001. 6. 18. 권 교사〉

> "이론 시험문제를 출제하라고 해서 제가 며칠간 노심초사해서 열심히 시험

문제를 출제했더니 함께 가르치는 선생님께서 보자고 하면서 제가 출제해 놓은 거에 대해 이거는 이렇게 하면 안 되지 하시며 다 고치시는 거예요. 그때 굉장히 기분이 나빴고 다 고치려면 자기가 직접 내지 하는 생각이 들었어요. 하지만 찍소리도 못 하고 그 선생님이 시키는 대로 따랐죠."

〈2001. 6. 20. 김 교사〉

이처럼 초임교사들은 자신의 교수관과 동료교사와의 교수관의 차이에서 오는 갈등과 관련하여 자신의 주장을 끝까지 내세우기보다는 동료교사들의 의견을 수렴하는 모습을 보이고 있다. 그것은 일종의 타협이었다. 이러한 타협의 양상이 나타나는 데에는 초임이라는 입장에서 아무리 우겨 보아도 선배교사와의 위계적 질서 때문에 받아들여지기가 힘들 것이며, 괜히 분란을 일으켜서 인간관계에 앙금을 남겨 봤자 별로 득이 되지 않으리라는 인식이 밑바탕에 깔려 있기 때문인 것으로 사료된다. 이러한 태도는 한마디로 전략적 순응을 드러내는 태도이며, 이러한 양상은 권 교사와의 면담 과정에서 잘 드러난다.

"괜히 제가 하고 싶은 대로 우겨봤자 서로 얼굴만 붉어지고 그렇다고 그 선배가 내가 하자는 대로 해 주지 않을 게 뻔하니까 그냥 제가 포기한 거죠. 그리고 그 선배가 하자는 대로 그래도 수업하면 저도 일단 몸은 편하니까요."

〈2001. 6. 18. 권 교사〉

박 교사의 경우 자신에게 많은 일을 떠맡기려고 하는 동료 여교사들의 태도로 인해 피곤함을 느끼고 있다. 동료 여교사들은 박 교사에게 자신들이 하기 싫은 귀찮은 일들을 가끔씩 부탁했다. 예를 들면 애국조회 시 박 교사에게 자기 반 아이들의 줄을 대신 세워달라고 부탁하는 일, 워드로 문서를 작성하는 일, 일직이나 주번 등을 바꿔주거나 대신해 달라는 일 등 귀찮고 사소한 일들을 부탁하는 여교사들에게 거절을 잘 못하는 자신의 성격상 이들을 대하는 일이 가장 피곤한 일이라며 인간관계에서의 어려움을 피력하고 있다.

권 교사와 박 교사와 같이 초임 남교사의 경우 자신들에게 공식적으로 맡겨지는 업무 외에 인간관계에서 오는 부수적인 업무들이 많다. 그들은 개인적인 인간관계로부터 오는 이런 업무 부담을 원만한 인간관계 형성을 위해 싫은 내색 못 하고 마지못해 하고 있다. 그리고 그 속에서 짜증과 부담을 느끼고 있다.

연구 참여자들은 동료교사들과 충돌 없이 원만한 관계를 맺는 것이 자신들이 학교생활을 해 나가는 데 있어 어려움 없이 교직에 적응하는 데 꼭 필요한 일로 인식하고 있다. 이들은 평가계획과 시험문제 출제 등 교과와 관련된 일과 교과 외 업무 추진에서 동료교사와의 의견 충돌이 있었으나 자신들의 의견을 끝까지 고집하지 못하고 동료교사의 견해를 수용하는 양상을 보여준다. 이러한 양상을 나타내는 그들의 내면에는 부딪혀서 좋을 것이 없고, 부딪혀 봤자 초임이라는 자신들의 위치에서 결국 자신들의 의견이 받아들여지지 않으리라는 생각 때문이다. 또한 자신들의 의견을 행동으로 강행 할 경우 다른 동료교사와의 관계에서 '고집이 세다', '건방지다'라는 인식을 심어주게 되면 이러한 꼬리표가 학교생활 내내 쫓아다닐 것에 대한 두려움도 갖고 있다. 이러한 두려움 때문에 그들의 소신을 끝까지 밀어붙일 수 없었다.

하지만 동료교사들과 원만한 인간관계를 유지하면서도 그들은 체육과 동료교사나 혹은 주변의 다른 동료교사들로부터 교직생활에 필요한 도움을 크게 받지 못하는 걸로 나타난다. 그들은 업무나 교직 적응에 있어서 부분적으로는 동료교사들로부터 도움을 받고 있지만 교과 내용에 대한 지도 조언과 전문성 신장에 있어서는 크게 도움을 받지 못하고 스스로 해결하는 방식으로 교직에서 가장 힘들고 어려운 초임기간을 홀로서기를 하고 있다. 교직에서 누구의 도움도 없이 스스로 문제를 해결해 가는 모습은 박 교사와의 인터뷰 자료에서 다음과 같이 잘 나타난다.

"저는 제 수업에 대해 동료 선생님들이 조언을 좀 해 줬으면 좋겠어요. 제가 지금 하고 있는 게 잘하고 있는 건지 궁금하고 잘못된 것이 있으면 누군가가 지적해 줬으면 좋겠어요. 그런데 아무도 그런 얘길 해 주시는 분이 없어요. 가끔씩 제가 수업하는 거 보시고는 '그렇게 하면 너무 힘들지 않아?' 그냥 이렇게 하시고 수업에 대해서 이건 이렇게 하면 좋겠는데 이런 말씀을 전혀 안 하세요."

〈2001. 6. 29. 박 교사〉

특히 김 교사의 경우는 학생부에 따로 배치되어 있는 관계로 체육부 동료교사들과는 접촉할 기회가 상대적으로 많지 않다. 따라서 인간관계에서 서먹함을 느끼고 있다. 김 교사는 늘 학생부 일로 바빠서 체육부에 자주 가지 못하는데 체육부에 자주 들르지 않는 김 교사에 대해 동료 체육교사들도 별 관심과 애정을 나타내지 않는다. 김 교사는 이런 소속의 문제로 인해 자신이 어디에도 진정으로 소속되어 있지 못하다는 생각을 갖고 있다. 김 교사는 초임이면 누군가가 관심과 애정을 갖고 보살펴 주고 도움을 주겠지 하는 기대를 갖고 학교생활에 임한다. 하지만 어느 누구의 관심과 도움도 없이 맡은 일은 경력교사 못지않은 일을 해야 하고 그 결과에 대해서 혼자서 책임을 져야 하는 자신의 처지에 대해 외로움과 힘겨움을 토로하고 있다.

"전 처음 발령받았을 때 누군가가 좀 챙겨줄 줄 알았어요. 그런데 아무도 안 챙겨주고 전혀 무관심하더라고요. 학생부에서는 저 혼자 체육교사고 그리고 체육부실에 가끔 가도 서먹서먹하고 누구나 챙겨주는 사람도 없고 그래서 외롭기도 하고 섭섭하기도 했어요. 그리고 학교라는 사회가 원래 이렇게 냉정한 곳이구나 하는 생각까지 했죠."

〈2001. 6. 20. 김 교사〉

이러한 결과는 Lortie(1975)의 연구 결과와도 일치한다. Lortie는 교직에 처음 입문하는 교사들이 자신의 문제를 스스로 해결할 수밖에 없는 이유를 학교 사회의 무관심한 풍토 때문으로 보기보다는 학교 업무의 특수성 때문으로 본다. 이것은 한편으로 교사들이 자신들이 하는 업무를 교직 사회에서 상호 교류되어야 할 차원이 아닌 개인적인 차원에서 인식하고 있음을 보여주는 것이다. Lortie는 교직에 처음 입문하는 교사들이 자신의 문제를 스스로 해결할 수밖에 없는 이유를 교사들의 하위문화가 취약하여 '공동의 전문적 기술문화'가 결여됨으로써 나타나는 구성원 상호간의 고립 때문이라고 보았다.

② 학생과의 인간관계: 친밀감과 권위 사이의 갈등

대부분의 연구 참여 교사들은 학생들과의 친밀한 관계를 통해서 자신이 추구하고자 하는 교육관과 가르침을 펼쳤을 때와 그 결과로서 아이들에게 나타나는 교육적 변화를 느낄 때 가장 큰 보람을 느낀다고 한다.

연구 참여자들은 학생들과 기본적으로 친구와 같은 친밀한 관계를 형성하고자 하는 욕구가 강하다. 이들은 학생들과 때로는 다정한 친구, 때론 친절한 언니 오빠처럼 가까이 다가가고 싶어 하고, 학생들과 '인간적'으로 만나는 것을 추구하고 있다. 그러나 이러한 다정하고 친밀한 관계는 교사와 학생이라는 교육적 관계와 관련하여 커다란 갈등을 야기하고 있다. 왜냐하면, 교사와 학생은 그 자체로 위계성을 지니고 있기 때문이다. 즉, 교사는 기본적으로 학생들을 통제하고 지도해야 할 '지도자'적 위치에 서 있기 때문이다. 연구 참여자들은 자신들이 바라는 '친구'와 같은 친근한 이미지와 '지도자'라는 위계적인 위치 사이에서 커다란 갈등을 느끼고 있다.

"수업시간에 애들하고 장난하는 것은 좋아해서 툭툭 치고 장난하고 그래요.

그래서 애들이 저를 무서워하지 않고 건방지게 구는 면도 있지만 그런데 저는
애들한테 애들이 좋아서 진심으로 대하는데 애들이 그걸 이용하는 것 같아요.
가끔 애들이 기어오르고 혹은 어떻게 하면 내 눈을 피해서 딴 짓 할 수 있을
까 하고 생각하는 것 같아요. 그래서 아이들한테도 기대를 많이 했다가 애들이
거기에 부응을 안 해 주니까 점점 실망이 커져요.

〈2001. 9. 17. 김 교사〉

이들은 학생들을 교육적으로 이끌어 나가려 하지만, 교사를 친구로서
인식하는 학생들은 이것을 가만히 두지 않는다. 학생들이 자신의 '지도
자'인 교사를 '친구'로 끌어내리는 것이다. 결국, 연구 참여자들은 학생
들과의 관계에서 '포기할 부분은 포기'함으로써 두 관계 사이의 절충을
이끌어 내고 있다.

그러나 '친구'와 '지도자' 사이의 절충은 현재의 문제점에 대한 회피
는 될지언정, 근본적인 문제의 해결이 되지는 않는다. 왜냐하면 교사는
본질적으로 학생들을 이끌어 나가야 하기 때문이다. 교사에게 학생에
대한 '포기'라는 말은 교사로서의 의무를 저버린다는 것을 의미한다.
따라서 연구 참여자들은 '권위'에 대한 갈망을 버리지 않는다. 단지, 이
들에게는 권위를 어떻게 발휘하는가 하는 점이 문제가 된다.

연구 참여자들은 자신의 권위를 발휘하는 것과 관련하여 다음과 같
은 대립적인 두 가지 양상을 보이고 있다. 그 하나는 학생들에게 '화내
기를 자제'하며 아이들을 설득하는 방식이 그것이다. 그러나 학생들은
'친구'인 교사의 말을 항상 따르는 것은 아니다. 대개의 경우 학생들은
떠들고 장난치고자 하는 자신의 욕구를 우선 추구한다. 이와 관련하여
일어나는 교사와 학생들 사이의 갈등은 많은 경우 교사가 '설득'과 '자
제'함으로써 끝을 보게 되지만, 경우에 따라 폭발하기도 한다. 이러한 폭
발은 종종 신체적 체벌로도 나타난다.

"평상시에 친근하게 아이들을 대하다 보니 애들이 저를 무서워하지 않아요.

가급적이면 화를 내거나 매를 들지 않고 타이르려고 하는데 도저히 안 될 때는 정말 화를 내면서 애들을 때리게 되요. 때리게 되면 한동안 마음이 정말 아파서 다음엔 그러지 말아야지 하죠."

〈2001. 9. 20. 박 교사〉

또한 수업 중 말썽을 일으키거나 극도의 대립 상태를 보이는 학생들에 대해서는 때려도 보고 벌도 세워 보지만 그래도 안 되는 아이들에 대해서는 결국 포기하는 극단적인 양상도 나타난다.

"내 의지대로 안 되는 것들이 있더라고요. 내 맘대로 안 되는 아이들. 내 맘대로 안 될 때 느끼는 실망⋯⋯근데 지금은 실망도 안 해요. 그냥 인정해 버려요. 애들은 약물치료 해야 될 아이들이지 교육받을 애들 아니구나. 그런 생각이 들고요. 정신병원 가서 상담치료를 해야 할 애들도 있어요. 그래도 안 되더라고요. 정신병원 가서 약물치료 해야지 감기 걸린 환자니까 아스피린을 줘야지 체벌해 봐야 소용이 없구나. 인정을 해 버리니까 그다음부터는 스트레스도 안 받고 실망도 없고 그냥 포기해 버리는 거죠."

〈2001. 9. 19. 권 교사〉

대부분의 참여 교사들이 학생들과의 관계에서 가르치는 보람과 긍지를 느끼기도 하지만 한편으로 아이들에 의해 실망과 좌절을 느끼며 가르침에서의 어려움을 호소하기도 한다. 그들의 아이들로부터 얻는 긍지와 보람 그리고 실망과 좌절이 차츰 아이들에 대한 '기대의 축소'와 그리고 '절충과 포기'의 양상으로 나타나고 있다.

③ 학교 행정가와의 인간관계: 왠지 모를 거리감이 느껴지는 대상

연구 참여자들이 교장, 교감과의 인간관계에서 개인적인 친밀감을 느끼는 정도는 개인 차이가 큰 것으로 나타난다.

권 교사의 경우 교장 교감과의 관계에서 어려움과 불편보다는 그들로부터 강한 신뢰와 지원을 받기 때문에 오히려 학교생활이 편하게 느껴진다고 한다. 그가 교장 교감 선생님과 개인적 친분과 신뢰를 구축한데는 몇 가지 이유가 있다. 개인적으로 흡연을 즐기는 권 교사는 남교사 휴게실에 자주 출입하며 흡연을 즐긴다. 역시 흡연을 즐기는 교장교감 선생님과는 남교사 휴게실에서 자연스럽게 담배를 태우며 이런저런 얘기를 나눌 시간을 많이 가질 수 있다. 그리하여 교장 교감 선생님과 자연스럽게 친분을 넓힐 기회가 많은 권 교사에게 교장 교감이라는 행정적 직함은 그리 부담스러운 관계로 느껴지지 않는다. 그가 교장 교감 선생님과 가까운 관계를 유지할 수 있었던 또 하나의 계기는 작년에 발령을 받자마자 연구 수업을 맡게 되었을 때이다. 그 연구 수업이 끝난 후 그는 교장 교감으로부터 수업에 대해 극찬을 받았다. 이후 그에 대한 교장 교감 선생님이 그를 대하는 태도는 전폭적인 지지와 우호적인 태도를 보이고 있고, 업무상의 일로 결재를 맡으러 갈 때도 늘 웃는 얼굴로 그를 맞아 준다고 한다. 이상과 같이 권 교사의 경우 교장 교감의 신임과 개인적 친분 아래 그들의 전폭적인 지원을 받으며 학교생활에 잘 적응하고 있다.

한편 같은 남교사인 박 교사의 경우는 권 교사와는 달리 교장 교감 선생님과의 관계에서 큰 부담은 느끼지 않으나 조금은 갈등을 겪고 있다. 그가 교감 교장 선생님과 갈등을 겪게 된 직접적인 계기는 업무분장에서 자신의 업무가 너무 과다하다는 불평을 가지고 있던 차에 또다른 업무가 그에게 맡겨지면서 그것을 수긍하지 못하고 자신의 불만을 피력하면서부터 관계가 불편해진 것이다. 그 일이 있은 이후 교장교감 선생님은 박 교사가 가지고 들어가는 결재안에 쉽게 결재를 해주지 않는 등 박 교사가 학교생활을 해 나가는 데 있어서 불편을 느끼는 요인으로 작용하고 있다.

이에 반해 나머지 두 명의 여교사들은 교장 교감과 같은 행정가들과 크게 친하다거나 혹은 불편함이나 어려움을 느끼지는 않으나 왠지 모르를 거리감을 가지고 있다. 그 이유는 교장 교감 선생님과의 관계에서 친밀감을 느끼거나 크게 불편을 느낄 만큼 개인적으로 자주 접촉할 기회가 상대적으로 남교사들에 비해 적기 때문이다. 이는 교직에서 남교사가 여교사에 비해 업무 분장상 더 많은 일들을 담당하기 때문에 이런 일들을 결재받기 위해 교장 교감 선생님과 접촉할 기회가 많고, 또 개인적으로도 남교사 모임이나 개인적인 술자리 등 행정가들과의 만남의 자리가 여성들보다 많기 때문인 것으로 추정해 볼 수 있다.

교육행정가인 교장, 교감은 교사와 학생을 관리하는 역할을 하고 있으며, 교사의 활동은 행정가에 의해 관찰되고 평가되며 감독되고 있다. 미국에서의 조사 연구에 의하면 행정가의 칭찬과 격려는 초임교사가 교직 사회에 빨리 흡수, 적응하도록 도와주며 반대로 행정가가 질책과 비난을 많이 할 때 초임교사는 좌절과 분노를 경험하고 자신감이 부족해진다. 이처럼 교사들은 교육행정가에 대해서 불편해하며, 더욱이 초임교사들은 처음 관료적인 사회 체제에 편입되면서 교사의 자율성에 관한 관료주의적 한계를 특별하게 맞이하게 되고, 어렵게 느끼게 된다 (Eddy, 1969).

연구에 참여한 교사들 대부분 교장, 교감 선생님과 대면할 기회가 자주 없는 것으로 나타난다. 그들은 특별히 교장 교감 선생님을 만나더라도 어떻게 대해야 할지에 대해 다소 부담을 갖고 있으며, '교장실에는 특별한 볼일 – 결재받는 일과 같은 – 이 없는 한 드나드는 것이 아니다'라는 생각을 갖고 있다. 교장실에 볼일도 없으면서 자주 가는 일은 동료 선배 교사들의 이상한 눈길을 받을 수도 있고, 그럴 만한 시간의 여유 또한 없다. 또한 부임 초기에는 크게 느끼지 못했으나 학교장이라는 지위에 따르는 권위적인 태도가 초임교사들의 행동을 제약하는 요소가 된다고 말한다.

타 직장보다는 권위 의식이 적은 듯 보이는 교직 사회에도 아직도

많은 권위 의식이 잔재함으로써 나의 생각보다는 학교 행정가의 생각
이 중요하며, 전 직원이 의사결정 과정에 참여함 없이 결정된 학교경영
업무를 타율적으로 수행하는 과정에서 학교 행정가와의 거리는 시간이
지남에 따라 점점 더 멀어지게 된다. 연구에 참여한 대부분의 교사들이
가끔씩 자습시간과 수업시간에 이루어지는 교장 교감 선생님의 순시
활동을 자신들의 학급 활동과 수업에 대한 감독으로 생각하고 있고, 부
담감을 느끼고 있다. 그러면서도 한편으로는 학교 행정가와의 격의 없
는 대화를 갖게 됨으로써 교직역할 수행 과정에서의 어려움에 대하여
지도 조언을 받을 수 있길 원하고, 세대차이로 인한 이견의 간격도 좁
힐 수 있게 되기를 바라고 있다.

④ 학부모와의 인간관계: 부담스러운 존재

학부모들과의 관계에 대해 연구 참여자들이 느끼는 점은 개인에 따
라 많은 차이가 있지만 대체적으로 부담스러운 존재로 인식하고 있다.
실제로 연구 참여자들과 학부모들이 접촉할 기회는 학년 초 학부모 총
회 때 담임교사와의 만남의 시간 외에 개인적인 접촉을 가질 시간이
그리 많지 않다. 하지만 이때 대부분의 초임교사들은 학기 초에 실시되
는 학부모들과의 면담에서 자녀의 학교생활에 대해 교사 자신도 학생
들에 대한 개인적인 파악이 잘 되지 않는 상황이기 때문에 학부모들의
기대를 충족시켜 줄 만큼 아이들에 대해 들려줄 얘기가 없다는 점이
큰 고충이라고 대답한다. 또한 교사들은 자신보다 나이가 많은 사람들
과 접촉해 볼 기회를 충분히 가져보지 못했기 때문에 학부모와의 연령
차로부터 오는 대화의 기술과 방법에 대해 어려움을 느끼고 있다.

권 교사, 김 교사, 최 교사의 경우는 학교가 위치해 있는 지역사회의
여건이 열악한 편이라 학부모들이 학교로 찾아오는 경우나 학교의 학
사 행정에 간섭하는 일이 거의 없어 학부모의 충돌과 갈등을 경험하는

경우가 극히 드물다. 이에 반해 상대적으로 교육열이 높은 부유층들이 살고 있는 지역에 속한 학교에 근무하는 박 교사는 학부모들의 관심 때문에 자신의 소신대로 일처리를 함에 있어서 불편함을 느끼고 있다. 박 교사가 근무하는 학교는 학생들의 학사 운영이나 교과 지도에 대한 학교의 전반적인 업무 운영에 있어서 학부형들의 입김이 많이 작용한다. 실제로 박 교사도 자신이 가르치는 수업 내용과 평가 내용에 있어서 한 학부모의 항의 전화로 인해 교감 선생님에게 불려가 왜 그런 수업과 평가를 하느냐는 질문을 받았다.

서울 강남의 부유층의 학부모들은 아이들의 시험 성적에 매우 민감하여 전 과목 과외를 받는 아이들이 많다. 일부 학부모들은 체육이나 예능 과목의 실기 점수를 높이기 위해서 해당 실기 종목만 특별히 연습하여 성적을 향상시키는 과외를 따로 받게 한다. 그런데 박 교사가 실시하는 평가는 실제 수업의 과정에서 이루어지는 평가여서 이를 따로 과외를 시키지 못하는 데서 오는 불만을 한 학부형이 교감 선생님을 통해 전화로 전달하고, 이를 교감 선생님은 박 교사에게 전달했던 것이 사건의 전말이다.

이러한 예는 빙산의 일각에 불과할 뿐 다른 동료교사들이 학부모로부터 받는 스트레스는 더 크다고 박 교사는 얘기하며, 교사들이 자신의 소신껏 학생들의 교육활동에 열정을 쏟지 못하고 학부모들의 눈치를 보는 것이 박 교사가 근무하고 있는 학교의 현실이라고 말한다.

학부모들은 교사의 교육활동에 필요한 자원이기도 하며, 때론 평가자가 되기도 한다. 학부모들과 교사들과의 원만한 관계 형성은 학생들에 대한 정보 교환을 통해 가정과 교실의 밀접한 관계를 형성하게 하여 교실 생활에 많은 안정을 가져다주게 한다. 본 연구의 초임교사들도 학부모와의 원활한 관계를 통해 학생들의 교육활동에 도움이 되도록 교사-학부모 간의 원만한 관계와 소통이 이루어지길 바라고 있다.

지금까지 기술한 연구 참여자들의 일 중 인간관계에 관한 내용을 간추려서 제시하면 다음 <표 Ⅲ-6>과 같다.

<표 Ⅲ-6> 연구 참여자들의 일 – 인간관계

구 분	권 교사	김 교사	박 교사	최 교사
동료교사	의견 충돌 (교직관의 차이)	의견 충돌, (교직관의 차이), 무관심	무관심	관심과 협조
학 생	친밀감과 권위 사이의 갈등	친밀감과 권위 사이의 갈등	친밀감과 권위 사이의 갈등	잦은 충돌
행정가	잦은 접촉 (친밀감 형성)	접촉 기회 없음	잦은 접촉 (다소 불편)	접촉 기회 없음
학부모	학기 초를 제외하면 만날 기회 없음	가끔 접촉	자주 접촉 (부담)	학기 초를 제외하면 만날 기회 없음

4. 초임교사 사회화의 양상

이상으로 본 연구에 참여한 교사들의 교직 이전 시기와 교직 발령 이후 교사로서 현장에서 어떤 경험들을 하며 교사로서 사회화되는지를 경험 중심으로 살펴보았다. 본 절에서는 지금까지의 내용을 토대로 연구 참여 교사들이 어떤 모습을 보이며 교직에서 적응해 가는지 그 양상에 대한 결과를 소개하고자 한다.

1) 교직관의 형성과 변화

연구에 참여한 교사들은 교직에 부임하기 이전에 교직에 대한 뚜렷한 역할 인식과 교사가 되겠다는 투철한 사명감을 갖고 교직 선택을 하지는 않은 것으로 나타난다. 따라서 그들은 교직 발령 이전에 교직과 학교 현장에 대한 충분한 고민과 성찰이 없었기 때문에 교직 발령을 받은 후 현장에서 비로소 문제 상황에 부딪히며 교직관을 형성, 변화시켜 나가고 있다.

참여 교사들이 교직에 부임하면서 초기에 가졌던 자신들의 교과관, 체육교사의 역할, 수업관 등에 있어서는 발령 초기나 그 이후 현재까지 뚜렷한 변화를 보이지는 않는다. 교과관, 체육교사의 역할에 관한 인식 그리고 수업관은 개인별로 다소 차이는 있지만 자신들이 좋아하는 운동을 즐겁고 재미있게 가르쳐서 아이들이 운동을 좋아하게 만들고, 그것을 통해 학생들이 건강한 삶을 살아갈 수 있도록 하는 공통적인 바람을 가지고 있다. 또한 개인의 성장배경과 인성적 특징에 따라 자신이 소중하게 생각하고 있는 가치와 신념을 수업과 학급 경영을 통해 나타내려고 하지만 이상과 실제가 늘 일치되는 것은 아니다. 하지만 그들이 생각하고 있는 기본적인 철학과 추구하는 가치는 그것이 실제로 나타나든지 아니든지 간에 늘 그들의 마음속에 자리잡고 있고 그러한 개인의 교육적 신념은 크게 변화를 나타내지는 않는다. 그러나 교직관에 있어서 부임 전과 부임 후 뚜렷하게 차이를 나타내는 부분은 학생관에 있어서의 변화이다. 대부분의 연구 참여 교사들은 학생들에 대해서 순수하며, 자신들이 열정과 관심을 가지고 지도하면 그대로 따라오는 순진한 대상으로 인식했었다. 하지만 교직 발령 이후 학생들과의 관계에서 차츰 자신들의 순수한 의도와 열정이 잘 수용되지 못하고 갈등이 심화되면서 학생들을 불신하게 되고 학생들에 대한 생각이 점차 부정적으로 변하고 있다.

이러한 학생관에 대한 변화는 학생들을 대하는 태도와 학생들을 지도하는 방식에 많은 영향을 미치게 된다. 학생관의 변화는 학생들을 대하는 태도의 변화를 초래하게 되는데 대부분의 연구 참여자들이 부임 초기에는 학생들과의 관계에서 친근함을 추구하는 수업 분위기를 조성하려는 노력에서 차츰 권위를 형성하려는 노력으로 전환하게 한다. 이러한 변화는 체벌에 대한 생각까지도 변화시킨다. 일부 교사들은 부임 전에는 체벌에 대해 부정적인 생각을 가지고 있었으나 차츰 체벌은 경우에 따라 필요한 것으로 인식이 전환되고 있다. 학생관의 변화와 학생들과의 갈등은 교직에 대한 보람을 상쇄시키고 교직에의 열정을 식게 만드는 큰 요인으로도 작용하고 있다.

위의 예처럼 교직관을 변화시키고 교직에 임하는 태도의 변화를 초래하게 하는 근본적인 원인으로는 그들이 교직에 들어서기 이전에 교직과 현장에 대해 충분히 고민하는 과정을 통해 뚜렷한 교직관의 형성 과정이 없었기 때문에 현장의 상황에 따라 쉽게 동요되고 변화되는 모습으로 나타나는 것이 아닌가라고 판단해 볼 수 있다.

2) 융통성과 관리 기술의 신장

연구 참여 교사들은 시간이 지날수록 교수관점에 약간의 변화를 경험하고 있다. 이들은 처음에는 교수관점이 한두 가지로 경직되어 있어서 학생들의 다양한 특성과 학년 및 학급 특성에 따라 수업을 적용하는 데 곤란을 겪었다. 그러나 자신들이 추구하는 수업관과 교수관의 큰 틀은 그대로 고수하되 점차 수업 내용, 수업 방식과 학생들의 활동 조직 면에서는 융통성을 가지고 수업을 전개해 나가게 된다.

부임 초기에는 수업에 들어가기 전에 그 시간 수업에서 가르쳐야 될 내용을 낱낱이 적어서 그 수업시간에 다 쏟아내고 와야 한다는 강박관념 때문에 쫓기듯 수업에 임했는데 차츰 그런 수업이 학생들에게 비효율적이며 크게 의미가 없다는 생각을 갖게 되면서 차츰 아이들의 반응을 살피게 되는 여유도 갖게 된다.

학생들이 자신의 수업에서 꼭 지켜줘야 할 규칙과 규율에 있어서의 엄격함도 처음에는 지나치게 규율을 강조해서 자칫 수업이 딱딱해지곤 했는데 차츰 시간이 지날수록 그런 형식에 얽매여 진정 내용에 쏟아야 할 시간에 소홀해짐을 느끼게 되면서 지나친 엄격함에서 벗어나 차츰 너그러워지며 학생들 입장에서 생각하려는 융통성도 가지게 된다.

이와 같은 결과는 이효진(1996)의 연구 결과와도 일치한다. 이효진은 초등학교 체육 전담 초임교사들을 대상으로 한 교직 사회화 연구에서 교직 경력이 쌓여감에 따라 초임교사들의 교수관점에서도 약간의 변화가 일어났다고 밝히고 있는데 이를 '융통성'이라고 표현하였다.

실제로 본 연구에서도 교사들이 어느 정도 교직에 적응하며 학생들을 지도하는 관리능력이 신장되면서 융통성이 생겼으며, 이러한 융통성은 기존에 연구 참여자들이 고집해 왔던 수업 방식에 조금의 변화를 초래하는 기제로 작용하고 있다.

3) 수업의 현상 유지

경력이 쌓이면서 관리능력과 융통성이 신장되는 데 비해 수업에서는 처음에는 열정을 보이다가 차츰 현상 유지의 경향을 보이고 있다. 이명순(2001)은 수업과 관련하여 초임부터 2-3년까지 수업에 재미를 느끼고 많은 발전을 하게 된다고 말한다. 그러나 본 연구의 참여자들은 경력 2

년째를 맞이하는 교사들로, 처음 부임했을 당시에는 대부분의 교사들이 수업에서 상당히 어려움을 겪었다. 그러나 아이들을 장악하는 능력과 융통성이 신장되면서 수업에서의 어려움과 수업 준비에 드는 시간이 줄어들면서 차츰 수업에 쏟는 열정이 줄어드는 경향이 나타난다. 물론 개인에 따라 몇 사람의 경우 전년도에 비해 수업 준비에 쏟는 시간이 줄어드는 것은 사실이라고 하나 아이들의 흥미에 부합되는 수업을 하기 위해 새로운 시도와 방법을 도입하는 등 노력하는 교사도 부분적으로 있다. 하지만 이들의 경우도 어느 정도 성공적인 시스템이 구축되었다고 판단되면 그 수업 체제를 계속 유지, 정착시켜 나가는 경향을 나타내고 있고, 새로운 시도와 실험적인 수업을 기획하는 열정을 보이는 교사는 드물었다. 본 연구 참여자들의 대다수가 전년도에 비해 수업 준비에 쏟는 시간이 줄어들었다는 답변은 이러한 현상을 반영하는 것으로 해석할 수 있다.

수업에 있어서 이러한 현상 유지는 하던 내용을 반복하거나 스스로 수업에 재미를 느끼거나 무엇을 찾고 노력하고 탐색하는 과정이 없기 때문이다. 이러한 원인에는 몇 가지 이유가 작용하고 있다.

첫째, 타 교과처럼 체육과의 교육과정은 교과서대로 진도를 나갈 수 없다는 데 가장 큰 원인이 있다. 교과서에 나와 있는 다양한 종목을 실시하기에는 여건과 시설이 너무 열악해서 초임교사들은 다양한 수업 내용의 계획에서부터 많은 곤란을 겪게 된다.

둘째, 같은 학년에 들어가는 동료교사들과 수업 내용과 평가 내용을 맞춰야 한다는 것도 다양한 수업의 시도에 걸림돌로 작용한다.

셋째, 초임 때는 무엇을 해야 할지, 어느 정도 시간이 소요될지에 대해 모르기 때문에 불안한 마음에 수업 구상에 많은 시간을 보내게 된다. 그러나 경력이 쌓이면서 수업을 준비하지 않아도 수업을 운영할 수 있다는 자신감과 그리고 활동에 대한 세부적인 계획을 미리 구상하지 않아도 이전의 경험에 따라 어느 정도 활동 방향을 예측할 수 있다는 점은 교사로 하여금 수업 준비에 소홀하게 하는 요소가 되었다.

끝으로 업무량이 많은 교사일수록 수업 준비에 쏟는 시간이 적어지는 것으로 나타난다. 경우에 따라 업무 처리 때문에 수업에 결손이 생기는 경우까지 있다. 이러한 현상은 초임교사들이 자신의 수업보다는 학교의 업무가 더 중요한 것으로 인식하는 가치관에서 비롯된 것임을 알 수 있으며, 수업을 잘하는 교사보다는 학교 업무를 잘 처리하는 교사가 유능한 교사로 인정되는 교직 풍토에서 기인한 것이 아닌가 생각한다.

4) 인간관계에서의 조화 추구

초임교사들은 학교 사회에서 교장, 교감, 선임교사와 동료교사, 학생과 학부모 집단과 여러 가지 다양한 형태의 인간관계를 형성하면서 교직에 적응하여 나가게 된다. 연구에 참여한 교사들은 자신이 접촉하는 각종 인적 자원들과의 관계에서 안정을 추구하기 위하여 노력하고 있다.

학교 사회에서 형성하는 인간관계 가운데 가장 어려운 것이 선배 동료교사와의 인간관계로 교직에서 갈등의 주된 원인이 된다. 연구 참여자들이 갈등에도 불구하고 선배교사와의 관계에서의 안정을 추구하려는 강한 욕구를 드러내는 예는 권 교사와 김 교사의 경우에서 가장 확연하게 드러난다. 권 교사와 김 교사는 평가계획과 시험문제 출제 등 가르치는 내용과 방법적인 면에서 선배 동료교사와의 의견 충돌이 있었으나 자신들의 의견을 끝까지 고집하지 못하고 선배교사의 견해를 수용하는 양상을 보여준다. 이러한 양상을 나타내는 그들의 내면에는 부딪혀서 좋을 것이 없고, 부딪혀 봤자 초임이라는 자신들의 위치에서 결국 자신들의 의견이 받아들여지지 않으리라는 생각이 그러한 양상을 나타나게 한 원인이다. 또한 자신들의 의견을 행동으로 강행할 경우 다른 동료교사와의 관계에서 '고집이 세다', '건방지다'라는 인식을 심어 주게 되면 이러한 꼬리표가 학교생활 내내 쫓아다닐 것에 대한 두려움도 갖고 있다. 이러한 두려움 때문에 그들의 소신을 끝까지 밀어붙일 수 없었으며, 때로는 선배 동료교사들이 시키는 일이 마음에 들지 않고 내키지 않아도 참아야 한다고 생각하고 있다. 이들은 자신들의 생각과 고집을 드러내기보다는 원만한 인간관계를 위해서 꼬리표를 달지 않고 조용히 학교생활을 해 나가기를 바라고 있다.

이 밖에 교장 교감 등 관리자와의 관계, 학생과 학부모와의 관계에 있어서도 큰 충돌 없이 좋은 관계를 유지하는 것이 자신들의 순조로운 교직 적응을 위해서 필요한 일로 인식하고 있다.

5) 적응 전략

본 연구에서 4명의 초임교사들은 현장에서의 초기 경험을 통해 교육과정, 학생과의 관계, 학생행동의 통제, 교수방법 등 교사로서의 교수관점에 대해 딜레마를 경험하고 있다. 이러한 하위영역에 대해 연구 참여교사들은 이전에 지니고 있던 교수관점과의 대립을 경험했으며, 이때 본인의 교수관점을 바꿈으로써, 때로는 전략적 순응을 채택함으로써, 때로는 본인의 교수관점을 강화시킴으로써 학교 현장에 적응하고 있다.

Lacey(1977)는 교수관의 변화 강화와 관련하여 초임교사들이 학교 현장에 적응해 나가는 과정 속에서 발견한 몇 가지 전략들을 세 가지 종류로 구분하고 있다. 첫째로 내면화적 적응은 교사가 현장의 가치나 규범을 충분히 받아들이고 믿는 것이고, 둘째는 전략적 순응으로 교사가 상반된 신념을 가지고 있지만, 상황의 요구에 순응하는 경우이다. 셋째로, 전략적 재정의는 교사가 그 상황의 장애 요소와 충돌하면서 자신의 의지에 따라 그 상황을 변화시키려는 경우이다.

내면화적 적응 현상은 일반적으로 교직에 들어오기 전에 교직에 대한 뚜렷한 역할 인식과 교직관이 확립되지 않은 상태에서 교직에 발령을 받아 교직이란 이런 것인가 보다 하고 자연스럽게 받아들이는 경우의 예를 들 수 있다. 본 연구의 참여 교사들은 학교에 발령을 받기 이전에 교직에 대해 깊이 생각해 보지 못했기 때문에 학교라는 조직에 대한 이해가 깊지 못하다. 그래서 초임임에도 불구하고 지나치게 많은 업무가 부과된 점에 대해 별 불만 없이 자신들이 책임져야 할 일로 인식하고 있다. 오히려 그들은 "학교라는 사회는 이런 곳인가 보다"라는 인식을 굳혀가며 마땅히 자신들이 해야 할 일들을 묵묵히 수행해 내고 있다. 학교에서 행해지는 여러 가지 풍토와 조직의 분위기에 대해 뚜렷한 인식과 역할 기대가 없었던 교사일수록 이러한 내면화적 적응 현상이 자주 나타난다.

전략적 순응의 양상은 가르치는 내용과 평가의 방법에 있어서 가장 많이 나타난다. 대부분의 연구 참여 교사들은 체육을 가르침에 있어서 질서 위주의 딱딱하고 재미없는 수업보다는 학생들이 즐겁게 참여하는 수업을 추구하고 있다. 하지만 이러한 수업을 추구하는 데에 걸림돌로 작용하는 평가 방법에 있어서 동료교사와의 갈등, 체육 시설과 교구의 부족 등 현실적인 제한들로 인해 자신들의 신념대로 어려움에도 불구하고 추진해 나가기보다는 현실의 여건에 맞춰 순응하는 양상을 나타내고 있다. 이러한 예는 권 교사의 예에서 가장 두드러지게 나타난다. 권 교사는 연초에 가르칠 내용과 평가 방법의 결정에 있어서 자신과 의견을 달리하는 선배교사와 충돌할 수 없어서 자신이 원하는 것을 접고 기존의 체제에 따라 수업을 진행하게 된다. 한편 체육 시설과 기구의 부족도 연구 참여자들의 전략적 순응의 원인이 되기도 한다. 연구참여 교사들의 대부분이 그들이 원하는 수업을 하기 위해 체육 시설및 기구를 과감하게 변화시키기보다는 주어진 시설과 환경 내에서 수업을 계획하고 추진한다는 측면이 이를 설명해 준다. 그리고 전략적 순응은 본 연구의 초임교사들이 가장 빈번하게 보여주는 적응 전략 중의하나이다.

전략적 재정의의 모습은 자주 드러나지는 않는다. 연구 참여자들은자신들의 신념과 가치에 맞지 않더라도 신념을 밀어붙이기에 초임교사들이 자리하고 있는 위치는 극히 미약하다고 스스로 느끼고 있고, 만에하나 자신들의 주장을 밀고 나갈 경우 인간관계에서부터 오는 대립과갈등을 원치 않기 때문에 자신의 의견이 옳다고 생각되더라도 끝까지주장을 내세우지는 못한다. 이러한 경향은 학교 현장에 안정되게 적응하려는 그들의 강한 욕구를 반영한 것이 아닌가 생각한다.

6) 시행착오를 통한 '자기 사회화'의 과정

초임교사가 학교 현장에서의 실제 근무를 통하여 변화해 가는 과정에 관한 Lortie(1975)의 연구는 교사의 초기 경험을 다른 고전적인 도제 제도와 비교하여 교사의 초기 사회화의 특징을 개인주의적이며 보수적인 '자기 사회화'로 규정하고 있다. 형식적인 도제 제도에서는 새로 입문하는 사람은 점차로 어려워지는 일련의 과제들로 안내되고 기술이 향상됨에 따라 책임도 커진다. 또 초보자는 같이 일하는 사람들로부터 개인적인 도움을 받으며, 그 집단에서 사용되는 용어와 지식을 완전하게 배우게 된다. 현대의 전문직에서는 초보자는 최근의 연구에 대해서 배운 '교과서적 지식'을 자신의 상사에게 전달해 주고, 상사들은 실제적인 기술과 경험으로부터 얻은 지혜를 전수해 준다. 그러나 교직에 입문하는 교사들은 다른 사람들의 도움을 구함에 있어서 상급자들에게 의지하기보다는 동료들과 비공식적으로 의견과 경험을 교환하는 것을 선호한다. 그러나 세포와 같은 학교 조직의 특성으로 인하여 동료 상호간의 교환의 양과 형태는 제한될 수밖에 없다. 이러한 교사의 고립성으로 인해 교사들은 다른 동료에게 도움을 청하기 이전에 신임교사는 문제 거리를 분간하고 해결의 대안들을 생각하고 선택을 하며, 실행을 한 후 결과에 대해 평가를 하는 등의 모든 것을 혼자 해결해야 한다(고영상, 1998).

본 연구의 참여 교사들은 직무 수행 과정에서 겪는 어려움을 대부분 혼자서 해결하고 있다. 물론 교직생활에서 겪는 고충과 어려움을 하소연하며 심정적으로는 선임교사나 동료교사들로부터 도움을 받는 것으로 나타나나, 수업이나 업무의 수행에 있어서는 대부분 동료교사들의 도움과 협조보다는 시행착오를 겪으며 혼자서 해결해 나간다. 대부분의 연구 참여 교사들이 속한 체육교사들의 문화는 교과 협의가 잘 이루어지지 않는 것으로 나타나고, 협의회가 이루어지더라도 수업 내용과 평가계획에 대한 심도 있는 논의가 이루어지지 않고 있다. 이러한 체육교사들의 풍토는 그들이 하는 업무를 상호 교류되어야 할 차원이 아니라 개인적인 차원에서 해결해야 할 일로 인식하고 있음을 보여주는 것이다.

Lortie(1975)는 교직에 처음 입문하는 교사들이 자신의 문제를 스스로 해결할 수밖에 없는 이유를 학교 사회의 무관심한 풍토 때문이라기보다는 학교 업무의 특수성 때문으로 보고 있다. Lortie는 교직에 처음 입문하는 교사들이 자신의 문제를 스스로 해결할 수밖에 없는 이유를 교사들의 하위문화가 취약하여 '공동의 전문적 기술문화'가 결여됨으로써 나타나는 구성원 상호간의 고립 때문이라고 보았다.

체육교사들이 자신들이 수행하고 있는 업무를 개인적인 차원으로 인식하는 것은 교사 개개인이 제한된 정보와 자신만의 수업 스타일에 안주하게 함으로써 학생 지도에 부정적인 효과를 초래할 수 있다. 특히 전문직에서 가장 중요한 초임기에 형성된 전문직관은 앞으로의 직업 생활에서 매우 중요한 위치를 차지한다고 볼 때 이 시기에는 초임교사들을 올바로 이끌어 줄 수 있는 '공동의 전문적 기술 문화'를 공유할 수 있는 체육교사문화가 무엇보다도 필요하다. 이를 위해선 초임교사들이 교직에서 요구하는 역할들을 잘 수행해 나갈 수 있도록 경력 많은 교사의 도움은 물론이거니와 교과 지도와 업무 분장에 이르기까지 교직 전반에 걸쳐 필요한 일들을 공동의 일로 인식하고 협의하는 체육교사들의 연구 풍토가 조성되어야 할 것이다.

제 4 장

교사 사회화 요인

  본 장에서는 전 장에서 기술된 내용들을 토대로 연구 참여 교사들의 교사 사회화 과정에 영향을 미친 요인들을 교사 사회화 이론들과 관련하여 살펴보고, 아울러 교사 사회화의 방향과 시사점에 대해 간략히 논의해 보고자 한다.

  교직의 초기 사회화 과정은 다른 직업의 사회화와는 달리 "교직에로의 입문 이전부터 시작되는 오랜 과정"(Lortie, 1975)으로, 대학 교육 이전의 시기, 직전 교사교육 시기, 교육실습 기간, 교직 입문 이후의 초기 시기 등이 포함된다. 다시 말해 교사 사회화는 어느 특정한 한 시기에 걸쳐 이루어지는 것이 아니며, 한 개인의 과거와 현재 그리고 미래에 걸쳐 종단적으로 이루어지는 과정인 것이다.

  교사의 사회화에 영향을 미치는 요인으로는 교사의 인성, 경력, 성장 배경, 양성 과정, 학교의 분위기, 학생의 연령 및 특성, 학교의 운영 구조, 영향을 미치는 사람, 원내 장학, 연수체제 등 다양한 요인들이 언급되고 있으나 본 절에서는 Glatthorn(1995)이 분류한 개인적 요인, 상황적 요인으로 나누어 기술하고자 한다.

1. 개인적 요인

  교사의 인성, 교직 선택의 동기와 역할 인식, 과거에 경험한 스포츠와 체육수업, 양성 과정, 건강 및 체력 등이 개인적 요인으로서 교직을 선택하고 수행하는 과정에 영향을 미친다. 이 중에서도 교사 개인의 인성, 교직 선택의 동기와 역할 인식, 과거에 경험했던 스포츠와 체육수업, 대학의 양성 과정은 초임교사의 교직관 형성에 많은 영향을 미치는 것으로 나타난다.

1) 인 성

교사로 교직에 입문한 뒤 수업과 학급관리, 교직 풍토에의 적응 등 초임교사로서의 역할 수행의 전반에 있어서 영향을 미치는 요인으로 교사들의 개인적 인성은 그들의 교직관 형성과 변화에 많은 부분 영향을 미치는 것으로 나타난다. 특히 개인의 성격은 두 가지 측면에서 영향을 미치는 것으로 생각되는데, 그 하나는 학교 조직에 적용하는 속도로 빠른 상황 판단과 대인관계에서의 대처 능력에 있어서 조직에 빨리 적응하고 비교적 안정적으로 사회화되어 가는 측면이다. 다른 하나는 학급관리와 수업과 연관 지어 집단적으로 활동하는 정도와 학생들을 지도하는 방식에 있어서 차이를 나타내는 것이다.

성격은 교사의 인성적인 자질 중 한 부분으로 개인적인 차원에 해당하며, 따뜻함이나 자상함, 온유함, 대인관계 기술과 같은 측면을 포함하며, 이러한 성격은 교사가 되기 이전에 많은 부분 결정되어 교직에 입문하게 된다. 본인이 갖고 있는 성격에 따라 학교 조직에 적응하는 데 있어서 그리고 교사로서의 역할을 수행해 가는 과정에 있어서 많은 영향을 미치고 있다.

예를 들면, 같은 여교사라도 교사로서의 능력에 대한 자신감과 적극성 그리고 주체의식이 강한 성격을 가진 최 교사의 경우 수업과 학생들을 지도 관리하는 방식에서 학생들에게 자신이 원하는 방향으로 끌고 나가기 위해 엄격한 제재를 가하거나 규칙과 틀을 강조하는 유형으로 지도방식이 나타난다. 이러한 강압적인 성격이 반영된 수업은 학생들에게 때론 반발과 반목을 사게 되고 급기야는 최 교사와 학생들 간의 극단적인 충돌로까지 이어지기도 한다. 반면 내성적이고 소극적인 성격의 김 교사는 수업이나 학급 운영에서 자신의 주장을 강조하기보다는 학생들의 의견을 수렴하는 경향으로 나타나고 있다. 그러나 김 교사의 수업은 수업이라기보다는 자유시간이라는 표현이 가까울 정도로 혼란스럽고, 학생들의 통제에 어려움을 겪고 있다.

그리고 교직에 적응하는 정도에 있어서 같은 남교사라도 권 교사와 박 교사의 경우에 있어서 성격 차에 의한 교직 적응에 있어서의 극명한 차이를 보이고 있다. 권 교사는 능숙한 언변과 사교술로 인간관계에서의 어려움 없이 학교생활에 잘 적응하는 경우를 보여준다. 평소 흡연을 즐겨하는 권 교사는 남교사 휴게실에서 교장 교감 선생님과 함께 흡연할 기회를 가짐으로써 거리감을 줄여 학교생활에 든든한 후원을 받으며 큰 어려움 없이 교직생활을 수행해 나가고 있다. 반면 내성적이며 비사교적인 성격의 소유자인 박 교사의 경우는 동료교사와 교장 교감 등 인간관계에서 매끄러운 관계를 형성하지 못하고, 때론 이런 관계 형성으로 인해 학교생활에 다소 어려움과 불편을 겪고 있다.

교사들의 개인적인 인성은 자신의 교수 가치관에 그대로 투영되고, 학생들과의 관계, 동료들과의 인간관계를 형성하고, 조직 풍토에 적응하며 교사로서 사회화되는 데 큰 영향을 미치는 요소로 작용함을 알 수 있다. 이러한 개인의 인성적인 요소들과 교직에서 필요한 태도와 성격적 특징들이 일치하지 않을 경우 교사로서의 역할 수행을 성공적으로 수행해 나가는 데 지장을 받게 된다.

교육의 질은 교사의 질을 능가할 수 없다. 따라서 교사교육은 교직 지원자의 선발 과정에서 적성평가를 통해 교직 수행에 적합한 인성 유형의 교사를 선발하는 것이 교사 임용 과정에서 필수적으로 수반되어야 할 일이 아닐까 생각한다.

2) 교직 선택의 동기와 교직에 대한 역할 인식

개인이 한 직업에 어떤 계기와 동기를 가지고 입문하게 되는지와 그 직업에서 필요로 하는 역할에 대한 인식은 그 직업 생활 내내 직업에 임하는 태도와 자세에 영향을 미치게 된다. 실제로 본 연구에 참여한 교사들도 교직 선택의 동기와 교직에 임하는 태도 및 자세와의 관련에서 그들이 어떤 이유로 교직에 선택하게 되는지 입문의 동기가 이후의 교사 생활에 많은 영향을 미치고 있음을 발견할 수 있다.

개인별로 교직을 선택하게 된 동기와 이유는 다 다르지만 교직 선택의 이유와 현직에서 드러나는 수행의 정도와 관련되는 예를 살펴보면 먼저 김 교사의 경우 아이들과 함께 생활하는 것이 좋아서 교직을 선택하게 되었다는 게 가장 큰 이유다. 이러한 교직 선택의 동기는 이후 학교생활에 있어서 무엇보다도 학생들과의 관계에 많은 비중을 두는 것으로 그 영향이 나타나고 있다. 그가 교직에 매력을 느끼고 교직에의 동경을 현실화시킨 직접적인 계기는 교육실습에서 겪었던 반 학생들과의 즐거웠던 경험이 직접적인 원인이었다. 그때의 동경으로 김 교사는 학생들과의 관계를 무엇보다 중요하게 생각하게 되고, 현재의 학교생활에서도 학생들을 통해 교직생활의 보람을 찾고 있다. 그의 이러한 교직관은 때로는 학생들에 대한 실망으로 인해 조금씩 좌절과 아픔을 겪기도 하지만 학급 학생들과 다양한 활동과 접촉을 통해 그 보람을 계속 이어가려는 노력을 아끼지 않는 것으로 나타나고 있다.

그러나 뚜렷한 교직관과 사명감에서라기보다는 현실적인 여건과 필요에 의해 교직을 선택한 권 교사의 경우 자신의 열정과 능력을 100% 발휘하기보다는 자신의 편의와 안위를 위해 적당히 순응하고 타협하는 적응 양상을 나타내고 있다. 그는 교직이 비교적 안정되고 편안한 직업이라는 생각에는 동의하나, 한 가정의 경제를 책임지는 가장으로서 교사라는 직업은 금전적인 측면에서 매력적인 직업은 아니라는 생각을 갖고 있으며, 이러한 그의 생각은 부업을 갖도록 했고, 교직 수행 중간 짬짬이 나는 시간을 이용해 부업 준비를 하는 극단적인 양상으로 나타나고 있다. 그는 부업이 어느 정도 궤도에 오르게 되면 교직을 그만두고 다른 직업으로의 전향을 꿈꾸고 있다.

이 밖에도 김 교사와 박 교사의 경우도 교직을 선택하기 이전에 뚜렷한 교직 선택의 동기와 교직에 대한 역할 인식이 명확하지 못했던 것으로 나타난다. 그들은 3월에 발령을 받자마자 담임이라는 역할을 맡았을 때 담임이 해야 하는 구체적인 역할이 무엇인지 막상 교실에 올라갔을 때 아이들에게 어떤 말을 어떻게 해야 할지에 대해 너무 막연하고 그로 인해 당황했던 경험을 겪게 된다. 이러한 예는 그들이 교직에 발령을 받게 되면 어떤 임무들을 수행해야 하는지에 대한 사전 지식이 거의 없었음을 보여준다. 이는 교직에 대한 뚜렷한 역할 인식이 형성되어 있지 못했음을 단적으로 보여주는 예이다.

초임 체육교사들의 역할 인식에 초점을 둔 연구들은 초임교사들이 이미 직전 교사교육 프로그램에 참여할 때 교사로서의 자신에 대한 강한 신념을 나타내고 있다고 보고하고 있다. Crow(1987)는 교생들은 잘 설정된 교사역할 인식을 가지고 형식적 교육 프로그램에 참여하고, 경험에 의미를 끌어내기 위해 이러한 교사역할 인식을 필터로 이용한다고 주장한다. Solomon과 동료 연구자들(1993)은 6명의 체육교생들의 교수관을 조사하고 각 교사들의 교사역할 인식과 교수 상황에서의 상호작용의 양상을 연구하였다. 이 연구는 명확한 교사역할 인식을 가진 교사들이 학교 상황에 잘 대처하고 교사의 역할에 보다 더 효율적으로 적응하며, 자신의 교수 스타일을 정립해 갔고, 교사로서의 분명한 역할 인식을 하지 못한 교사들은 지도교사를 모방하면서 의지하는 경향을 나타내었다고 보고하고 있다. 이러한 연구 결과에 비추어 볼 때 교직 선택 시 교사로서의 역할 인식이 뚜렷한 상태에서 교직을 선택한 사람과 그렇지 못한 사람은 교직 수행에 있어서 차이가 있을 수 있음을 시사받을 수 있다.

과거에는 교직을 뚜렷한 사명감과 투철한 책임의식 그리고 인간에 대한 배려와 따뜻한 심성을 가진 봉사와 희생의 마음을 가진 사람들이 해야 하는 성직으로 여겼으나 최근에는 교사에 대한 사회적 존경의 상실과 위상의 추락으로 교직을 단지 직업적인 측면에서 안정된 직업으로서 생각하는 경향이 높아진 것이 사실이다. 따라서 교직에 대한 뚜렷한 역할 인식을 가진 교사들이 교직을 희망하는 경우도 차츰 줄어들고 있다.

교육의 전 과정에서 교육의 계획자도 실천자도 교사임을 생각할 때 교사의 질은 교육의 성패를 가름하는 가장 중요한 요인에 속한다고 할 수 있다. 따라서 교원 양성과 선발은 교육을 받은 대상이 성공적으로 교직을 수행할 수 있다는 것을 예언할 수 있어야 하며, 이러한 예언적 관련성은 교사 지원 이전에 교직을 지원하는 동기와 교직에 대한 역할 인식이 어느 정도 확고한지를 사전에 알아봄으로써 어느 정도 확인해 볼 수 있을 것이다. 따라서 교직에서 필요한 역할에 대한 확고한 인식과 교육이란 무엇인지에 대한 본질적인 물음에 의문을 가지고 교육에 대해서 진지하게 고민해 보는 태도를 가진 사람들을 우선적으로 선발, 양성, 혹은 임용하는 교원 양성 체제를 확립하는 것이 무엇보다도 시급한 일이라고 여겨진다. 이러한 일은 사범대학에 입학하기 이전, 그리고 교원 임용고사 등 선발과 양성 절차에서 철저한 교직 적성 테스트와 심층 면담을 통해 적격자를 선별하는 과정이 전제되어야 할 것이다. 이러한 전제가 올바르게 이루어져 교직에서의 자신의 일에 자부심을 갖

고 혼신의 힘을 다해 열심히 아이들을 가르칠 그런 사람들이 교육계에
투신할 수 있어야 하며, 또한 양성 과정에도 교사로서의 사명의식을 더
욱 확고히 할 수 있는 바람직한 교사교육이 이루어져야 할 것이다.

3) 과거에 경험한 스포츠와 체육수업

Solomon, Worthy와 Carter(1993)의 초임교사를 대상으로 한 사례연
구를 살펴보면, 체육교사가 되려는 사람들은 흔히 어렸을 때부터 체육
이나 스포츠에 흥미를 느끼고 여러 운동을 지속적으로 해 오고 있었던
것으로 나타난다.

본 연구에 참여한 교사들도 과거에 활발한 운동에 참여한 경험이 많
고, 운동 능력이 뛰어난 교사일수록 신체활동을 통한 움직임에 대한 자
신감을 가지고 있다. 이러한 자신감은 자신이 앞으로 체육교사로서의
역할을 충분히 수행할 수 있다고 믿게 되는 데 영향을 준다. 또한, 이
상적인 교사상에 대한 질문을 받았을 때도 운동감각 및 스포츠 기술을
필수적인 것으로 생각하고, 이러한 개인의 스포츠 경험 및 자질은 체육
교사로서의 역할 수행에도 큰 역할을 하고 있음을 알 수 있다.

그러나 초임교사들이 과거에 경험했던 체육수업의 영향에 대해서는
긍정적이거나 부정적인 영향이 지속적인 것으로 나타난다. 이러한 결과
는 예비교사들의 과거의 체육수업의 경험은 자신의 역할 인식 형성에
중요하며, 교수관의 발달에 계속적으로 영향을 미친다는 Lortie(1975)의
'도제적 관찰'의 결과와도 일치하며, 과거에 그들이 받았던 체육수업은
실제 학교 현장에서 학생들을 교육하는 교수철학에도 반영되고 있다.
박 교사의 경우, 중학교 2학년 때의 체육 선생님의 혁신적이며, 창의적
인 수업 방식과 학생들을 대하던 태도 등을 인상적으로 기억하고 있었

다. 그리고 그는 그때의 수업을 현재의 자신의 수업에서도 지향되어야 할 모델로 생각하고 있었다. 그러나 이에 반해 다른 세 명의 연구 참여자들은 예전에 자신들이 받았던 체육수업의 모습을 '질서교육 및 제식 훈련의 시간' 그리고 '아무것도 배울 수 없었던 시간', '권위와 억압의 시간' 등 부정적으로 인식하고 있었다. 이러한 생각들은 현재의 자신들의 수업은 자신들이 받았던 과거의 체육수업과는 다른, 즉 학생들에게 유익한 것을 가르쳐야 한다는 생각, 아이들의 흥미와 재미를 유발할 수 있는 수업, 권위보다는 친밀한 관계를 중시하는 수업을 추구해야 한다는 방향으로 나타나고 있다.

교사들이 자신이 과거에 받았던 수업에 대해 이렇게 비판적으로 생각하고 있는 까닭으로는 첫째, 교육과정의 변화가 크게 작용한 것으로 보인다. 우선, 학창시절의 교사들은 질서교육과 체력육성 중심의 지도 방침에 중점을 두어 지도하였지만, 본 연구 참여자들은 보다 자유스럽고 개혁적인 교육철학의 영향을 받아왔기 때문이라 사료된다. 또한 둘째, 즐거움, 흥미, 참여 등과 같은 교수관을 가진 연구 참여자들의 교수관에 비춰보았을 때 교사의 권위적인 태도나 전통적인 질서 훈련식의 지도방침에 부정적인 시각을 나타내는 것으로 판단할 수 있다.

교사들이 받았던 과거 체육수업에 대한 평가는 현재의 자신들의 체육수업에 긍정적 혹은 부정적으로 반영되고 있다. 과거의 경험이 부정적일수록 반동일시의 대상으로, 그리고 긍정적인 경험일수록 동일시의 대상으로 나타나고 있다. 이러한 양상은 교사들의 수업 형태를 통해 체육수업에 대한 학생들의 인식이 형성되며, 이러한 인식은 앞으로 체육에 종사하게 될 미래의 인력들의 현장에도 영향을 미칠 수 있다는 점으로 미루어 볼 때 체육교사들의 수업에서의 성실한 태도가 요구됨을 반영하고 있는 결과로 인식할 수 있다.

4) 직전 교사교육 프로그램

교사교육과 관련한 많은 연구 결과들을 살펴보면 교사교육 프로그램은 이미 형성된 교사의 신념이나 교수 수행을 재형성하는 데 한계를 가진다고 밝히고 있다(Bullough, 1989; Crow, 1987; Goodlad, 1983; Knowles, 1988, 1984; Little, 1987; Lortie, 1975). 그리고 국내외에서 수행된 대다수의 초임 체육교사들에 관한 연구에서도 교사들이 처음 발령을 받고 나갔을 때 그들이 받은 교육과 현장 사이의 괴리로 인해 충격을 경험하게 되고, 교직 적응에 어려움을 겪고 있다고 보고하고 있다(Griffin, 1986; Lawson, 1989; O'Sullivan, 1989; Templin, 1981; Lee, 1993).

본 연구에서도 이러한 사실이 어느 정도 입증되고 있다. 연구 참여자들은 대학의 교사교육 프로그램에 입문하기 이전에 뚜렷한 교직관과 교사역할에 대한 인식이 부족했다. 하지만 비록 교직에의 뚜렷한 목표의식과 역할 인식이 부족한 예비교사라 할지라도 일단 사범대에 진학하게 되면 사범대학은 어느 정도 교사로서의 역할 인식과 교직관 형성 및 전문성 신장에 그 책임을 다해야 한다. 그러나 그럼에도 불구하고 연구 대상자들이 소속한 대학의 교사양성 프로그램은 뚜렷한 교육관과 교사로서 필요한 지식과 기술을 심어주기에는 부족했던 것으로 연구 대상자들은 인식하고 있다. 그들은 교사교육 프로그램에서 예비교사들에게 체육교육에 대한 교직관 정립을 위해 생각할 수 있는 시간을 충분히 제공하지 못했다고 지적하고 있으며, 현장에서 실제 체육 지도 시 필요한 프로그램에 대해 연구해 볼 시간이 부족했기 때문에 현장에서 많은 시행착오를 겪으며 어려움을 느끼고 있다고 말하고 있다. 또한 대학의 교사교육 프로그램에서 배운 교육학 관련 과목들도 교육학에 관한 학문적 지식과 교양을 갖추는 데는 도움이 되었으나 학교 현장에서

부딪히는 많은 문제들을 해결해 가는 데 있어서 실제적인 지식과 방법
적 지식을 제공하지는 못했다는 인식을 갖고 있다. 이와 같은 결과는
대부분의 교사교육 프로그램들이 현장에서 필요한 실제적인 지식과 기
술을 가르치지 못하고 있다고 보고한 Hoy와 Ree(1977)의 연구 결과와
도 일치한다.

우리나라의 체육교사 교육과 관련하여 강동원과 곽은창(1995)은 체
육교사 교육 프로그램은 지나치게 이론에 치우쳐 현장에서 필요한 수
준의 유능한 교사의 양성을 위한 질적인 보장을 하지 못하고 있다고
밝히고 있다. 그리고 박명기(1994)의 연구에서도 우리나라 체육교사들
은 대학에서의 교사교육에 대해 부정적인 견해를 가지고 있다고 말하
고 있다. 실제로 본 연구 참여 교사들은 현장에서 그들이 가진 지식과
기술을 실제로 적용하는 데 있어서 많은 어려움을 겪고 있다. 이러한
어려움의 가장 큰 원인은 아마도 직전 교사교육 프로그램의 문제에서
비롯된 것으로 사료된다. 연구 참여자들은 자신들이 받은 대학에서의
교사교육이 너무 이론 지향적이며, 북미식 교육을 우리나라의 현실을
무시한 채 그대로 적용하려는 측면이 강해서 우리의 교육 현실과는 너
무 동떨어진 탁상이론에 그치고 만다는 점을 아울러 지적하며, 교과 내
용을 효과적으로 지도하는 방법적 지식, 학생상담 기술, 학급관리 및
아동 관리 기술, 등 현장에서 직접적으로 적용 가능한 구체적인 내용들
을 대학의 교사교육 프로그램에서 제공해 주었으면 하는 바람을 가지
고 있다.

Lawson(1983)의 지적처럼 이론 중심의 직전 교사교육은 현장에서
'세척효과'(wash-out effect)를 초래할 수도 있다. 이런 점에 비추어 볼
때, 직전 교사교육은 다양한 학교 현장 상황을 고려한 프로그램으로 이
론과 실제가 통합될 수 있는 실제적인 교사교육 프로그램이 제공되어
야 한다. 예를 들면, 현재 실시되고 있는 학습지도법과 교육과정과 같
은 교직 이수 과목들이 강의실에서 이론을 위주로 이루어지고 있는 현

실을 지양하고, 교육학적 지식과 실기 종목이 통합되는 현장 중심의 실제적인 지식으로 가르쳐질 수 있도록 교육과정이 재구성되어야 할 것이다

유능한 교사를 양성하기 위해 필요한 직전 체육교사 교육 프로그램은 예비교사들에게 교육에 대한 뚜렷한 신념을 형성하도록 도움을 주고, 현장에서 교사들이 학생들을 실제로 지도하는 데 있어서 필요한 지식과 기술이 무엇인지를 규명하며, 그러한 교수기술들은 현장 실습을 통해 습득해 나가도록 프로그램을 제고해 볼 필요가 있다. 아울러 교사교육 프로그램에서 중요한 부분을 차지하는 교육실습은 현행처럼 4학년이 되어서야 짧은 기간 내에 형식적으로 현장에 투입되어 이루어지는 교육실습의 모습이 아닌 대학과 현장 실습학교의 공조체계 아래 학년에 구애 없이 참관 학습과 실습기회를 제공하여 현장에서 필요한 실제적인 지식과 기술을 체계적으로 학습할 수 있는 내실 있는 교육실습이 이루어져야 할 것이다.

2. 상황적 요인

'환경이 사람을 만든다.'란 말이 있다. 특히 초임교사들에게 학교라는 낯선 현장의 상황은 그들이 학교라는 조직에서 맡은 역할들을 수행해 나가는 데 많은 영향을 미치는 것으로 나타난다. 본 절에서는 초임교사들의 교직관 형성과 변화에 영향을 미치는 것으로 나타나는 상황적 요인으로 학교와 체육실의 분위기, 업무량 및 잡무, 지역사회의 특성, 학교의 체육 시설, 교직생활에 영향을 주는 사람 등을 중심으로 살펴보고

그 관련 정도를 논의하고자 한다.

1) 조직의 분위기

Fenstermacher(1980)는 학교가 갖고 있는 기관특성에 대한 교사의 경험은 교육에 대한 교사관점에 가장 강력한 결정 요인의 하나라고 주장한다. Dreeben(1973), Gitlis(1983), 그리고 Larkin(1973)은 학교가 갖고 있는 어떤 조직적 속성이 교사 직무에 대한 시사점을 얼마만큼 가지고 있는가를 접근·분석하고 있다.

교사들이 사회화되어 가는 과정에 영향을 미치는 상황적 요인으로 가장 많이 인식하는 것은 학교 조직의 분위기이다. 초임교사들이 근무하는 학교와 또 그들이 부원으로 속한 조직의 분위기는 초임교사들의 역할 수행의 효율성뿐만 아니라 심리적인 안정감과 학교생활에서의 즐거움에 큰 영향을 주는 요소로 작용하고 있다.

실제로 초임교사들이 근무하는 조직의 구성원들의 가족적인 분위기와 친화적인 분위기는 초임교사들이 업무를 원활하게 수행하게 하는 데 큰 힘을 주는 것으로 나타난다. 그러나 반면에 학교 조직의 분위기가 침체되고 극단적인 개인주의의 양상을 띠게 되면 초임교사들은 교직 적응에 어려움을 겪는 것으로 나타난다.

특히 본 연구에서 나타난 결과에 의하면 조직의 분위기 형성을 좌우하는 요인들로는 학교장의 경영방침, 학교의 규모, 교사들의 연령과 성별 분포, 지역사회의 영향 등이 두드러진 요소들로 나타나는데 학교장의 경영방침이 엄격하고, 교사들에 대한 제제가 클수록 초임교사들이 조직에 적응하는 데 어려움으로 느끼는 정도가 큰 것으로 나타난다. 또한 교사들의 연령이 높고 여교사가 많을수록 회식이나 교직원들끼리의 유대를 형성할 기회가 적은 것으로 나타나며, 교직원들끼리의 유대 형성이 잘되지 않는 학교에 근무하는 초임교사일수록 현장 적응에서 어려움과 외로움을 많이 경험하는 것으로 나타난다. 특히 체육교사들 간의 가족처럼 끈끈한 유대관계는 업무 수행 측면과 심리적 안정의 양측면에서 모든 연구 참여자들이 바라는 것이다.

실제로 체육부실의 가족적이며 협조적인 분위기에서 든든한 지원을 받으며 근무하고 있는 최 교사의 경우는 업무 수행에서의 어려움을 크게 느끼지 않고 심리적 안정감과 학교생활에서의 즐거움을 느끼며 학교생활에 잘 적응해 나가고 있으나 어느 누구의 관심과 도움 없이 홀로 외로운 섬에 떠 있다는 느낌을 갖고 있는 김 교사의 경우 학교생활에서의 재미를 크게 느끼지 못하고 심리적으로 교직 적응에 어려움을 느끼고 있다.

초임교사들에게 있어서의 학교는 이제 막 운전면허를 따고 처음 운전대를 잡는 초보운전자처럼 익숙하지 않고 어렵게 느껴지는 곳이다. 이런 초임교사들에게 심리적인 안정감과 학교생활이 즐겁다는 인식을 느끼게 해 줄 수 있도록 교직원 간의 인간적 유대의 강화로 따뜻하고 협조적인 인간관계 속에서 즐겁게 일할 수 있는 조직 풍토는 초임교사들이 어려움을 극복하고 교사로서 성공적인 사회화로 이끄는 데 없어서는 안될 중요한 요소임에 틀림없다.

2) 업무량 및 잡무

초임교사들의 교직 사회화에 많은 영향을 미친 또 다른 요소는 학교조직의 운영상 각 개인에게 부과되어 어쩔 수 없이 맡게 되는 업무와 잡무들이다. 일반적으로 초임교사들에게 맡겨지는 업무들은 그들의 일

천한 경험에 비춰 그리 큰 비중이 아니면서 어렵지도 않은 일들이 맡겨진다고 하는 홍성관(1997)의 연구 결과와는 달리 본 연구의 참여 교사들에게 맡겨진 업무들은 개인별로 다르지만 경력 10년 이상의 베테랑 교사들의 임무와 맞먹는 버거운 업무를 맡는 경우도 있다.

수업은 잘하든 못하든 그 결과가 직접 드러나는 일이 아니지만 수업 외 업무의 경우 유기체처럼 얽힌 조직의 기능에서 자신의 업무 처리 능력에 의해 조직의 기능에 큰 영향을 미칠 수도 있다는 부담감과 또한 업무 수행 능력이 교직에서의 능력의 여부로 판정되고, 더불어 승진에 직·간접적으로 영향을 미친다는 교직 풍토에 의해 초임교사들은 수업업무보다도 일반 업무 처리에 더 비중을 두는 경우도 종종 나타나고 있다. 이들의 이런 생각은 때로는 '일반 업무 처리 때문에 수업에 종종 들어가지 못한다', 또한 '잡무 처리 때문에 수업계획과 교재 연구에 많은 시간을 할애하지 못한다'는 말로 표현되기도 한다.

교사들의 가장 고유한 업무는 학생들을 가르치는 일이다. 특히 초임 시절이야말로 교직에서의 첫 경험을 통해 교수기술을 연마하고 학생들을 올바르게 지도하는 방법을 터득하여 교사로서의 가장 중요한 능력인 지도 능력을 배양해야 할 때이다. 하지만 본 연구 참여자들 중 일부는 학교에서 초임들이 수행해 내기에는 너무 버거운 임무들을 수행하도록 부과함으로써 그들의 어깨를 무겁게 만들고 있다. 이러한 현상은 여교사보다는 남교사에게 더욱더 두드러지게 나타난다. 여교사보다 남교사에게 업무 부담이 많이 지워지는 풍토는 아무래도 교직에서 여성이 차지하는 비율이 날로 높아짐에도 불구하고 남성이 여성보다 교직에서 주도적인 역할을 하고 있는 성차별적인 경향을 나타내는 것으로 판단할 수 있다.

초임교사들이 바람직한 방향으로 사회화되기 위해서는 무엇보다도 교사로서 가장 중요한 고유한 임무는 일반 행정업무보다는 가르치는 일임을 인식할 수 있도록 하는 조직 풍토의 조성일 것이다. 이러한 풍

토하에 교직에 적응하는 몇 년 동안은 학교 행정업무의 부담을 덜어
줌으로써 그들이 교사로서 가장 중요한 업무인 가르치는 일에만 전념
할 수 있는 현실적인 지원체제가 마련되어야 할 것이다.

3) 지역사회의 특성

지역사회 수준에서의 교사 사회화 관련 요인에 관한 연구에서는 개
별 교사 및 교사집단의 관점을 학교가 직접적으로 관련 맺고 있는 지
역사회와 연결시켜서 접근하고 있다. Hatton(1987)은 학급 상황 안에서
의 교육 실제에 대한 의의 있는 결정인자는 부모의 권력이라는 것을
보여준다. 그는 호주에서 수행된 상류층 주립 초등학교를 대상으로 한
연구 자료를 제시하면서 교사들에게는 공통적인 것이라고 말할 수 있
는 근무 상황은 없는 반면에 어떤 교사의 사회화는 그가 근무하고 있
는 학교의 종류와 강력하게 연관되어 있다고 말한다. 다시 말해서 교사
의 직업적 사회화는 학교 상황에 따라 다양하며, 그 학교 상황, 학급
상황은 학교주변 지역의 사회적 상황에 달려 있다고 보는 것이다. 즉,
부모의 사회 · 경제적 지위가 높은 학생들이 다니는 학교에서, 교사 사
회화의 영향은 학부모들에 의해서 직접적으로 행사되는 것으로 보이고,
사회경제적 지위가 낮은 학교에서는 그 영향이 가정, 사회계층, 그리고
흥미를 표출하는 아동의 주도를 통해서 수행되는 것으로 볼 수 있다. 이때
어떠한 경우이든지 간에 학부모의 압력은 교사 사회화에 대한 기초적인
메커니즘으로서 간주될 수 있다(Gracry, 1972; Metz, 1978; Carew &
Lightfoot, 1979).

학교주변의 지역사회의 수준을 넘어서서 보다 폭넓은 사회 및 국가
수준에서 교사 사회화를 접근하고 있는 Apple(1983)과 Gitlis(1983) 같

은 사람들은 학교 밖에서의 실제와 정치주도 세력들이 교사와 교사의 직무의 성격에 유용한 물리적 자원에 얼마나 영향을 미치는가를 탐구하고 있다. 이들의 관점에 따르면, 교사의 행동은 사회적 수준에서 외적으로 결정되고, 기관의 구조와 과정을 통하여 매개되며, 교사들은 그 매개된 구속과 기회에 대하여 능동적, 창의적 반응을 나타내는 것으로 보고 있다.

본 연구에서도 이러한 연구들과 유사한 결과가 나타나고 있다. 서울 강남의 부유층들이 살고 있는 지역에 위치한 B중학교에 근무하는 박 교사의 경우는 지역사회의 경제적 수준이 열악한 다른 지역에 위치하고 있는 나머지 세 연구 참여자들의 학교와는 다른 양상이 나타나고 있다.

박 교사의 학교는 학부모들이 학교 교육과정 운영과 행정업무에 지나친 관심을 가지고 참여하였고, 지나친 교육열과 관심은 교장과 교사들의 학교 운영과 학급 운영에 부정적인 영향을 미치는 것으로 나타난다. 이러한 양상은 교장과 교사들의 소신 있는 추진을 저해하는 요소로 작용하고, 교사들의 사기 진작에도 부정적인 영향을 미치고 있다.

실례로, 박 교사를 제외한 나머지 세 명의 연구 참여자들은 자신들의 소신대로 수업을 운영하고 추진해 나가는 데 있어서 학부모의 간섭을 전혀 의식하지 못했다. 하지만 박 교사의 경우 평가와 관련하여 학부모의 간섭을 받은 것으로 나타난다. 박 교사는 비단 이런 예가 자신뿐만 아니라 자신의 학교에 근무하는 대다수의 교사들이 느끼는 점이며, 이러한 학부모와의 권력적 관계에서의 갈등은 박 교사 학교 교사들의 사기를 위축시키고 급기야는 패배주의에 젖게 하는 요소로까지 작용하게 한다고 보고 있다.

학부모들의 경제적 능력과 권력적 파워는 교사들에게 소신껏 교육활동을 펼치는 데 있어서 위축을 느끼게 하는 요소로 작용하기도 한다. 특히 요즘처럼 교사의 사회적 경제적 지위가 약화되고 교사의 권위가 땅에 떨어진 현실에서는 이러한 현상은 더욱더 심화되기 쉽다. 이러한 폐해를 막기 위해서는 교직의 신성함과 교사는 다른 어떤 직업보다도 존중받아야 할 성직이라는 인식이 사회 전반에 걸쳐 확산되어야 할 것이며, 이러한 인식하에 교사들은 교권을 인정받으며, 교직에의 소신과 자부심을 가지고 누구의 간섭과 통제에도 굴하지 않고 교육에의 소신을 펼칠 수 있는 사회 전반적인 풍토가 마련되어야 할 것이다.

4) 열악한 체육 시설과 용구

체육교육에 있어서 시설이라 함은 수업이 이루어지는 공간인 운동장, 체육관을 포함하여 수업에서 사용되는 모든 시설 및 용구들을 의미한다. 체육은 '수업이 이루어지는 공간 자체가 어떤 모양을 갖고 있는가?'에서부터 수업계획 수립에 큰 영향을 주고, 용구의 상태나 수량에 따라 수업의 내용과 방식이 결정된다. 따라서 체육수업에 있어서 시설이 갖는 의미는 다른 주지 교과목과 그 특성상 다르며, 그 확보의 중요성이 매우 높다고 보아야 한다.

초임교사들의 수업 진행에 있어서 학교 현장의 열악한 체육 시설은 수업을 계획하고 진행하는 데 많은 영향을 미치고 있다. 먼저 수업 계획 측면에서 연구 참여자들은 체육관도 없이 운동장에서만 수업을 해야 하는 열악한 상황 속에서 다양한 프로그램들을 준비하고 계획할 엄두조차 내지 못하는 것으로 나타난다. 그들은 운동장 상황이 허락하는 한도 내에서만 수업을 계획하고 준비하고 있다. 또 경우에 따라서 준비한 수업도 제대로 진행하지 못하는 경우도 있다. 예를 들면 운동장에 한꺼번에 여러 개 반이 나와서 수업을 하게 될 경우 수업 진행에서 필요한 용구와 시설들이 크게 부족하여 자신들 반에서만 전용할 수 없기 때문에 계획대로 수업이 어려워지게 되어 많은 어려움을 겪게 된다고 토로하고 있는 실정이다. 이러한 경우 부분적으로 계획을 변경하여 수정을 가할 필요도 나타나는데 초임교사들은 상황에 따른 빠른 대처 능력이 부족하여 난감해하는 경우도 있다.

체육수업에서 시설과 용구는 수업의 내용과 방법을 결정하게 하는 중요한 요인이 된다. 초임교사들은 자신들이 기존에 받았던 체육수업과는 뭔가 다른 다양하고 새로운 수업을 하려는 욕구는 갖고 있지만 이러한 그들의 의욕은 학교의 열악한 시설이라는 문제와 부딪히며 다양한 체육수업을 구상하는 데 큰 걸림돌로 작용하고 있다. 학교 체육 시설의 개선 없이 그들의 의욕과 신선한 아이디어만으로 새롭고 독창적인 수업을 강요하는 것은 어려운 일이다. 최소한 한 학교마다 운동장과 체육관 그리고 충분한 용구들이 준비되어 초기 수업 계획을 수립할 때부터 그에 상응하여 다양한 프로그램을 계획할 수 있도록 충분한 체육시설과 용구가 마련되어야 할 것이다.

5) 인간관계

모든 조직 사회에서 인간관계는 조직 사회의 효과와 능률을 좌우하는 중요한 요소로 인식된다. 학교라는 조직 사회에서 초임교사들이 겪게 되는 인간관계로는 동료교사, 행정가, 학생, 학부모와의 관계를 들 수 있다.

경력 초기 교사들의 교직 적응에 있어서 동료교사들의 역할이 지닌 중요성은 몇몇 연구들에 의해 지적되고 있다(Lortie, 1975; Katz, 1972, Sikes, 1985). 이러한 연구들에서는 경력 초기 교사들이 동료교사들과의 적극적인 상호작용을 통하여 교직 적응에 필요한 능력들을 학습해 간다는 긍정적인 결과를 보고하고 있다. 이와 관련하여 고영상(1998)은 "초임교사들이 자신보다 경험이 풍부한 선배 동료교사들로부터 수업에서의 문제뿐만 아니라 교직관이나 인생관에서도 여러 가지 조언을 구하며 학교생활에서의 적응에 도움을 받고 있다(p.77)"고 보고하고 있다. 본 연구에서는 이러한 연구 결과와 같이 동료교사와의 관계에서 어느 정도 긍정적 영향을 받는 측면도 있지만 반면에 동료교사와의 갈등으로 인해 교직 수행에 있어서 갈등을 겪는 측면도 나타나고 있다. 동료교사와의 갈등의 양상은 주로 가르치는 내용과 평가 방법에 있어서의 교수관의 차이에 기인한 것이다. 이러한 갈등은 학교에서 이루어지는 체육과의 교육과정이 국가수준의 교육과정대로 시행될 수 없는 한계에서 비롯되는 것으로, 학교 수준에서 교육과정을 수정하여 적용시켜 나가는 과정에서 동 학년을 지도하는 교사들과의 협의 과정에서의 교수관의 차이에서 비롯된 것이다. 본 연구에 참여한 교사들은 자신들이 가르치고자 하는 내용과 평가 방법의 결정에 있어서 동료교사들과 의견 차이와 갈등을 느끼지만 그들의 생각과 주장을 적극적으로 내세워 동료교사를 설득하려는 노력을 나타내 보이지는 않는다. 그들은 자신들의 주장을 고집해 봤자 자신들보다 경력이 많은 교사들을 설득하는 것을 불가능하다고 생각하고 있으며, 이미 관례처럼 오랫동안 이어져 오고 있는 그러한 방식을 자신들이 바꾼다는 것은 어려운 일이라고 인식하고 있다. 이와 같은 양상은 한마디로 '체념' '기존 질서에의 편입' 혹은 '타협'으로도 표현될 수 있을 것 같다. 이러한 순응의 양상은 결국 자신들의 의견을 고집함으로써 얻게 되는 '건방지다'라는 꼬리표를 달지 않고 인간관계에서 원만한 관계를 형성하려는 욕구로 나타나고 있다. 대부분의 학교 안에는 교사들 간에 프라이버시(privacy)가 있고, 개인주의를 선호하는 풍조를 갖고 있다. 그럼에도 불구하고 교사 사회화를 이해하고자 하는 데 있어서는 동료교사의 영향을 고려해야 한다(Denscombe, 1980; Eddy, 1969; Nigris, 1988). Carew와 Lightfoot(1979), Metz(1978)

는 여러 가지 다양한 교사문화가 존재하며, 그것은 단일학교에서도 마찬가지이지만, 교사들은 자신에게 영향을 미치는 동료교사로부터의 갈등적인 압력에 직면하기도 한다는 것을 지적하고 있다.

본 연구에서 연구 참여자들은 부임 초기에는 동료교사의 수업을 관찰하기도 하고 그들의 수업을 모방하기도 하며, 동료교사로부터 도움을 얻는 경우도 엿보이고 있다. 그러나 한편으로 서로의 교수관의 차이로 인해 가르치는 내용과 평가 방법의 결정에 있어서 반목 대립하여 갈등을 일으키는 경우도 있다. 그러나 대부분의 초임교사들은 동료교사와의 원만한 관계 형성은 물론이며, 교과 지도에 있어서 함께 토론하고 도움을 줄 수 있는 협력체제 구축을 희망하고 있다. 그럼에도 불구하고 실제로 연구 참여자들이 소속된 학교 현장에서는 공통의 문제에 대한 충분한 협의가 이루어질 수 있는 분위기가 조성되지 못하고, 교사들은 수업과 업무 수행을 지극히 개인적인 일로 인식하고 있다.

초임교사들에게 있어서 같은 학교에서 함께 일하는 동료교사들과의 인간관계는 교과에 관한 전문성 신장과 교직 적응에 긍정적 부정적 영향을 초래할 수 있다. 초임교사들이 전문성을 신장하고 교직에 바람직하게 사회화되기 위해서는 무엇보다도 끈끈한 인간관계 아래 교과 및 업무에 대한 공동의 노력과 충분한 협의가 이루어질 수 있는 공동 연구 풍토의 조성이 시급한 선결과제일 것이다.

Edgar와 Warren(1969)은 교사 사회화에 있어서 동료교사가 강력한 영향을 미친다는 관점을 반박하면서, 이 동료교사의 영향은 의미 있는 평가자의 태도보다 덜 중요하다고 주장하고 있다. 교육행정가인 교장, 교감은 교사와 학생을 관리하는 역할을 하고 있으며, 교사의 활동은 행정가에 의해 관찰되고 평가되며 감독되고 있다. 행정가들의 기대와 초임교사들의 교직 적응과의 관계에 대한 연구에서 행정가들은 초임교사들에 대해 개인적 특성, 전문성 신장, 책무성, 학생과의 관계, 동료교사들과의 관계, 학부모와 지역사회와의 관계, 학급관리와 관련한 특정 기대를 가진다고 보고한다(Templin, 1989). 이러한 기대가 비록 표면적으로는 나타나지 않지만 행정가들은 초임교사들이 무엇을 어떻게 성취해야 할 것인지에 대한 바람을 가지고 있고, 이러한 바람이 초임교사의 교직 적응에 영향을 미친다고 한다. '일터로서의 학교'(The School As Workplace)에서 Goodlad(1983)는 이와 관련하여 다음과 같이 피력하고 있다.: "교장과 교사 간의 상호신뢰, 교장의 교사들에 대한 적극적인 지원, 전문인으로서의 상호존중은 건강한 학교 풍토를 건설하는 데 중요 요소들이다"(p.52). 그러나 실제로는 많은 교사들이 체육 프로그램과 교수내용을 개선하는 데 있어서 교장이나 행정가들의 지원을 받지 못하고 있는 실정이다. 교사 소외에 관한 Templin(1989)의 연구에서도 초임 체육교사들이 교직에 적응하는 데 필요한 행정적 지원의 부족으로 인해 많은 초임교사들이 좌절과 실패를 경험하며 교직을 떠나고 있다고 밝히고 있다.

또 다른 연구들에 의하면 행정가의 칭찬과 격려는 초임교사가 교직 사회에 빨리 흡수, 적응하도록 도와주고, 반대로 행정가가 질책과 비난을 많이 할 때 초임교사는 좌절과 분노를 경험하고 자신감을 차츰 잃어가게 된다. 이처럼 교사들은 교육행정가에 대해서 불편해하며, 더욱이 초임교사들은 처음 관료적인 사회 체제에 편입되면서 교사의 자율성에 관한 관료주의적 한계를 특별하게 맞이하게 되고, 어렵게 느끼게 된다(Eddy, 1969).

실제로 본 연구에서는 참여자들 개인에 따라 다소 차이가 있지만 권 교사를 제외하고는 행정가인 교장, 교감과 자주 접촉할 기회가 거의 없는 것으로 나타난다. 이러한 결과는 그들이 초임임에도 불구하고 교장 교감과 같은 행정가들의 관심을 거의 받지 못하고 있는 것으로 해석할 수 있다. 연구 참여자들은 교장 교감과 자주 접촉할 기회는 갖지 못하지만 평가자와 관리자로서의 시선을 어느 정도 의식하고 있으며, 보이지 않는 권위 의식을 느끼기도 한다. 그러한 의식은 교장, 교감과의 관계를 일정선의 거리감을 두게 하는 양상으로 나타난다. 교장 교감 등 행정가들의 본연의 임무는 평가자로서의 역할이기보다는 학교의 교육 목적을 성취하기 위해 학교에서 일어나는 모든 교육문제들을 조율하며 이끌어 가는 일일 것이다. 그런 임무 중에서도 교사들이 교육활동을 잘 수행할 수 있도록 지원하고 보조해 주는 역할이 아마도 가장 비중 있는 역할이 아닐까 생각한다. 이런 측면에서 볼 때 교장, 교감은 관리자의 입장이라기보다는 초임교사들이 갓 현장에 부임하여 겪게 될 심정적, 현실적 어려움을 잘 보살펴주고 격려해 줄 수 있는 교직 선배로서의 역할을 해 주어야 할 것이다. 그리고 초임교사들은 교장 교감 선생님을 권위의 대상으로 느끼기보다는 자신들이 교직에서 수행하게 될 어려움을 덜어주고 고충을 해결해 줄 수 있는 친근한 대상으로 인식하여 한 걸음 친근하게 다가갈 수 있는 인간관계를 형성하는 일이 필요하다. 이러한 인간관계를 바탕으로 상호신뢰가 구축되면 교육적 목표 성취를 위한 더 큰 힘이 발휘될 수 있으리라 기대한다.

학교에서 이루어지는 또 다른 인간관계 중의 하나는 학생과의 관계이다. Doyle(1979)과 Haller(1967)는 교사가 다른 동료교사, 행정가 등과 고립되어 있고, 교수-학습 과정이 순식간에 이루어지며, 비가시적인 성격을 갖고 있다는 것을 수용할 경우, 교사 사회화에 있어서 학생의 역할이 매우 중요하다고 주장한다. 특히 Doyle은 일반적인 수업지도 방법, 학급에서 사용하는 교사의 언어유형으로부터 교사가 사용하는 특정한 교수법의 유형과 빈도에 이르기까지 학생의 영향이 크고 넓다고 보고 있다.

실제로 본 연구 결과에서 연구 참여자들은 학생들로부터 많은 영향을 받고 있는 것으로 나타난다. 초임교사들은 학생들의 반응을 통해 자신들의 교육적 보람을 찾고 있고, 경우에 따라 학생들이 그릇된 행동을 보일 경우 실망과 좌절을 느끼기도 한다.

요즘 아이들은 물질이 풍부한 시대에 태어나 어려움을 모르고 자라

난 세대이며, 개성과 자유를 강조하는 신세대들이다. 이러한 학생들의 개별 특성들을 잘 파악하지 못하고 교사 개인의 신념과 가치관을 강조하는 것은 어쩌면 시대착오적인 일일 것이다. 최근에 거세게 몰아붙이고 있는 수요자 중심의 교육을 표방하는 제7차 교육과정은 이러한 대세를 극명하게 반영하는 추세로 볼 수 있을 것이다. 교육학 연구의 동향만 살펴보더라도 과거에는 효율적인 교사의 행동이 학생의 학습결과에 어떤 영향을 미치는지를 파악하기 위하여 교사행동 중심으로 연구가 이루어진 데 반해, 현재에는 학생들이 어떤 학습 양식을 선호하느냐에 따라 교수의 유형이 달라져야 한다는 수요자 중심 교수-학습의 관점으로 연구 경향이 변화되고 있는 실정이다. 이러한 시대적 흐름에 따라 교사들은 학생들을 존중하고 이해하려는 인간관계를 바탕으로 학습자의 개별적 특성 파악과 개별화 전략을 위한 노력을 아끼지 말아야 할 것이다.

끝으로 학교에서 부딪히게 되는 인간관계에서 학부모들은 교사의 교육활동에 필요한 자원이기도 하며, 때로는 평가자가 되기도 한다. 학부모들과 교사들과의 원만한 관계 형성은 학생들에 대한 정보 교환을 통해 가정과 교실의 밀접한 관계를 형성하게 하여 교실 생활에 많은 안정을 가져다주게 한다. 따라서 초임교사들이 학부모와의 원활한 관계를 통해 학생들의 교육활동에 도움이 되도록 교사-학부모 간의 원만한 관계와 소통을 토대로 교육적 목적을 성취하기 위한 동반자로서 공조체제가 이루어져야 할 것이다.

제 5 장

교사 사회화 연구에 대한
요약과 제언

이 장에서는 앞서 이루어진 연구의 내용 및 결과를 요약하고, 요약된 결과를 토대로 앞으로의 직전 교사교육 프로그램과 초임교사 현직 연수 내용의 방향에 대한 시사점을 알아보고, 또한 후속 연구를 위하여 어떤 시사점을 주는지를 살펴보도록 한다.

1. 요약 및 결론

본서의 저술 목적은 중학교에 근무하고 있는 4명의 초임 체육교사들을 대상으로 하여 각 교사들의 교직 사회화의 과정을 이해하려는 것이다. 다시 말해서 연구 참여자들이 체육교사가 되기 이전에 체육교사라는 직업으로 입문하게 하는 데 영향을 미친 과거의 경험과 체육교사가 된 후 현재까지의 경험들을 통해서 그들이 교사로서의 직무 수행에 필요한 역할에 대한 인식과 지식, 태도와 가치관을 어떻게 형성해 나가는지 그리고 그것들의 형성 과정에 영향을 주는 요인이 무엇인지를 알아보기 위한 것이다.

이를 위해 심층 면담, 참여관찰, 각종 수업자료, 교육과정, 연간 평가 계획서, 지도안 등의 자료를 수집하여 기술하고 분석하고 해석하는 질적 연구 방법을 사용하였다.

초임교사들의 교직 발령 이전의 교직관을 알아보기 위해 그들이 과거에 경험했던 스포츠 활동과 체육수업, 대학 진학의 이유와 교직 선택의 동기, 대학의 교사교육 프로그램 등을 알아본 결과, 이 시기에 형성된 교직관의 뚜렷한 실체를 규명하기는 어렵지만 과거에 참여했던 스포츠에의 긍정적인 체험은 체육과 진학과 체육교사라는 직업 선택에 긍정적인 요소로 작용하고 있음을 알 수 있다. 또한 과거의 즐거웠던 스포츠 참여에의 경험은 현재의 교수철학에도 긍정적인 영향을 미치는 것으로 나타난다. 4명의 교사 중 3명의 교사가 이전의 운동경험을 현재의 교수관과 관련지으면서 기본 운동기능의 습득과 건강 그리고 정서함양 측면에서 체육교육의 가치 및 필요성을 강조하고 있다. 그리고 과거의 운동경험을 통해 습득한 기술과 자신감은 아이들을 가르침에 있어서 크게 도움이 된다고 말한다.

교직 선택의 동기에서는 교사로서의 뚜렷한 사명감이나 교사가 되겠다는 뚜렷한 목적의식보다는 아이들과 생활하는 것이 좋아서, 직업적 안정, 배우자와의 원만한 가정생활 영위를 위해 등 현실적인 이유에서 직업을 선택한 것으로 나타난다. 이러한 현실적인 이유에서의 교직 선택은 이후의 교사로서의 생활을 해 나감에 있어서 확고한 자기 철학과 교육적 소신에 의해 교직 수행을 하는 양상으로 나타나기보다는 현장의 여건을 그대로 수용하고 받아들이는 내면화적 적응의 양상과 경우에 따라서는 자신들의 신념에 위배되지만 상황에 따라 순응하는 전략적 순응의 형태로 나타나기도 한다.

이러한 적응 양상을 나타내게 하는 데에는 교사양성 프로그램의 부실한 측면도 어느 정도 영향을 미치는 것으로 판단할 수 있다. 대학에서의 교사교육 프로그램은 교사로서 필요한 가치관 형성과 태도를 갖추게 하는 데 크게 도움을 주지 못했고, 교과 지도에 필요한 방법적 지식의 획득 면에서도 교사로서 임무를 훌륭하게 수행해 내도록 준비시키지 못한 것으로 드러난다. 연구 참여자들이 '대학의 교사교육 프로그램이 지나치게 학문적인 내용이 많고 현장에서 필요한 프로그램이나 방법적인 지식을 가르치는 데는 부족함이 많다'라고 지적하는 것은 이 같은 사실을 뒷받침해 준다.

본 연구에 참여한 교사들이 학교에서 구체적으로 경험하는 내용은 무엇이며, 그들은 학교의 상황적 요인들을 어떻게 인식하고 있는가를 알아본 결과, 초임교사들이 학교에서 수행하는 업무들은 수업, 학급 담임 업무, 업무 분장 등 경력 10년 이상 된 교사가 맡는 업무와 별반 차이가 없는 과중한 업무를 담당하고 있다. 하지만 짧은 경력과 업무 수행 능력에 대한 검증 없이 그들에게 부과된 업무들은 그들에게 큰 부담을 주고 있는 것으로 나타난다.

교사의 임무 중 교과 지도를 얼마나 잘 수행해 나가는가 하는 점은 교사의 능력 중에서도 빼놓을 수 없는 부분이다. 연구 참여 교사 대부분이 부임 첫해에는 수업에 있어서 어려움을 많이 느끼고 있다. 이러한 어려움은 열악한 체육 시설과 환경, 수업에서의 방법적 지식과 프로그램의 부족, 학생 통제에서의 어려움, 동료교사와의 교수관의 차이 등에서 기인한 것이다. 부임 초기에는 수업에서 겪는 어려움을 해결하기 위해 수업 준비에 많은 시간을 할애하였지만 시간이 흐를수록 부임 초기와 비교해 수업 준비에 쏟는 시간과 열정이 줄어들고 있다. 수업 준비에 쏟는 시간과 열정이 줄어드는 이유는 '관리 기술과 융통성의 신장'으로 인해 수업에서 겪는 어려움이 차츰 줄어듦으로써 일어나는 현상으로 보이며, 이러한 관리 기술과 융통성 신장은 '수업의 현상 유지'라는 결과를 초래하고 있다.

연구 참여 교사들이 수행하는 업무 중 가장 어려움을 많이 겪는 것으로 나타난 것은 학급 경영 문제이다. 그중에서도 학생들의 개인 특성 파악, 상담지도, 특히 학부모와의 면담 등에서 많은 어려움을 겪고 있으며, 어려운 만큼 교사로서의 보람도 많이 느끼는 부분으로 생각하고 있다.

그 밖에 업무 분장에서는 개인별로 주어진 업무에 따라 어려움을 느끼는 정도가 다르지만 일반적으로 연구 참여자들은 처음 맡는 업무에 대해 많은 부담을 느끼고 있다. 경우에 따라 업무는 수업보다도 더 중요한 일로 인식되고 있고, 업무 처리를 위해 수업에 충실하지 못하는 경우도 나타난다.

끝으로 본 연구의 참여 교사들이 학교의 상황적 요인들과 상호 작용하면서 어떻게 대처해 나가며, 어떤 전략들을 채택, 개발하고 있는가를 알아본 결과, 그들이 교직에 안정적으로 적응하고자 하는 강한 욕구를 갖고 있다는 것을 알 수 있다. 특히 자신이 접촉하는 각종 인적 자원들과의 관계에서 안정을 추구하고자 하는 욕구가 상대적으로 강한 것으로 나타난다. 수업에서 동료교사와의 충돌을 피하기 위해 자신의 교수관과는 차이가 있지만 동료교사가 제안하는 수업 내용과 평가 방법을 따르는 모습, 학생들과의 관계에서도 자신의 교수관대로 밀고 나갔을 때 일어나는 충돌을 경험한 후 경우에 따라 절충과 포기의 양상을 나타내는 모습, 그리고 행정가와의 관계에서도 가급적이면 이견이 있더라도 충돌을 하지 않으려는 양상을 나타내고 있다. 이들은 자신의 역할을 안정적으로 수행하고자 하는 데 가장 필요한 것이 원만한 대인관계라고 인식하고 있다.

본 연구의 참여 교사들은 이미 형성된 뚜렷한 교육관과 신념을 가지고 교직에 발을 들여놓기보다는 교직에서 자신에게 요구되는 역할들을 수행하면서 상황에 따라 적응하며, 교직관을 형성 혹은 변화시켜 나가고 있음을 발견할 수 있다. 이런 사회화의 과정은 4명의 연구 참여자 모두에게 일어나는 공통적인 현상은 아니지만, 그 과정은 개인의 인성, 과거에 참여했던 스포츠에의 경험, 교직 선택의 동기, 교육경험, 학교의 상황과 학교에서 맡는 역할에 따라 다소 개인차가 나타난다. 그러나 대부분의 연구 참여 교사들은 학교에서 동료들과 행정가들의 도움 없이 스스로 교직에서의 어려움들을 극복하며, 적응해 나가고 있으며, 이러한 과정은 한마디로 '자기 사회화'(Lortie 1975)의 과정으로 표현될 수 있다.

이상과 같은 연구의 결과를 요약해 본다면 연구에 참여한 교사들의 사회화 과정은 한마디로 말해 교직에 입문하기 이전인 예비교사 시절에 뚜렷한 교직에 대한 역할 인식과 교직관을 형성하지 못한 교사가 교직에 발령을 받아 충분한 협조와 지원이 부족한 현장에서 '시행착오를 통해 혼자서 교직에서의 어려움을 해결해 나가는 과정'으로 결론지을 수 있다.

2. 교사교육 및 후속 연구를 위한 제언

이상으로 4명의 초임 체육교사들의 교사 사회화 과정에 대한 연구 결과를 간략하게 요약해 보았다. 이러한 결과들은 현재의 교사교육의 문제점이 무엇인지 그리고 이를 어떻게 해결해 나갈 수 있을지에 대한 많은 시사점을 제공해 준다. 본 연구에서 나타난 문제점들을 바탕으로 교사양성 정책의 바람직한 방향, 대학에서의 직전 교사교육 프로그램과 초임교사를 위한 현직 연수 프로그램의 방향 그리고 앞으로 이루어질 후속 연구의 방향 등에 관해 몇 가지 제언하고자 한다.

1) 우수교원 양성을 위한 교사양성 정책에 대한 제언

현재 우리나라에서 중등교사 자격증을 부여하는 체제는 사범대학을 졸업하여 교사 자격증을 획득한 경우와 사범대학을 졸업하지 않고도

소정의 교직과목을 이수함으로써 교사 자격증을 획득하는 경우, 이 밖에도 사범대나 교직과목을 이수하지 않아도 교육대학원을 졸업해서 자격증을 획득하는 경우 등 교사 자격을 취득하는 체계가 다원화된 상태로 난립하고 있다. 따라서 굳이 사범대학을 졸업하지 않아도 쉽게 교사 자격증을 취득할 수 있으며, 국가에서 치르는 임용고사에 합격하게 되면 교사로 발령을 받을 수 있게 된다.

1991년 교원 임용고사 실시 이후, 국립대 사범대학 졸업생의 우선 임용제가 폐지되면서부터 사실상 교직을 희망하는 우수한 예비교사의 교직에로의 유인체제가 없어졌다고 해도 과언이 아니다. 이러한 유인체제가 없어짐으로 해서 실제로 우수한 인재들이 교직을 희망하는 경우가 차츰 줄어들고 있다. 따라서 우수한 인재를 교육계로 끌어들이기 위해서는 먼저 현재처럼 양적 양성만을 생각해 온 교사양성 시스템을 과감히 사범대학의 교육과정을 이수하지 않으면 교사 자격증을 부여하지 않는 단일 체제로 통폐합하고, 우수한 인재를 사범대학으로 지원하도록 하는 유인체제가 마련되어야 할 것이다.

2) 직전 교사교육 프로그램에 대한 제언

향후 사범대학에서의 직전 교사교육 프로그램은 학교 현장에서 교사들이 실제적으로 교직 업무를 수행하는 데 필요한 기술 및 지식을 습득할 수 있는 내용으로 구성되어야 할 것이다.

임용고사 실시 이후 높은 경쟁률로 인해 사범대 출신들이 교사로 진출할 수 있는 기회가 차츰 감소하면서 사범대학들이 재학생들을 교사로만 양성하는 교육과정을 운영하기에는 현실적으로 많은 제약이 따르게 된다. 그래서 대부분의 사범대들은 다양한 체육계로의 진로모색을 위해 교사양성을 위한 프로그램보다는 체육교사 이외의 활로를 개척해 나갈 수 있는 프로그램을 마련하는 방향으로 생존 전략을 바꿔 나가고 있다. 이러한 과정에서 교사교육을 위한 교육과정은 부실하게 이루어지고 있다고 볼 수 있다. 물론 모든 대학에서 다 그런 것은 아니지만 대부분의 사범대 체육교육학과에는 교과교육학을 전공한 전문 교수요원이 거의 없거나 혹은 있더라도 한두 명에 불과하여 사실상 교과교육에 필요한 다양한 강좌 개설이 불가능한 실정이다. 이러한 현실 속에서는 체육교사를 희망하는 예비교사들이 교과교육학에 대한 강좌를 신청하고 싶어도 개설된 강좌가 너무 부족하기 때문에 전문지식과 교직관을 갖춘 체육교사 양성이 제대로 이루어지기 어려운 형편이다. 그러므로 앞으로 체육교사 양성 교육과정은 다양한 강좌 개설로 예비교사들이 교직관을 형성하고 교직 업무 수행에 필요한 지식과 기술들을 집중적으로 계발할 수 있는 방향으로 프로그램들이 구성되어야 한다. 특히 이러한 강좌들은 다양한 학교 현장 상황을 고려한 프로그램으로 이론과 실제가 통합될 수 있는 실제적인 내용이어야 한다.

구체적인 프로그램의 예를 들어본다면, 현재 실시되고 있는 체육 지도법과 체육교육 과정과 같은 교과교육학 과목들이 강의실에서 이론을 위주로 이루어지고 있는 현실을 지양하고, 교육학적 지식과 실기 종목이 통합되는 현장 중심의 실제적인 지식으로 가르쳐질 수 있는 내용으로 변모되어야 할 것이다. 이러한 문제는 대학과 학교 현장 사이의 연계를 바탕으로 한 공조체제 속에서 해결의 실마리를 찾을 수 있을 것이다. 대학과 학교 현장의 유일한 연계 체제인 교육실습은 현행처럼 4학년이 되어서야 짧은 기간 내에 형식적으로 현장에 투입되어 이루어지는 교생실습의 모습이 아닌 학년에 구애 없이 참관 학습과 실습기회를 제공하여 현장에서 필요한 실제적인 지식과 기술을 체계적으로 학습할 수 있는 내실 있는 교육실습으로 거듭나야 할 것이다.

또한, 정식 교사로 임용이 된 이후에도 초임기간 동안은 대학과 학교 현장에서 협력하여 이론과 실제가 통합된 실천적 지식을 제공하여 초임교사들이 혼란과 충격을 감소시키고 전문성을 지닌 교사로 성장하는 데 많은 도움을 줄 수 있도록 공조 체제가 강화되어야 할 것이다.

직전 교사교육은 예비교사들이 반성적 능력과 자질을 가진 교사로 준비시킬 수 있도록 구성되어야 한다. 몇몇 연구결과에서 밝혀진 바와 같이 교사역할 인식이 뚜렷한 연구 대상자들이 그렇지 못한 교사들보다 교생실습에서 보다 성공적으로 자신의 역할을 수행하였다는 점을 미루어 볼 때, 교사가 되기 위해 준비하는 예비교사들은 자신이 장차 맡게 될 교수 역할에 대해 깊이 생각하고 내면화하는 활동을 통해 명확한 교사역할 인식을 형성해야 할 것이다. 이를 위해 직전 교사교육 프로그램에서 예비교사의 반성적 능력을 증진시키는 다양한 접근 방법을 사용해야 할 것이다. 구체적인 예로 예비교사가 자기이해 및 정체감 형성을 위해 자신의 경력을 분석·평가하거나, 개인일지를 작성한다든지, 수업에 대한 반성, 동료들과의 토론을 하게 하는 수업 등이 예가 될 수 있을 것이다.

3) 초임교사를 위한 연수 및 행정적 지원에 대한 제언

초임교사가 아무리 교사교육 프로그램을 충실히 이수하고 반성적인 태도에 입각하여 자신의 전문성 신장을 위해 스스로의 노력을 기울일지라도 학교 현장의 상황은 너무나도 다양하고 가변적이기 때문에 모든 것을 교사 개인의 노력 여하로 그 탓을 돌릴 수는 없다. 직전 교사교육과 교사 자신의 개인적 노력도 중요하지만 초임교사들을 위한 다양한 현직 연수 프로그램의 제공과 행정적 지원 또한 간과할 수 없는 부분이다.

초임교사를 위한 현직 연수가 현재 이루어지고 있지만 연수의 내용이 실제 학교 현장에서 요구되고 있는 실제적인 지식과 능력을 향상시키기에는 많은 한계가 있음이 드러나고 있다. 따라서 초임교사 현직 직무 연수의 내용은 초임교사들이 학교 현장에 부임하여 맡게 될 실제적인 업무들, 예를 들면 수업운영 능력뿐만 아니라 담임 업무(학생 및 학부모 상담 기술, 생활 기록부 작성 요령 등)와 행정업무(학교 행정에 관한 전반적 지식, 공문작성 요령 등) 등 학교 현장에서 실제적으로 부딪히게 될 업무 능력을 향상시키는 내용이 직무 연수의 내용이 되어야 할 것이다.

또한 학교 자체 내에서 초임교사들의 수업 운영 능력 향상을 위해 다른 동료교사들의 수업을 참관할 기회를 제공하고, 초임교사의 수업에 대해서도 동료교사와 함께 공개 토론을 통해 수업 능력 향상을 꾀할 수 있도록 수업에 대한 공동 연구의 풍토를 마련하는 일도 무엇보다 필요하다.

그리고 교육청 단위로 전문 지도교사(mentor)제를 실시하여 초임교사가 부임하는 학교의 경우, 전문 지도교사를 파견하여 초임교사들이 어느 정도 교직에 적응하며 전문성을 획득해 나갈 수 있을 때까지 전문적 상호작용 채널의 일환으로 도움을 줄 수 있는 제도도 마련되어야 할 것이다.

4) 후속 연구에 대한 제언

앞으로 이루어질 후속 연구들은 교사교육 프로그램의 효율성 및 개선 방안에 대한 연구, 보다 다양한 학교 현장과 상황 속에서 교사들이 적응하고 갈등해 가는 과정에 대한 연구 등 실제적인 측면에서 기여할 수 있

는 연구들이 이루어져야 할 것이다. 먼저, 교사교육 프로그램이 학교 현
장의 교사들에게 크게 영향을 주지 못한다는 연구 결과는 교사교육 프로
그램의 설계와 이행에 대해 재고의 여지가 있음을 환기시킨다. 따라서 후
속 연구들은 교사교육 프로그램과 학교 현장과의 괴리가 왜 일어나며, 그
괴리를 좁힐 수 있는 방안은 무엇인지에 대한 연구가 대학의 교사교육자
와 현장 교사 간의 공조 체제 아래 이루어져야 할 것이다.

  또한, 학교의 열악한 환경은 교사들의 역할 수행을 극히 제한하는
요소로 작용하기 때문에 이러한 맥락에서 후속 연구들은 학교 현장의
열악한 업무 조건과 환경에 교사들이 어떻게 인식하고 반응하는지에
대해서도 깊이 탐구해 볼 필요가 있다.

  끝으로 교사 사회화 연구의 특성은 몇몇 교사들을 선정하여 교사로
성장해 가는 긴 과정을 탐색하는 장기적인 연구를 요하는 분야이다. 따
라서 교사가 되기 이전의 준비 기간부터 교사 발령 이후의 삶까지 인
생의 긴 여정을 어떻게 겪으면서 교사로서 성숙해 가는지에 대한 생애
사적 관점에서의 연구들도 교사교육의 방향을 모색하는 데 일조할 수
있으리라 생각한다.

  교사는 학생교육의 질과 효과에 지대한 영향을 미치는 집단이므로
지금까지보다 학문적으로 체계적이며 논리적으로 탐구되어야 할 필요
가 있다. 특히 전문직에서 초기 과정에서의 경험은 그 직업이 지향하는
목적 달성과 그 직업에 종사하는 직업인들의 자기 발전을 위하여 가장
핵심적인 작용을 한다는 점에서 초임교사의 교직 사회화에 대한 연구
는 더욱더 필요하다. 그럼에도 불구하고 초임 체육교사의 사회화에 관
한 연구는 양적으로나 범위에서 모두 제한점이 있다. 따라서 위에서 제
안한 것처럼 보다 다양한 측면에서의 후속 연구들이 이루어진다면 교
사의 교직 사회화의 다양한 측면을 이해하는 데 보다 실질적인 도움이
되고, 교사교육에도 많은 시사점을 제공할 수 있으리라 생각한다.

참고문헌

강동원, 곽은창 (1995). 예비교사의 교수학습경험 분석을 통한 대학 체육교사 교육프로그램의 질적 제고. 한국스포츠교육학회지 제2권, 1호. pp.13-26.

강신복, 최의창(1996). 스포츠 교육학의 발전과 과제. 서울대학교 체육교육과 창설 50주년 기념 학술논집. pp.81-105.

고영상 (1998). 경력초기 초등교사의 학습에 관한 연구. 서울대학교 교육대학원 석사학위논문.

권낙원 (1988). 교사의 변화 발달에 관한 연구. 계명대학교 대학원 박사학위 논문.

김영찬 (1990). 문화 과정과 교육. 서울: 교육출판사.

김인종 (1985). 중등교사 사회화의 관련요인. 서울대학교 대학원 석사학위 논문.

류병상 (1988). 중등학교 교사의 교직생활 적응에 관한 연구. 원광대학교 교육대학원 석사학위 논문.

류태호 (1992). 중학교 체육수업에 대한 문화기술적 분석. 서울대학교 교육대학원 석사학위논문.

류태호 (2000). 체육교사의 직업 정체성 형성에 관한 생애사적 연구. 서울대학교 대학원 박사학위 논문

박동준 (1992). 교육질 향상을 위한 교사의 초기 교직 사회화. 충북대 교육개발논총.

박명기 (1994). 체육교사의 역할수행 현황과 직업 만족도. 한국스포츠교육학회지, 창간호, pp.61-79

서정화, 김만기, 송광용, 송미섭, 신철순 (1995). 교육인사행정론. 서울: 도서출판 하우.

신인숙(1991). 교사의 발달과정과 역할 갈등 수준과의 관계 연구. 충북대학교 석사학위논문

심우엽, 류재경 (1994). 초등학교 교사발달에 관한 연구: 강원도를 중심으로. 춘천교육대학교 초등교육연구소. 교육연구 제 12편, pp.3-24.

이명순 (2001). 유치원 교사의 교직 사회화 방향에 대한 탐색. 교육인류학연구,

4(3): p.201-226.

이명우 (1992). 초등학교 신임교사 사회화의 해석학적 연구 고찰. 교육사회학 연구, Vol.7. p.125-134.

이성진 (1985). 교육심리학 서설. 서울 : 교육과학사.

이승복 (1998). 신임교사의 교직 적응에 관한 연구. 서울대학교 교육대학원 석사학위논문.

이영희 (1984). 교사의 교직 사회화에 관한 일 연구. 연세대학교 교육대학원 석사학위 논문.

이윤식 (1988). 교사발달에 관한 연구와 그 의의. 새교육, 통권 409호, p.17-24. 서울: 대한교육연합회.

이윤식 (1991). 우리나라 중등교사들의 발달과정에 관한 예비적 기술: 사례를 중심으로. 한국 교육개발원, 한국교육, V.18. 293-331.

이재용 (1993a). 초임체육교사의 교수 가치관 형성. 서울대학교 사범대학 체육연구소 논집, 14(1), 35-40

이재용 (1993b). 교수가치관과 학교상황의 상호작용. 한국체육학회. 제 31회 하계 학술발표회 발표논문집, 201-206.

이효진 (1996). 초등학교 초임 체육교사의 교직 사회화 연구. 서울대학교 교육대학원 석사학위 논문.

임용순 (1994). 중등학교 초임교사의 현장 적응력 향상방안에 관한 연구. 교육연구, 제4편.

윤정숙 (1998). 초등 체육전공 예비교사의 교육실습에 대한 인식. 서울대학교 교육대학원 석사학위 논문.

정우현 (1981). 사회화 연구의 동향: 교육사회학 편. 교육개발원.

조문현 (1994). 생애교육의 관점에서 본 교직사회화 과정. 공주교대논총, 제 29편.

조용환 (1999). 질적 연구: 방법과 사례. 교육과학사.

조주연·강완·송경헌 (1995). 교육실습 실태분석과 개선방안 연구. 서울교육대학교 논문집, 28집, 247-273

천은숙 (1995). 교육실습을 통한 교사사회화 과정에 관한 연구. 성균관대학교 교육대학원 박사학위 논문

채안병 (1991). 교사의 직업적 사회화 과정에 관한 연구. 고려대학교 교육대학원 석사학위논문

최상근 (1992). 한국 초·중등 교사의 교직사회화 과정 연구. 한국교원대학교 박사학위논문.

최성락 (1991). 교사의 교직사회화에 관한 연구. 성균관대학교 대학원 박사학위논문.

홍성관 (1997). 중등학교 초임교사의 직업사회화 내용 분석. 경북대학교 교육대학원 석사학위 논문.

황기우 (1992). 한국 초등학교의 교사문화에 관한 해석적 분석. 고려대학교 대학원 박사학위 논문.

Adler, S. (1984). A field study of selected student teacher perspectives toward social studies, *Theory and Research in Social Education*, 12.

Amarel, M., and Feiman-Nemser, S. (1987). Prospective teachers' views of teaching and learning to teach. Paper presented at the annual meeting of the AREA, New Orleanse.

Amiram Raviv, Alona Raviv & Ellen Reisel (1990). Teachers and students: Two different perspectives? Measuring social climate in classroom. *American Educational Research Journal*, spring, Vol.27, No.1, pp.141-157.

Anderson, A.L. et al., (1985). *Socialization into the student role: Teacher and student influences*. Michigan State University, ED264961.

Anderson, D.S. (1974). *The development of student teachers: A comparative study of professional socialization*, Paris: OECD.

Apple, M. (1983). Curricular form and the logic of technical control: The building of the possessive individual, In M. Apple & L. Weis(eds.), *Ideology and practice in education*. Philadelphia: Temple University Press.

Ball, D., & McDiarmid. G. W. (1987). *Understanding how teachers' knowledge changes*. National Center for Research on Teacher Education, Michigan State University, East Lansing.

Ball, L., & Noordhoof, K. (1985). Learning to teach by the book: The influence of persons, program, and setting an student teaching. Paper presented at the meeting of AERA, Chcago.

Ball, S. J., and Goodson, I. F. (1985). *Teachers' lives and careers*. London: Falmer Press.

Baltes, P. and Schaie, G. W. (1973). *Life-span developmental psychology: Personality and socialization*. N.Y.: Academic press.

Banks, O. (1976). The Sociology of Education, London: B. T. Batsford.

Barrows, L. (1978). Student teaching and success: A field study of four male elementary school student teachers. Unpublished doctoral dissertation, University of Wisconsin-Madison.

Bartholomew, J. (1976). Schooling teachers: The myth of the liberal college, In G. Whitty & M. Young(Eds.), *Explorations in the politics of school knowledge, driffield*. England: Nafferton.

Battersby, D. (1983). The politics of teacher socialization: In R. K. Brown & L. E. Foster(Eds.). *Socialogy of Education(3rd ed.)*. Melbourne, Austraila: Mcmillan.

Becker, H., Geer, B., Hughes, E., & Strauss, A. (1964) *Boys in White*. Chicago: The University of Chicago Press.

Bennet, N. (1976). *Teaching style and pupil progress*. Harvard University Press. Mass.

Benton, V. L. & Black, K. D. (1973) Intergenerational relation and continuities in socialization. P. B. Baltes and K. W. Schaie 9 (eds). Life-span developmental psychology: *Personality and Socialization*. Academic Press.

Berger, P. & Luchmann, J. (1967). *The social construction of reality*. Garden city, N.Y.: Doubleday.

Berlark, A., & Berlark, H. (1981). *Dilemmas of schooling: Teaching and social change*. London: Methuen.

Bernstein, B. (1979). *Class, codes and control(vol.3.)*. London: Routledge & Kegan Paul.

Blase, J. (1985). The socialization of teachers: An ethnographic study of factors contributing to the rationalization of the teacher's instructional perspective. *Urban Education.* 20(3), 235-256.

Blase, J. (1986). Socialization as humanization: One side of becoming a teacher. Paper presented at the annual meeting of the American Educational Research Association, San Francisco, CA.

Bliss, L. B., & Reck, U. M. (1991). Profile: An Instrument for gethering data in teacher socialization studies. Paper presented at the annual meeting of the eastern educational research association, Boston, February. (ED 330 662).

Book, C., Byers, J., and Freeman, D. J. (1983). Student expectations and teacher education traditions with which we can and cannot live. *Journal of Teacher Education.* 34(1), 9-13.

Boschee, F. et als. (1978). Do co-operating teachers influences the educational philosophy of student teachers?. *Journal of Teacher Education.* 29(2), 57-61.

Bourdieu, P, and Passeron, J. C. (1977). *Reproduction: In education, society, and culture.* Beverly Hills: Sage Publication.

Bowles, G. & Gintis, H. (1976). *Schooling in capitalist america.* N.Y.: Basis books.

Brim, O. (1966). Socialization through the life cycle. In O. Brim & S. Wheeler(eds). *Socialization after childhood:* Two essays. Wiley.

Brophy, J. & Kher M. (1985). *Teacher socialization as a mechanism for developing student motivation to learn.* Michigan State University. ED 257825.

Brown, C. A. (1984). A Comparison of professional concerns of beginning and experienced teachers. University of Idaho. Dissertation.

Buhler, C. (1968). The course of human life as a psychological problem. *Human Development.* Vol.11. 184-200.

Bullough, R. V. (1987). First year teaching: A case study. *Teachers College Record,* 89, 2, 39-46.

Bullough, R. V. (1989). *First year teacher: A case study.* New

York: Teachers College Press

Bullough, R. V., Knowles, J. G., & Crow, N. A. (1989). Teacher self-concept and student culture in the first year of teaching. *Teacher College Record*, 91(2), 209-233.

Burden, P. R. (1981). Teacher development. *Handbook of Research on Teacher Education*. New York: Macmillan.

Burden, P. R. (1979) Teachers' Perception of the Characteristics and Influances on Their Personal and Professional Development. The Ohio State University. Dissertation.

Burrell, G., & Morgan, G. (1979). *Socialogical paradigms and organizational analysis*. London: Croom Helm.

Carew, J., & Lightfoot, S. L. (1979). *Beyond bias: Perspectives on classroom*. Cambridge, MA: Harvard University Press.

Carr, W., & Kemmis, S.(1986). *Becoming critical: education, knowledge and action-research*. London: Falmer.

Cattle, M.S.(1985). The professional socialization of two beginning teachers. The University of Wisconsin-Madison. Dissertation.

Clark, D., & Marker, G. (1975). "The Institutionalization of Teacher Education". In K. Ryan(ed.) *Teacher Education*(74th Year Book of NSSE). Chicago. University of Chicago Press.

Cole, M. & Walker, S.(1989). *Teaching and stress*. Open University Press.

Connell, R. W. (1985). *Teachers' work*. Sydney, Australia: George Allen & Unwin.

Copeland, W. (1980). Student teachers and cooperating teachers: An ecological relationship. *Theory into Practice*, 18.

Courtney, E. W. (1965). *Attitudinal Change in the Student Teacher: a Futher Analysis*. Menomonie. WS. Stout State University.

Crase, D. (1979). Socialization of secondary school teacher. *Physical Educator*, 36(1), 9-13.

Crow, N. (1986) The role of teacher education in teacher socialization:

A case study. Paper presented at the annual meeting of the of the American Education Research Association, San Francisco. CA.

Crow, N. (1987). Socialization within a teacher education program: A case study. Unpublished Doctoral Dissertation, University of Utah.

Crow, N. (1987). Preservice teachers' biography: A case study. Paper presented at the annual meeting of the of the American Education Research Association. Washington D.C.

Crow, N. (1988). A longitudinal study of teacher socialization: A case study. Paper presented at the annual meeting of the of the American Education Research Association, New Orleans, LA.

Dale, R. (1977). *The structural Context of Teaching.* Milton Keynes, England: Open University Press.

Denscombe, M.(1980). The work context of teaching: An analytic framework for the study of teachers in classroom. *British Journal of Sociology of Eduction.* 1.279-792.

Denscombe, M.(1982). The hidden pedagogy and its implications for teacher training: An ecological analysis. *British Journal of Sociology of Education.* 3, 249-265.

Dewar, A. M (1989) Recruitment in physical education teaching: Toward a critical approach. In T. J. Templin & P. G. Schempp (Eds.), *Socialization into physical education: Learning to teach,* (pp.39-57). Indianapolis: Benchmark Press.

Dodds, P.(1989). Trainees, field experience, and socialization into teaching. In T.J. Templin & P.G. Schempp(Eds), *Socialization into physical education: Learning to teach*(pp.81-104). Indianapolis: Benchmark Press

Donna M. Smyth (1995). First-year physical education teachers' perceptions of their workplace. *Journal of Teaching in Physical Education.* 14, pp.198-214

Dow. G. (1979). *Learning to teach: Teaching to learn.* Melbourne,

Australia: Routledge & Kegan Paul.

Doyle, W. (1979). Classroom effects. *Theory into Practice*, 18, 138-144.

Dreeben, R.(1973). The school as a workplace. In R. Travers(ed.). *Second Handbook of Research on Teaching*. Chicago: Rand McNally.

Eddy, E. M. (1969). *Becoming a teacher*, Teachers College Press, Columbia University.

Edgar, D., & Waren, R.(1969). Power and autonomy in teacher socialization. *Sociology of Education*. 42, 386-399.

Eisner, E. W. (1985). *The educational imagination*(2nd ed.), N. Y.: Macmillan.

Ekpunobi, E. (1986). *The role of cooperating teachers in the professional socialization of student teachers*. ED276693.

Elliot, J. (1987). Educational theory, practical philosophy and action research. *British Journal of Education Studies*, 35(2), pp.149-169.

Erickson, E. H. (1978). *Adulthood*. W. W. Norton and Company Inc. N. Y.

Evans, J. & Williams, T. (1988). Moving up and getting out: The classed and gendered career opportunities of physical education teachers. In T. Templin and P. Schempp(eds.), *Socialization into physical education: Learning to teach* (pp.235-249). Indianapolis, IA: Benchmark Press.

Featherston, H. (1988). A time to learn: The first year of teaching. *NCRTE*. Vol.1. No.2. Spring, 1-4.

Feiman-Nemser, S. (1983). Learning to teach. In L. Shulman and G. Sykes(eds.). *Handbook of Teaching and Policy*. N.Y.: Longman.

Feiman-Nemser, S., and Floden, R. (1986). "The Cultures of Teaching" In M.C. Wittrock(Ed.). *Handbook of Research on Teaching*(3rd ed.). N.Y.: Macmillan. 505-526.

Feiman-Nemser, S. et al., (1989). Changing beginning teachers' conceptions: A description of an introductory teacher education course. *Rsearch Report*, 89-1. NCRTE. East Lansing. MI. ED310093.

Fenstermacher, G. (1980). On learning to teach from research on teacher effectiveness. In C. Denham & A. Lieberman(Eds.). *Time to learn*. Washington, DC: U.S. Department of Education.

Fiedler, M. (1975). Bidirectionality of influence in classroom interaction. *Journal of Educational Psychology*, 67. 735-44.

Freedman, S., Jackson, J., & Boles, K. (1986). *The effect of teaching on teachers*. Grand Forks, N.D.: North Dakota Study Group on Evaluation.

Friebus, R. J. (1977). Agents of socialization involved in student teaching. *Journal of Educational Research*, 70(5). 263-268.

Fuller, F. F. (1969). Concerns of teachers: A developmental conceptualization. *American Educational Research Journal*, 6(2), 207-226.

Fuller, F. F., & Bown, O. H. (1975). Becoming a teacher. In Kevin Ryan (ED.). *Teacher Education(Seventy-fourth yearbook of the National Society for the Study of Education, partII)*. (pp.25-52). Chicago: University of Chicago Press.

Fullman. M. (1982). *The meaning of educational change*. Toronto, ON: OLSE Press.

Gage, N. L. et als. (1960). Eqilibrium theory and behavior change: An experiment in feedback from pupils to teachers. Urbana. Bureau of Educational Research. University of Illinois.

Geer, B. (1968). *Occupational commitment and the teaching profession in institutions and person*, (eds.), In Becker, H. S., et al., Chicago: Aldine.

Gehrke, N. L. & Taylor. H. K. (1986). Teacher socialization through crises. Paper presented at the annual meeting of the American Educational Research Association. ED271475.

George, L. K. (1983). Socialization, roles and identity in later life, Kerckhoff, A.C. (ed). *Research in Sociology of Education and Socialization*. JAI press Inc., Vo.14. 235-253.

Gibson, R. (1976). The effect of school practice: The development of student perspectives. *British Journal of Teacher Education, 2,* pp.241-250.

Ginsburg, M. (1988). *Contradictions in teacher education and society: A critical analysis.* N. Y.: Falmer.

Ginsburg, M., & Clift, R. (1990). The hidden curriculum of preservice teacher education. In W. R. Houston(Ed.). *Handbook of Research on Teacher Education.* N. Y.: Macmillan.

Giroux, H. (1983). *Theory and resistance in education: A Pedagogy for the Opposition.* South Hadlex, MA: Bergin & Garvey.

Giroux, H. (1981). *Ideology, culture and the process of schooling.* Philadelphia: Temple University Press.

Gitlis, A. (1983). School structure and teachers' work. In M. Apple. & L. Weis(eds.). *Ideology and Practice in Education.* Temple University Press.

Glatthorn. A. (1995). Teacher development. Anderson, L. W(2nd ed). *International encyclopedia of teaching and teacher education.* Cambridge: Cambridge university press. pp.616-620.

Goslin, D. A(1969). *Handbook of socialization theory and research.* Chicago: Rand McNamy.

Goodlad, J. (1983). The school as workplace. In G. Griffin(Ed.), *Staff development: Eighty-second year-book of the national society for the study of education.* Chicago: The University of Chicago Press.

Goodlad, J. (1984). *A Place Called School.* N.Y: McGraw-Hill.

Goodman, J. (1985). Field-based experience: A study of social control and student teacher's response to institutional constraints. *Journal of Education for Teaching, 11,* 26-49.

Gouldner, A. W. (1976). *The dialectic of ideology and technology.* London: Macmillan.

Graber, K. (1989). Teaching tomorrow's teachers: Professional preparation as an agent of socialization. In T. Templin & P. Schempp(Eds.), socialization into physical education: Learning to teach (pp.59-80). Indianapolis: Benchmark Press.

Graber, K. (1991). Studentship in preservice teacher education: A qualitative study of undergraduate students in physical education. *Research Quarterly for Exercise and Sport*, 61(1), 41-51.

Gracey, H. (1972). *Curriculum or craftmanship*. Chicago: University of Chicago Press.

Graham, K. C. (1991). The Influence of Teacher Education on Preservice Development: Beyond a Custodial Orientation. *Quest*, 43, 1-19.

Grant, C. (1981). Education that is multicultural and teacher preparation: An examination from the perspectives of preservice students. *Journal of Educational Research*. 75, 95-101.

Gregorc, A. F. (1973). Developing plans for professional growth. N*ASP Bulletin*. 57(377), 1-8.

Griffin, P. S. (1983). "Gymnastics is a girl's thing": Student participation and interaction patterns in a middle school gymnastics unit. In T. Templin & J. Olson(Eds.), *Teaching in Physical Education*. Champaign, IL: Human Kinetics.

Griffin, P. (1986). What have we learned? J*ournal of Physical Education, Recreation, and Dance*, 57(4), 57-59.

Grossman, P. & Noordhoof, A. (1985). Unacknowledged knowledge growth: A re-examination of the effects of teacher education. *Teaching and Teacher Education*. 4(1), 53-62.

Grumet, M. R. (1988). Woman and teaching: Homeless at home, Teacher Education Quarterly, Vol.14, No.2.

Guba, E. G.(1981). Criteria for assessing the truthworthiness of naturalistic inquiries. *Educational Communication and Technology Journal*, 29, 75-92.

Hackman, J. R. (1976). Group influences on individuals. M. D. Dunnette(ed) *Handbook of Industrial and Organizational Psychology*.

Rand McNally College Publishing Company. Chicago. 1455-1525.

Haller, E. (1967). Pupils' influences in teachers socialization: A sociolingustic study. Sociology of Education, 40. 316-333.

Handle, C. & Oesterreich, D. (1985/1986). Annual Report of Max Planck Institute for Hunan Development and Education. Berlin. German. 168-172.

Hargreaves, A. (1988). Teaching quality: A sociological analysis. *Journal of Curriculum Studies.* 20(3). 211-231.

Harris, M. (1985). *Culture, people, nature: An introduction to general anthropology.* New York: Harper & Row Publishers.

Hatton, E. (1987). Hidden Pedagogy as an account pedagogical conservatism. *Journal of Curriculum Studies.* 19(5). 457-470.

Havighurst, R. J. (1972). *Developmental tasks and education.* N. Y.: David Mckay.

Hodges, C. (1982). Implementing method: If you can't blame the operating teacher, whom can you blame?. *Journal of Teacher Education,* 33. 25-29.

Hogben, D. & Lawson, M. (1983). Attitudes of secondary school teacher trainees and their practice teaching supervisors. *Journal of Education for Teaching,* 9. 249-263.

Holdenfield, G. K. & Stinnet, T. M. (1961). *The education of teachers: Conflict and consensus.* Englewood Cliffs, NJ, Prentice-Hall.

Holly, M. L. & Mcloughlin, C. S. (1989). *Perspectives on teacher professional development.* The Falmer Press. London.

Horowitz, M. (1968). Student-teaching experiences and attitudes of student teachers. *The Journal of Teacher Education.* Vol. XIX. No.3. 349-353.

Hoy, W. & Ree, R. (1977). The bureaucratic socialization of student teachers. *The Journal of Teacher Education.* 28. 1. 23-26.

Hoyle, E. (1977). New directions in the sociology of education and implications for physical education. In J. Kane (Ed.), *Movement*

Studies and Physical Education: A Handbook For Teacher. London: Routledge & Kegan Paul.

Huberman, M. (1989). The professional life cycle of teachers. *American Educational Research Journal,* 27(2), 279-300.

Husen, T. & Postlethwaite. T. M., (1981). Socialization. *The International Encyclopedia of Education.* vol.9. Pergamon Press.

Husen, T. & Postlethwaite. T. M., (1994). Professional socialization of teachers. *The International Encyclopedia of Education.* vol.9. Pergamon Press.

Hutchinson, G. E. (1993) Prospective teacher's perspectives on teaching physical education: An interview study on the recruitment phase of teacher socialization. *Journal of Teaching in Physical Education,* 12, 344-354.

Iannaccone, L. (1963). Student teaching: A transitional stage in the making of a teacher. *Theory into Practice.* 2, pp.73-80.

Jacobs, E. B. (1968). Attitude change in teacher education: An inquiry into the role of attitudes in changing teacher behavior. *The Journal of Teacher Education.* Vol.XIX. No.4. 410-415.

Jewett, A. A., Bain, L. L. & Ennis, C. D. (1995). *The curriculum process in physical education.* Madison, Wis: Brown & Benchmark.

Johnson, M. Jr. (1965). Profiles of beginning junior high school teachers. *The Journal of Teacher Education.* Vol.XVI. No.3. 303-306.

Johnson, S. M. (1989). School work and its reform. In J. Hannaway & R. Crowson (Eds), *The Politics of Reforming School Administration* pp.95-112. N. Y: Falmer.

Karmos, A. K. & C. M. Jacko. (1977). The role of significant others during the student teaching experience. *Journal of Teacher Education.* 28(sep-oct). 51-55.

Katz, L. G. (1972). Developmental stages of preschool teachers. *The Elementary School Journal,* 73(1), 50-54.

Katz, L. G., & Raths, J. (1982). "The best of Intentions for the

Education of Teachers". *Action in Teacher Education.* 4, 8-16.

Kerlinger, F. (1986). *Foundation of behavioral research* (3rd ed.). New York: CBS Publishing Co.

Kneer, M. (1987). Solutions to the teacher / coach problem in secondary schools. *Journal of Teaching in Physical Education, Recreation, and Dance,* 59(2), 28-29.

Knowles, T. G. (1988). Models of understanding beginning teachers' biographies: Insight into teacher socialization as illustrated by case studies. Paper presented at the annual meeting of the American Educational Research Association. San Francisco, CA.

Kohlberg, L. (1973). Continuities in childhood and adult moral development revisited. Baltes, P. B. and Schaie, K. W. (eds). *Life-span Developmental Psychology.* Academic Press. 179-204.

Krukniak, P. J. (1972). The Socialization of Teachers: Implications for administration. Portland State University. Dissertation.

Kuhlmann, J. L. (1988). The socialization of CPEP teachers: Implication for administration. Portland State University. Dissertation.

Lacey, C. (1977). *The Socialization of teachers,* London: Methen.

Lacey, C. (1987). Professional socialization of teachers. In M. J. Dunkin (Ed.), *The International Encyclopedia of Teaching and Teacher Education* (pp.634-645). Oxford: Pergamon.

Lapin, F. M. (1984). *Professional Socialization: A Naturalistic study of Students Becoming Teachers.* University of Arkansas. Dissertation.

Larkin, R. (1973). Contextual influences on teacher leadership styles. *Sociology Education.* 46, 471-479.

Lawson, H. A. (1983). Toward a model of teacher socialization in physical education: The subjective warrant, recruitment, and teacher education. *Journal of Teaching in Physical Education.* 2(3), 3-16.

Lawson, H. A. (1988). Occupational socialization, cultural studies and physical education curriculum. *Journal of Teaching in*

Physical Education, 7(4), 265-288

Lawson, H. A. (1989). From rookie to veteran: Workplace conditions in physical education and induction into the profession. In T. Templin & P. Schempp(Eds.), Socialization into physical education: Learning to teach. Indianapolice: Benchmark Press.

Lee, J. (1993). The socialization of beginning physical education teachers. Unpublished Doctoral Dissertation. eugene, OR: University of Oregon.

Leslie, L. L., Swiren, J. M. & Flexner, H. (1977). "Faculty Socialization and Instructional Productivity." *Research In Higher Education*. 71. 127-143.

Levinson, D. J. (1978). *The seasons of a man's life*. N. Y.: Ballentine.

Liberman, A & Miller, L. (1990). Teacher development in professional practice schools. *Teachers College Record*. Vol.92. No.1. Fall. 105-122.

Lincoln, Y. S., Guba, E. G. (1985). *Naturalistic inquiry*. Newbury Park: Sage Publications, Inc.

Little, J. (1987). Teacher as colleagues. In V. Richardson-Koehler (Ed.), *Educators' Handbook: A research perspective*. N. Y.: Longman.

Locke, L. F., & Massengale, J. D. (1978). Role conflict in teacher / coaches. *Research Quarterly for Exercise and Sport*, 49, 162-174.

Looft, W. R. (1973). *Developmental psychology: A Book of Readings*. Hinsdale: The Dryden Press. Inc.

Lortie, D. (1975). *Schoolteacher*. Chicago: University of Chicago Press.

Lortie, D. C. (1975). *Schoolteacher: a sociological study*. Chicago: the University of Chicago Press.

Maanen, V. J. & Schein, E. (1979). Toward a theory of organizational socialization. Research in Organizational Behavior. 1. 209-264.

Maddox, H. (1968). "A Descriptive Study of Teaching Practice", *Educational Review*. 20. 177-190.

Mardle, G., & Walker, M. (1980). "Strategies and Structure: Critical Notes on Teacher Socialization". In P. Woods(ed.). *Teacher Strategies*. London: Croom Helm. 98-124.

Marso, R. N. & Pigge, F. L. (1987). Differences between self-perceived job expectation and job realities of beginning teacher. *Journal of Teacher Education*, 38(6), pp.53-56

Martinek, T. J. (1991). *Psycho-social dynamics of teaching physical education*. Dubuque, IA: Brown & Benchmark.

Merton, R. K., Reader, G. G., & Kendall, P. L. (Eds.). (1957). *The student physician: Introductory studies in sociology of medical education*. Cambridge, MA: Harvard University Press.

Mets, M. (1978). *Classroom and corridors*. Berkeley, CA: University of California Press.

Moore, W.(1969). Occupational socialization, in D. Goslin(ed.), *Handbook of Socialization Theory and Research*. Chicago: Rand McNally.

Morris, J. (1974). "The Effects of the University Supervisor on the Performance and Adjustment of Student Teachers". *Journal of Educational Research*. 67. 358-362.

Mulling, C. (1981). *An investigation of selected factors contributing to the desocialization of the physical education major*. Unpublished Master's Thesis: Purdue University.

Newman, K. K. (1978). Middle-aged experienced teachers' perceptions of their career development. The Ohio State University. Dissertation.

Nias, J. (1986). *Teacher Socialization: The indivisual in the system*. Geelong, Australia: Deakin University Press.

Nigris, E. (1988). "Stereotypical Images of Schooling: Teacher Socialization and Teacher Education." *Teacher Education Quarterly*. 15(2). 4-19.

Olsen, V. L. & Whittaker, E. W. (1968). *The Silent Dialogue: A Study in the Social Psychology of Professional Socialization*.

San Francisco, Jossey Bass.

O'Sullivan, M. (1989). Failing gym is like failing lunch or recess: Two beginning teachers' struggle for legitimacy. *Journal of Teaching of Physical Education,* 8, 227-242.

O'Sullivan, M., & Dyson, B. (1994). Rules, routines and expectations of 11 highschool physical education teachers. *Journal of Teaching of Physical Education,* 13, 361-374.

Park, M. G. (1993). The occupational socialization of Korean secondary school physical education teachers. Unpublished Doctoral Dissertation. North Carolina University.

Parsons, T. (1951). *The social system.* Glenco, IL: Free press of Glenco.

Pataniczek, D. & Issacson, N. (1981). "The Relationship of Socialization and the Concerns of Beginning Secondary Teachers". *Journal of Teacher Education.* 32. 14-17.

Patton, M. (1990). *Qualitative evaluation and research methods.* Second edition. Newbury Park. CA: Sage Publication.

Peterson, A. R. (1978). Career patterns of secondary school patterns: An exploratory interview study of retired teachers. Unpublished doctoral dissertation. The Ohio State University.

Petty, M. F. & Hogben, D. (1968). "Explorations of Semantic Space with Beginning Teachers: a Study of Socialization into Teaching". *British Journal of Teacher Education.* vol.6. No.1. Jan.

Placek, J. H. & Locke, L. F. (1986). Research on teaching physical education: New knowledge and cautious optimism. *Journal of Teacher Education,* 37(4), pp.24-28.

Pooley, J. (1975). The professional socialization of physical education students in the United States and England. *International Review of Sport Sociology,* 3-4, pp.97-107.

Popkewitz, T. (1976). *Teacher Education as Process of Socialization: The Social Distribution of Knowledge.* Madison, Wis: U.S.O.E.I

Teacher Corps. Technical Report No.17.

Popkewitz, T. (1979). *Teacher Education as Socialization: Ideology or Social Mission.* A paper presented at the annual meeting of AERA, San Francisco. April

Popkewitz, T., Tabachnick, R. B. & Zeichner, K. M. (1979). Dulling the senses: Research in teacher education. *Journal of Teacher Education,* 31, 57-61

Popkewitz, T. (1985). Ideology and social formation in teacher education. *Teaching and Teacher Education.* 1(2). 91-107.

Posner, G. J., Strike, K. A., Hewson, P. W. & Gertzog, W. A. (1983). Accomodation of a scientific conception: Towards a theory of conceptual change. *Scientific Education,* 66. 211-227.

Prutt, K. and Lee, J. (1987). "Handcuffs in Teacher Education." *Journal of Teacher Education.* 29. 69-72.

Reese, H. W. & Overton, W. F. (1970). Models of development and theories and of development. In L. R. Goulet and P. B. Baltes (eds). *Life-span Developmental Psychology: Research and theory.* N. Y.: Academic Press. 114-145.

Rist, R. (1977). On the relations between educational research paradigms. *Anthropology and Education Quarterly,* 8, pp.42-49.

Roman, L. G., & Apple, M. W. (1990). Is naturalism a move away from positivism?: materialist and feminist approaches to subjectivity in ethnographic research. In E. W. Eisner & A. Peshkin (Eds.). *Qualitative inquiry in education: The continuing debate* (pp.38-73). New York: Teachers College Press.

Ross, E. W. (1987). Teacher perspective development: A study of preservice social studies teachers. *Theory and Research in Social Education.* 15(4). 225-243.

Roth, J. A. (1971). The study of the career timetables. B. R. Cosin et al.,(eds). *School and Sociological Reader.* Routledge and Kegan Paul Ltd. 136-140.

Ryan, K., Newmam, K. K., Mager, G., Applegate, J., Lasley, T., Flora, R., & Johnston, J. (1980). *Biting the apple: Accounts of first year teachers.* New York: Longman.

Sage, G. (1980). Sociology of physical educator / coaches: personal attributes. *Research Quarterly for Exercise & Sport,* 51, pp.110-121

Scarch, J. (1987). Teacher strategies: A review and critique. *British Journal of Sociology of Education,* 8(3), 245-262.

Schein, E. H. (1986). *Organizational culture and leadership.* San Francisco: Jossey-Bass.

Schempp, P. G. (1989). Apprenticeship of observation and the development of physical education teachers. In T. Templin & P. G. Schempp (Eds.), *Socialization into physical education: Learning to teach* (pp.13-38). Benchmark Press, IN: Indianapolis.

Schempp, P. G., & Graber, K. (1992). Teacher socialization from a dialectical perspective: Pretraining through induction. *Journal of Teaching in Physical Education,* vol.11, pp.329-348.

Schon, D. (1987). *Educating the reflective practitioner.* San Francisco: Jossey-bass.

Smyth, D. M. (1992). *The kids just love him: A first year teacher's perceptions of how the work place has affected his teaching.* Paper presented at the annual meeting of the American Education Research Association. San Francisco, CA.

Smith, J. (1991). *Teachers as collaborative learners.* Milton Keynes, UK: Open University Press.

Solomon, M. A., Worthy, T., & Carter, J. A. (1993). The interaction of school context and role identity of first-year teachers. *Journal of Teaching in Physical Education.* 12, 313-328.

Sparkes, A. (1989). The achievement orientation and its influence upon innovation in physical education. *Physical Education Review,* 12(1), pp.36-43.

Sparkes, A., Templin, T., & Schempp, P. (1990). The problematic nature of a career in a marginal subject. *Journal of Education for Teaching*, 16, 3-28.

Sparkes, A., Templin, T., & Schempp, P. (1993). Exploring dimensions of marginality: Reflecting on the life histories of physical education teachers. *Journal of Teaching in Physical Education*. 12, 386-398.

Spradley, J. P. (1980). *The ethnographic interview*. NY: Holt, Renehart & Winston.

Stephens, J.(1967). *The Processes of Schooling*. New York: Holt, Rinehart & Winston.

Su, Z.(1990). Exploring the moral socialization of teacher candidates. *Oxford Review of Education*. Vol.16. no.3. 367-394.

Tabachnick, R. B. (1981). *Teacher education as a set of dynamic social events*. In Tabachnick, R. B. et als. *Studying, Learning and Teaching*: Trends in soviet and americal research. N. Y.: Praeger Publishers.

Tabachnick, R. B., Popkewitz, T., and Zeichner, K. M. (1980). Teacher education and the professional perspectives of student teachers. *Interchange*. 10. 12-29.

Templin, T.(1981). Student as socializing agent. *Journal of Teaching in Physical Education (Introductory Issue).*, 71-79.

Templin, T. (1989). Running on ice: A case study of the influence workplace conditions on a secondary school physical educator. In T. Templin & P. G. Schempp (Eds.), *Socialization into physical education: Learning to teach* (pp.165-197). Indianapolis, IA: Benchmark Press.

Templin, T. & Schempp, P. (1989). *Socialization into physical education: Learning to Teach*. Carmel. IN: Benchmark Press.

Templin, T., Sparkes, A., Grant, B., & Schempp, P. (1994). Matching the self: The paradoxical case and life history of a late career teacher / coach. *Journal of Teaching in Physical Education*, 13, 274-294.

Templin, T., Sparkes, A. & Schempp, P. (1991). The professional life cycle of a retired physical education teacher: A tale of bitter disengagement. The Physical Education Review, 14, pp.143-156.

Torsten. H. & Meville. T.(1981). Occupational socialization. *The International Encyclopedia of Education*.Vol.9. Pergamon Press. p.5586.

Unruh, A. & Turner, H. E. (1970). *Supervision for change and innovation*. Boston: Houghton Mifflin.

Van Manen, J., & Schein, E. (1979). Toward a theory of organizational socialization. In B. Staw (Ed.), *Research in organizational behavior*. Greenwich, CT: JAI Press.

Veeman, S. (1984). Perceived problems in beginning teacher. *Review of Educational Research*, 54, 143-178.

Webb, R. B. & Sikes, P. (1989). Teachers' Careers. Sherman R.R.(ed). *Schooling and Society*. MaCmillan Publishing Company. 223-259.

Wentworth, W. M (1979). *Context and understanding: An inquiry into socialization theory*. New York: Elsevier North Holland.

Westbury, I.(1973). Conventional classrooms, open classrooms, and the technology of teaching. *Journal of Curriculum Studies*, 5(2). 99-121.

Wexler, P. (1987). Social analysis of education: After the new sociology. London: R.K.P.

Woodford, R. (1977). The socialization of freshman physical education majors into role orientations in physical education. Unpublished Doctoral Dissertation: University of New Mexico.

Wright, B. (1959). "Identification and Becoming a Teacher". *Elementary School Journal*. 59(7). 361-374.

Wright, B & Tuska, S. (1967). The childhood romance theory of teacher development. *School Review*. 75(2). 123-154.

Wrong, D. (1961). The oversocialize conception of man in modern society. *American Sociological Review*, 26. Feb. 183-193.

Yaakobi, D., & Sharon, S. (1985). Teacher beliefs and practices: The discipline carries the message. *Journal of Education for Teaching*, 11(2). 187-200.

Yamamoto, K., et al., (1969). As they see it: Culling impressions from teachers in preparation, *Journal of Teacher Education*, 20. 465-472.

Yee, A.(1968). Source and direction of casual influence in tea-cher-pupil relationship. *Journal of Educational Psychology*, 59. 275-282.

Zeichner, K. (1978). *The Student Teaching Experience : A Methodological critique of the research.* A paper presented at the annual meeting of the Association of Teacher Educators, Las Vegas, Feb.

Zeichner, K. (1980). Myths and Realities: Field-Based Experiences in Preservice Teacher Education". *Journal of Teacher Education.* 31. 45-55.

Zeichner, K. (1983). Individual and institutional factors related to the socialization of beginning teacher. In G. Griffin & H. Hukill (Eds.), *First years of teaching: What are the pertinent issues?* Austin, TX: University of Texas, Research & Development Center for Teacher Education.

Zeichner, K. (1984). "The Ecology of the Field Experience : Toward an Understanding of the Role of Field Experience in Teacher Development. A paper presented at the Association of Teacher Educators, New Orleans. Jan.

Zeichner, K. (1986). "The Practicum as an Occasion for Learning to Teach". *South Pacific Journal of Teacher Education.* 14(2), 11-28.

Zeichner, K. & Grant, C. (1981). Biography and social structure in the socialization of student teachers. *Journal of Education for Teaching*, Vol.7, pp.299-314.

Zeichner, K. & Tabachnick, R. (1985). The development of teacher perspectives: Social strategies and institutional control in socialization of beginning teachers. *Journal of Educational for Teaching.* 11(1), 1-25

Zeichner, K. & Gore, J. (1990). Teacher socialization. In R. Houston (Ed.), *Handbook of research on teacher education*, (pp.329-348). New York Macmillan.

부 록

면담 질문지

배 경

1. 체육과 스포츠에 대한 귀하의 과거 경험에 대해 말씀해 주세요.
2. 왜 체육교사가 되고 싶었나요? 귀하를 체육교사로 이끌게 된 중요한 사건은 무엇인가요?
3. 귀하가 가지고 있는 어떤 개인적 특성이 좋은 체육교사가 되는 데 도움이 된다고 생각하십니까?
4. 체육교사가 되기로 결정하는 데 가장 영향을 미친 사람은 누구인가요?
5. 교사로서의 일을 하는 데 가장 유용하게 사용된 대학의 프로그램이나 수업은 어떤 것이었나요? 어떤 종류의 프로그램이 사범대학 교사 프로그램에 있어야 한다고 생각하나요?
6. 교사로서 일을 하는 데 있어서 교생실습의 경험 중 어떤 경험이 가장 유용한 경험이었다고 생각하십니까? 그리고 교생실습 때의 경험이 지금까지도 영향을 미치고 있습니까?
7. 귀하의 교수관의 발달에 가장 영향을 미친 것은 무엇이며, 누구입니까?

교수관

8. 가르침의 목적이 무엇이라고 생각하십니까?
9. 체육교사로서의 책임감을 다하기 위해서 교사에게 필요한 지식은 무엇이라고 생각하십니까? 왜 그렇게 생각하십니까?
10. 체육교사로서의 책임을 다하기 위해 가져야만 하는 경험은 무엇이라고 생각하

십니까? 왜 그렇게 생각하십니까?

11. 체육교사로서 책임을 다하기 위해 어떤 기술을 가지고 있어야만 된다고 생각하십니까? 그리고 귀하가 가지고 있는 기술은 무엇입니까?

12. 이상적인 교사란 무엇입니까? 누가 가장 가깝다고 생각하십니까? 그리고 왜 그렇다고 생각하십니까? 이상적인 교사로부터 당신이 받은 영향은 어떤 종류의 영향입니까?

13. 좋은 교사가 되기 위해서 무엇이 돕는다고 생각하십니까? 귀하는 좋은 교사가 되기 위해 무슨 일을 하고 있습니까?

14. 이상적인 학생은 어떤 학생이라고 생각하십니까? 그리고 이상적인 수업과 학교는?

15. 귀하는 훌륭한 교사가 되기에 적합하다고 생각하십니까? 귀하는 전문가로서 어떤 교사가 되고 싶습니까?

16. 초임교사로서 당신의 배경적 한계의 예들은 무엇입니까?

17. 교사가 된 이래로 귀하가 경험한 문제들은 어떤 문제들입니까?

맥 락

18. 교수환경 혹은 일터로서의 운동장이나 교실에 대해서 말씀해 주세요.

19. 선생님의 학교의 분위기에 대해서 말씀해 주세요. 그리고 특정 상황에서의 수용할 만한 행동에 대해 누구로부터 정보와 조언을 받으십니까?

20. 선생님 학교의 학생들에 대해 설명해 주세요. 학생들에 의해 귀하는 어떤 방식으로 영향을 받으십니까? 가르치는 것을 계획할 때 학생들을 고려하십니까? 학생들의 참여를 높이기 위해 귀하는 어떻게 하십니까?

21. 귀하가 학급에 관한 일에 대해 의사결정을 내릴 때 학부모들은 어떻게 영향을 미칩니까? 학부모로부터의 영향을 받은 예는 무엇입니까?

22. 행정가들은 귀하의 의사결정에 어떻게 영향을 미칩니까? 그리고 영향을 미쳤다면 그 영향의 예는?

23. 지역사회는 귀하의 의사결정에 어떤 영향을 미칩니까? 그러한 영향의 예는?

24. 교생실습은 당신의 현재의 위치를 준비하게 하는 데 기여를 했다고 보십니까?

25. 교생실습은 귀하의 현재 상황과 유사합니까?

26. 선생님의 학교에 대한 생각은 귀하가 기대했던 것과 유사합니까?

27. 귀하는 놀라움이나 현실 충격을 경험하셨습니까? 만약 있다면 그것에 어떻게 대처해 가십니까?

28. 선생님은 귀하의 일에 대한 독립적인 판단을 하는 데 어느 정도 자유롭다고 생각하십니까? 제한을 느끼십니까? 그렇다면 왜?

성장배경 / 교수관 / 맥락의 상호작용

29. 귀하는 무엇을 가르치고 어떻게 가르칠지 그리고 수업을 어떻게 조직하고 운영할 것인지에 대한 다른 사람들의 기대에 어느 정도 따라야 한다고 생각하십니까?

30. 귀하는 교수행동에 대한 단서를 누구로부터 얻기를 기대하십니까?

31. 선생님은 본인의 교수관과 기대가 교장이나 다른 체육교사 혹은 학생들과 부딪혀 충돌을 일으킨 경험이 있습니까?

32. 귀하는 대학에서 배웠던 것들은 언제 포기하거나 수정하십니까? 그리고 왜 그렇게 하십니까?

33. 선생님 학교의 체육교사들의 문화에 대해 어떻게 생각하십니까?

34. 선생님은 당신 학교의 문화나 가치규범에 대해 저항해 보신 적이 있습니까? 만약 있다면 왜 그렇게 하셨습니까?

35. 귀하의 교수관과 학교의 상황과의 충돌을 해결하기 위해 귀하가 채택한 전략은 어떤 종류의 전략입니까? 그러한 전략들은 일반적인 것입니까 아니면 당신과 당신 학교의 맥락 사이의 제한적인 특수한 상호작용입니까?

36. 선생님은 귀하의 교수에 대해 변화가 있다고 생각하십니까? 언제? 그리고 왜?

37. 귀하는 처음 발령을 받았을 때와 지금을 비교할 때 교수행동에 있어서 무엇이 달라졌다고 생각하십니까?

38. 교사로서의 일이 수월해지도록 하는 요인이나 조건은 무엇이라고 생각하십니까?

39. 교사로서의 생존과 전문가로서 오랫동안 지속되기 위해 중요하다고 생각하는

요인은 무엇입니까? 귀하가 생존하기 위해 의존하는 전략은 무엇입니까?

40. 고립감이나 무기력감을 느껴 보신 적이 있습니까? 이러한 경험은 귀하의 교수관에 어떤 영향을 미칩니까? 왜 고립감이나 무력감을 느끼는지요?

41. 귀하는 경력 체육교사들의 제안을 따르십니까? 아니면 귀하의 방식대로 하십니까?

배 경

42. 체육교사가 되려는 귀하의 생각에 찬성한 사람과 반대한 사람은 누구입니까?

43. 왜 교사가 되겠다고 생각했습니까?

44. 가르치는 것이 매력 있는 직업이라는 생각을 가져본 적이 있습니까?

45. 운동선수 경험이 있습니까?

46. 귀하가 교사가 되겠다고 생각하기 이전에 가졌던 다른 직업에 대한 선호가 있었다면 그 직업은 무엇입니까?

47. 무엇이 귀하의 마음을 변하게 하였나요?

48. 대학에 들어올 때 전공 종목으로 어떤 스포츠를 선택하셨나요? 왜?

49. 스포츠 참여에 대한 경험은 교사가 되는 데 어떤 영향을 미쳤다고 생각하십니까?

50. 귀하는 코치가 되기를 원했던 적이 있습니까? 코치와 교사로서의 역할 충돌을 경험해 보신 적이 있나요?

51. 왜 선생님은 (   ) 대학을 선택하셨나요?

52. 귀하의 중·고등학교 때 체육 선생님은 당신에게 어떤 영향을 미쳤나요?

53. 귀하의 코치 선생님은 어떤 영향을 미쳤나요?

54. 중·고등학교 때 체육수업에서의 경험은 오늘의 당신에게 어떤 영향을 미쳤나요?

55. 귀하의 교수관의 형성에 가장 영향을 미친 대학교에서의 수업은 무엇이었나요?

56. 대학에서의 정규 과정 중 가장 유익한 프로그램은 어떤 것이었나요? 이론수업? 실기수업?

57. 대학에서의 과정과 교생실습을 마친 후 당신의 교수에 대한 신념이 변화되었나요?

58. 귀하는 특정한 역할 모델을 가지고 있나요? (닮고 싶은 교사상. 희망하는 교사상)

59. 부모님이나 형제 혹은 친구의 영향은?

60. 중·고등학교 체육 선생님이 체육과를 가라고 권유한 적이 있나요?

61. 귀하가 읽은 책 중 혹시 영향을 받지는 않았는지?

62. 학생 운동에 참여해 본 경험은 있나요?

63. 체육을 가르치는 것과 관련된 잡지나 정기 간행물을 읽고 있습니까? 어떤 종류의 글이 가장 흥미롭습니까?

교수관

64. 교사의 가장 중요한 역할은 무엇이라고 생각하십니까? 그리고 체육교사의 역할은?

65. 신체를 단련시킨다거나 운동기능을 가르치는 것 외에도 체육에서 가르쳐야 할 중요한 것이 무엇이라고 생각하십니까? 이론? 윤리적 개념?

66. 전문성을 가진 체육교사로서 지녀야 할 것은 무엇이라고 생각하십니까?

67. 가르치는 것 외에도 교사로서 지녀야 할 자질이 있다면 무엇이라고 생각하십니까?

68. 무엇을 가르칠지 그리고 체육을 어떻게 가르칠지에 대한 기본적인 생각은 무엇이며 그것들은 어떻게 형성되었습니까?

69. 체육교사로서 전문성 신장을 위해 필요한 것은 무엇이라고 생각하십니까?

70. 귀하는 체육수업에 대해서 누구와 함께 이야기하십니까?

71. 선생님은 수업의 질을 어떤 방법을 사용해 향상시킵니까?

72. 교사교육 프로그램에서의 문제는 무엇이라고 생각하십니까?

73. 선생님은 다른 체육교사와는 다른 교수방법을 사용한다고 생각하십니까? 만약 그렇다면 어떤 점에서 차이가 납니까?

74. 선생님은 수업 동안 학생들과 어떤 종류의 의미와 필요를 공유하려고 하십니까?

성장배경 / 교수관 / 상황과의 상호작용

75. 귀하는 처음 교사를 시작할 때 체육에서 무엇을 가르치고 어떻게 가르쳐야 한 다고 생각하셨습니까?

76. 귀하는 지난 1년과 올해의 교수 경험의 결과로서 최근 교수관이 변했다면 어 떻게 그리고 언제 왜 변하셨는지요?

77. 처음 가르침을 시작했을 때와 지금을 비교했을 때 무엇이 변했나요?

78. 선생님은 학생과 다른 동료 체육교사 그리고 교장 교감에 대해 어떻게 생각하 시나요? 그들과의 의견이 때로 당신의 교수관의 차이로 인해 의견 충돌이 일 어날 때도 있나요?

상 황

79. 귀하의 교생실습에 대한 경험을 말씀해 주십시오. 누가 지도해 주었고, 몇 시 간이나 수업을 하셨는지요? 어떤 조건이 개선되어야 한다고 생각하십니까?

80. 교생실습의 혜택은 무엇이라고 생각하십니까?

81. 교생실습으로부터 어떤 영향을 받았다고 생각하십니까?

82. 귀하의 현재의 교수와 관련하여 대학의 교사교육 프로그램은 어떻다고 생각하 십니까?

83. 학생들의 성(性)과 수(數) 그리고 개인차들이 귀하의 교수 수행에 어떤 영향 을 미친다고 생각하십니까?

84. 귀하는 운동부를 지도하십니까? 지도하신다면 교사와 코치 간의 역할 충돌을 경험해 보신 적이 있나요? 그 예는?

85. 선생님은 학급 담임이십니까? 학급 담임과 교과 담당 교사 중 어떤 역할로부 터 더 많은 만족을 느끼십니까?

86. 주당 시 수는 몇 시간입니까? 가르치지 않는 데 보내는 시간은 몇 시간이나 되나요?

87. 선생님은 현재의 교육 시스템에 대해 어떻게 생각하십니까? 입시 위주의 현 재의 교육 시스템에 대해 어떻게 생각하십니까?

88. 귀하의 학교의 시스템에 대해서는 어떻게 생각하십니까?

89. 귀하의 학교의 시스템에 대해 변화되어야 할 부분이 있다면 어떤 변화가 있어야 한다고 생각하십니까? 그리고 이러한 변화는 누구에 의해서 이루어져야 한다고 생각하십니까?

90. 선생님 학교의 체육과의 시스템에 대해 어떻게 생각하십니까?(체육과의 문화에 대해)

91. 문제 있다고 생각하십니까? 그렇다면 어떤 문제이며, 무엇이 변화되어야 한다고 생각하십니까?

92. 체육교사들의 교과 협의 과정 중 의사결정에 어느 정도 참여하십니까?

93. 여자 체육교사로서 느끼는 힘든 점은 없나요?(남자들과 비교해)

94. 체육을 가르치는 데 있어서 가장 중요한 정보는 무엇이라고 생각하십니까?

배경 / 교수관 / 상황과의 상호작용

95. 다른 동료교사와 교감 교장 선생님께 어떻게 행동하나요?

96. 학교와 체육과의 지배적 문화에 따르라는 압력에 대해 어떻게 반응하나요?

97. 다른 체육교사의 수업을 관찰합니까?

98. 다른 체육교사의 교수방법 중 본받을 만한 점은 무엇입니까? 그러한 점들을 당신 수업에 적용하려고 노력하나요?

99. 귀하는 다른 체육교사와 월별 혹은 연간 계획과 진도에 대해 논의하나요?

100. 귀하는 진도나 혹은 시험 종목 선정에 있어서 다른 동료교사와 충돌을 경험해 본 적이 있나요?

101. 불충분한 장비와 시설과 안전 문제 등과 같은 제한 점 때문에 가르치지 못한 체육활동이나 운동기술에는 어떤 것이 있나요?

102. 체육수업에서 특정한 활동이나 스포츠를 왜 가르치십니까?

103. 수업의 내용과 방법을 결정함에 있어서 학생들의 제안을 잘 고려하나요? 학생들로부터 받은 영향은?

104. 신체적 체벌에 대해서는 어떻게 생각하십니까? 학생들에 대한 당신의 태도를 변화시킨 적이 있나요?

105. 학생들에 대한 불만족을 어떻게 표현하십니까?

106. 학생들과의 충돌을 해결하기 위해 사용하는 전략은 무엇이며, 과거와 비교해서 여전히 같은가요?

107. 체육을 가르침에 있어서 귀하의 학교가 갖고 있는 문제는 무엇이라고 생각하십니까?

108. 체육교사로서 당신은 얼마나 만족하고 계십니까?

109. 가르치는 것과 관련하여 가장 중요한 만족의 근원은 무엇입니까?

110. 가르치는 것과 관련하여 처음 시작할 때와 지금과 비교할 때 가장 달라진 것은?

최희진(崔僖眞)

서울대학교 사범대학 체육교육과 졸업
서울대학교 대학원 체육교육과 석사
서울대학교 대학원 체육교육과 박사
현 한국스포츠교육학회 이사
현 한국여성체육학회 이사
현 충북대학교 체육학과 교수

주요 저술 및 논문

『학교 체육 개선을 위한 스포츠교육』
『체육수업모형』
『모스턴의 체육교수 스타일』
『스포츠지도의 이해』
「중학교 초임교사의 체육교과 전문지식 형성 과정」
「우리나라의 스포츠교육 프로그램: 시즌설계와 운영 사례」
「체육수업개선을 위한 스포츠 교육 실행: 한국·호주 협동 연구」
「Developing Physical Education through International Collaboration: Sport Education in Korea and West Australia」The British Journal of Teaching Physical Education. vol.35 NO.4. 2004. 12.
「협력교사의 체육교육실습에 대한 인식과 경험」
「이해중심게임 모형의 중학교 현장 적용 및 효과 분석」
「초임 중등 체육교사의 교직 적응 과정」
「중학교 초임 체육교사의 교직역할 수행에 관한 연구」
「중학교 초임 체육교사의 초기 곤란에 관한 연구」
외 다수

본 도서는 한국학술정보(주)와 저작자 간에 전송권 및 출판권 계약이 체결된 도서로서, 당사와의 계약에 의해 이 도서를 구매한 도서관은 대학(동일 캠퍼스) 내에서 정당한 이용권자(재적학생 및 교직원)에게 전송할 수 있는 권리를 보유하게 됩니다. 그러나 다른 지역으로의 전송과 정당한 이용권자 이외의 이용은 금지되어 있습니다.

초임 체육교사 사회화

- 초판 인쇄 2007년 2월 28일
- 초판 발행 2007년 2월 28일

- 지 은 이 최희진
- 펴 낸 이 채종준
- 펴 낸 곳 한국학술정보㈜
  경기도 파주시 교하읍 문발리 526-2
  파주출판문화정보산업단지
  전화 031) 908-3181(대표) · 팩스 031) 908-3189
  홈페이지 http://www.kstudy.com
  e-mail(출판사업팀사업부) publish@kstudy.com
- 등   록 제일산-115호(2000. 6. 19)
- 가   격 25,000원

ISBN   978-89-534-6212-0 93370 (Paper Book)
        978-89-534-6213-7 98370 (e-Book)